CONTROLE AS REGRAS DO JOGO

Como aumentar as receitas e o lucro através da inovação

A . G. LAFLEY com RAM CHARAN

Actual Editora
Conjuntura Actual Editora, S. A.

Missão
Editar livros no domínio da Gestão e da Economia e tornar-se uma editora de referência nestas áreas. Ser reconhecida pela sua qualidade técnica, **actualidade** e relevância de conteúdos, imagem e *design* inovador.

Visão
Apostar na facilidade e compreensão de conceitos e ideias que contribuam para informar e formar estudantes, professores, gestores e todos os interessados, para que através do seu contributo participem na melhoria da sociedade e gestão das empresas em Portugal e nos países de língua oficial portuguesa.

Estímulos
Encontrar novas edições interessantes e **actuais** para as necessidades e expectativas dos leitores das áreas de Economia e de Gestão. Investir na qualidade das traduções técnicas. Adequar o preço às necessidades do mercado. Oferecer um *design* de excelência e contemporâneo. Apresentar uma leitura fácil através de uma paginação estudada. Facilitar o acesso ao livro, por intermédio de vendas especiais, *website*, *marketing*, etc.
Transformar um livro técnico num produto atractivo. Produzir um livro acessível e que, pelas suas características, seja **actual** e inovador no mercado.

CONTROLE AS REGRAS DO JOGO

Como aumentar as receitas e o lucro através da inovação

A . G. LAFLEY com RAM CHARAN

www.actualeditora.com
Lisboa — Portugal

Actual Editora
Conjuntura Actual Editora, S. A.
Rua Luciano Cordeiro, 123 - 1º Esq.
1069-157 Lisboa
Portugal

TEL: (+351) 21 3190240
FAX: (+351) 21 3190249

Website: www.actualeditora.com

Título original: *The game-changer: how you can drive revenue and profit growth with innovation*
Copyright © 2008 RAM CHARAN E A. G. LAFLEY

Edição original publicada por Crown Business, Grupo Random House

Edição: Actual Editora – Março 2009
Todos os direitos para a publicação desta obra em Portugal reservados por Conjuntura Actual Editora, S. A.
Tradução: Rita Taborda
Revisão: Marta Pereira da Silva
Design **da capa:** Brill Design UK
Paginação: Fernando Mateus
Gráfica: Guide – Artes Gráficas, L.da
Depósito legal: 291440/09
ISBN: 978-989-8101-50-1

Nenhuma parte deste livro pode ser utilizada ou reproduzida, no todo ou em parte, por qualquer processo mecânico, fotográfico, electrónico ou de gravação, ou qualquer outra forma copiada, para uso público ou privado (além do uso legal como breve citação em artigos e críticas) sem autorização prévia por escrito da Conjuntura Actual Editora.
Este livro não pode ser emprestado, revendido, alugado ou estar disponível em qualquer forma comercial que não seja o seu actual formato sem o consentimento da sua editora.

Vendas especiais:
O presente livro está disponível com descontos especiais para compras de maior volume para grupos empresariais, associações, universidades, escolas de formação e outras entidades interessadas. Edições especiais, incluindo capa personalizada para grupos empresariais, podem ser encomendadas à editora.
Para mais informações contactar Conjuntura Actual Editora, S. A.

Índice

	Quem controla as regras do jogo	9
	O nosso objectivo	11
Capítulo 1	Como e por que motivo a inovação na Procter & Gamble alterou as regras do jogo	13
Capítulo 2	O que a transformação da inovação na P&G significa	33
PARTE UM:	**MOSTRAR O PANORAMA GLOBAL**	45
Capítulo 3	O cliente é o chefe	47
Capítulo 4	Onde jogar, como vencer	87
Capítulo 5	Alavancar o que faz melhor	115
PARTE DOIS:	**FAZER A INOVAÇÃO ACONTECER**	137
Capítulo 6	Organizar para a inovação	139
Capítulo 7	Integrar a inovação na sua rotina	177
Capítulo 8	Gerir os riscos da inovação	209
PARTE TRÊS:	**A CULTURA DE INOVAÇÃO**	243
Capítulo 9	A inovação é um desporto de equipa	245
Capítulo 10	A nova tarefa do líder	279
Conclusão	Como Jeff Immelt tornou a inovação uma forma de vida na GE	311
	Epílogo	329
	Agradecimentos	335
	Sobre os autores	339

Dedicado por inteiro à família unida de doze irmãos e primos que viveram debaixo do mesmo tecto durante 50 anos, cujo sacrifício pessoal tornou a minha educação formal possível.

– Ram Charan

Dedicado a Gil Cloyd – o meu parceiro de inovação na Procter & Gamble. No início do ano 2000, estávamos sozinhos. Sabíamos que precisávamos de mudar – tanto o negócio como a abordagem da liderança à investigação e desenvolvimento, assim como a cultura da empresa e da investigação e desenvolvimento – mas não sabíamos exactamente como ou, sequer, por onde começar.

Sabíamos que tínhamos de abrir a empresa, para a tornar mais centrada no exterior e para encorajar internamente maior colaboração e cooperação, através das unidades de negócio, áreas geográficas e funções.

Era *muito* solitário, mas mantivemo-nos solidários.

Gil tem sido um verdadeiro agente da mudança e um líder perfeito da inovação. Preservou a parte essencial da investigação e desenvolvimento da P&G – tecnólogos de classe mundial que dominam as tecnologias principais fundamentais aos negócios de produtos domésticos e de cuidados pessoais da P&G – mas queria mudar praticamente tudo o resto.

Gil é o meu parceiro de inovação e, em conjunto com colegas líderes da inovação nos negócios e funções em toda a P&G, estamos a tentar libertar o poder do consumidor e acolher parceiros externos de inovação, para criar marcas e produtos que beneficiem a vida de mais consumidores e a melhorem todos os dias.

Não tem sido fácil e ainda temos muito para fazer. Mas, em todos os passos do processo, tem sido um privilégio e um prazer trabalhar com Gil.

– A. G. Lafley

"Quem controla as regras do jogo"
DEFINIÇÃO

1. Um estratega visionário que altera o jogo do seu negócio ou concebe um jogo inteiramente novo. 2. Um criador que recorre à inovação como a base de um crescimento orgânico rentável sustentado e de um aumento consistente das margens de lucro. 3. Um líder que percebe que o consumidor ou cliente – e não o CEO – é o chefe. 4. Um catalisador que utiliza a inovação para impulsionar todos os elementos de um negócio, desde a estratégia à organização e da orçamentação e afectação de recursos à selecção, compensação e promoção de colaboradores. 5. Um integrador que vê a inovação como um processo integrado do princípio ao fim, não uma série de passos inconsequentes. 6. Alguém que quebra as correntes da comoditização e que cria marcas e negócios diferenciados e de valor acrescentado, através da inovação. 7. Um humanista pragmático que encara a inovação como um processo social e compreende que a interacção humana – como as pessoas falam e trabalham em conjunto – é uma chave para a inovação, não apenas a tecnologia.

O nosso objectivo

Vencer no actual mundo dos negócios é praticamente igual ao que tem sido desde há décadas: criar novos clientes, novos produtos e novos serviços que motivam o crescimento de receitas e lucros. O que é diferente *é como fazê-lo*.

A velocidade da mudança nos dias de hoje não tem precedentes. Cria oportunidades, mas também a ameaça da obsolescência.

A melhor forma de vencer neste mundo é através da inovação. Mas a inovação tem sido muitas vezes deixada para especialistas técnicos ou encarada como um acaso feliz ou sorte. Génios solitários a trabalhar por conta própria conseguiram, de facto, criar novas indústrias ou revolucionar as que existiam. Mas há um problema. Não pode ficar à espera que a "lâmpada" se acenda na cabeça de alguém. Os frutos da inovação – um crescimento orgânico sustentável das receitas e dos lucros – têm de se tornar intrínsecos à forma como gere o seu negócio. Isto significa tornar a inovação fundamental nos objectivos, estratégia, estrutura, sistemas, cultura, liderança, motivação e valores do seu negócio.

O nosso objectivo é apresentar-lhe uma nova forma de pensar e gerir o seu negócio – com um novo processo de gestão para tornar a inovação fundamental para todos os impulsionadores do seu negócio. É um processo que foi extraído da nossa prática e investigação. Baseia-se no que funciona no mundo real e fornece uma nova forma de gerir um negócio de qualquer dimensão e em qualquer nível numa organização.

Este novo processo de gestão é orientado para a prática e é apresentado no que consideramos serem termos concretos e exequíveis. Pode, de facto, começar a utilizá-lo na segunda-feira de manhã. *Controle as regras do jogo* é o resultado da experiência de A.G. Lafley em colocar a Procter & Gamble num novo caminho para aumentar o crescimento orgânico e da luta de Ram Charan durante mais de uma década para lidar com o motivo por que fazer acontecer a inovação de uma forma rotineira era um dilema tão grande, muito discutido mas difícil de concretizar.

No início de 2001, Ram Charan começou a trabalhar com uma empresa numa estrutura para operacionalizar a forma como uma ideia passa da pessoa que a tem para um produto que tem sucesso no mercado. Embora a empresa tivesse sucesso em trazer inovações para o mercado, o seu sucesso era esporádico. A razão, observou Ram, era que o processo de inovação estava fragmentado. Era feito "mecanicamente" e faltava-lhe interacções sociais importantes. Por exemplo, como é comum, os colaboradores do departamento de tecnologia criavam alguma coisa e depois "passavam-na" para o *marketing* sem qualquer interacção produtiva no processo. Não existe um sistema de inovação disciplinado, repetível e escalonado a ligar as várias interacções sociais entre os departamentos.

O problema aumentou o interesse e a investigação de Ram. E, no Outono de 2005, teve a oportunidade de conhecer A. G. Lafley, depois de acompanhar o desenvolvimento que a P&G teve desde que A. G. se tornou CEO em Junho de 2000. A. G., observou Ram, parecia ter feito um progresso. A inovação na P&G era consistente. Fazia parte do que os gestores de unidades de negócio executavam todos os dias. Era mais do que apenas fazer o *brainstorm* de ideias; estava no centro do processo de gestão e era a razão da inversão positiva no desempenho da P&G.

O objectivo, concordaram ambos, era analisar a sua experiência e investigação e extrair as lições que pudessem ser utilizadas por outros.

CAPÍTULO 1

Como e por que motivo a inovação na Procter & Gamble alterou as regras do jogo

A MINHA[*] FUNÇÃO NA PROCTER & GAMBLE ESTÁ FOCALIZADA na integração da inovação em *tudo* o que fazemos.

Todos os negócios têm um princípio organizacional fundamental que se utiliza como base para tomar decisões, enfrentar desafios e criar oportunidades. Para a P&G esse princípio é a inovação.

A inovação tem de ser a força motriz central em todos os negócios que queiram crescer e ser bem sucedidos, tanto a curto como a médio prazo. Vivemos numa época em que o ritmo de mudança é tal que um produto ou serviço que hoje é único já está comoditizado amanhã. Vencer – jogar o jogo melhor do que os seus concorrentes e mudá-lo quando for necessário – exige que se encontre uma nova forma de sustentar o crescimento orgânico das receitas e dos lucros e de melhorar as margens de modo consistente.

Isto significa encarar a inovação não como algo para o departamento de investigação e desenvolvimento (I&D), mas como a base fundamental de como se gere o negócio, tomando decisões-chave, sejam elas relativas a escolha de objectivos, estratégia, estrutura organizacional, afectação de recursos, compromisso para com orçamentos ou desenvolvimento de liderança.

---

[*] **Nota dos Autores (N. A.)** Este capítulo é escrito pelo co-autor A. G. Lafley.

Muitas vezes, os gestores decidem uma estratégia de negócio – quais os mercados conquistar e que produtos fabricar – e depois recorrem à inovação para a apoiar. *Esta é a forma errada de o fazer.* A inovação precisa de ser colocada no centro do negócio, de forma a escolher os objectivos e a estratégia de negócio certos e a fazer escolhas vencedoras. É fundamental para a tarefa de qualquer líder – gestores de unidades de negócio, líderes funcionais e o CEO. Este, de facto, tem de ser também o responsável máximo pela área de inovação.[*]

Ao aprofundarmos a nossa definição de inovação e ao desenvolvermos na totalidade as ferramentas práticas para tornar o negócio centrado na inovação, digamos simplesmente que a inovação é a base para controlar o seu destino. Foi para a P&G (na minha experiência) a verdadeira forma de "controlar as regras do jogo" – a verdadeira fonte de vantagem competitiva sustentável e o motor mais fidedigno do crescimento sustentado. A inovação é a resposta. Foi o que aprendi nas semanas e anos após ter recebido um telefonema inesperado.

ESTÁ PREPARADO?

Aconteceu a 6 de Junho de 2000, poucos minutos antes de uma reunião de negócios na Califórnia. Em linha estava John Pepper, antigo *chairman* e CEO da P&G. John foi directo ao assunto: "Está preparado para aceitar o cargo de CEO na P&G?" Fiquei surpreso. Ainda na tarde anterior tinha estado a falar com o *chairman* e CEO, Durk Jager, sobre os nossos planos para o último mês do ano fiscal.

"O que aconteceu a Durk?", perguntei.

"Apresentou a demissão."

"Porquê? O que aconteceu?"

"Não tenho tempo para falar disso agora. Só preciso de saber se está preparado para desempenhar o cargo de CEO na P&G."

"Claro que estou."

"Então apanhe um avião o mais rápido possível e venha directamente ao meu escritório quando chegar a Cincinnati."

"OK."

---

[*] N. T. No original CIO - *Chief Innovation Officer*.

Voltei-me para os meus colegas e disse-lhes que tinha surgido um problema. Tinha de me ir embora. No avião, analisei esta súbita e surpreendente reviravolta nos acontecimentos.

Tentei analisar o que era mais importante: O que precisava de fazer nas próximas 24, 48 e 72 horas? E o que precisava de fazer na primeira semana, no primeiro mês?

Sem dúvida, a P&G estava em dificuldades. Tínhamos emitido um aviso sobre os lucros em Março e o negócio continuava abaixo das expectativas. Embora uma das minhas áreas de responsabilidade, a América do Norte, estivesse a cumprir, o meu outro negócio, Cuidados de Beleza Globais, não ia corresponder às previsões. E havia outros negócios que estavam ainda pior.

Olhando para trás, reflecti sobre a história recente da P&G. Tínhamos mudado para uma nova estratégia global das unidades de negócio. Tínhamos mudado totalmente a estrutura da organização – de centros de lucros nacionais para globais. Estávamos a adaptar-nos a uma maior concorrência global, a uma indústria com mudanças mais rápidas e aos desafios da Internet e da denominada "nova economia". A maior parte dos nossos gestores tinha novas funções. Tinha trabalhado no negócio de beleza da P&G durante exactamente 11 meses. No meio de tudo isto, tínhamos elevado os objectivos da empresa para níveis sem precedentes – crescimento de sete a oito por cento nas vendas líquidas e crescimento de 13 a 14 por cento nos lucros.

Abrangência, inovação e velocidade eram as palavras-chave. Abrangência para objectivos maiores. Inovar em tudo o que fazemos. Assumir mais riscos. Tudo isto são coisas boas em si e por si. Em retrospectiva, contudo, estávamos a tentar mudar demasiado, demasiado depressa. Muitos dos nossos negócios não estavam em condições de aumentar. Muitos dos novos produtos, negócios e iniciativas da organização estavam a ser empurrados para o mercado antes de estarem prontos. A execução sofria e muitas vezes "disparávamos antes de fazer pontaria". Tínhamos de aceitar a realidade, de ver as coisas como elas eram e não como queríamos que fossem.

A primeira tarefa era determinar o estado dos negócios da P&G. Às seis da manhã do dia 7 de Junho, comecei a mergulhar nos números – negócio a negócio, região a região, cliente a cliente. Infelizmente, estávamos em pior situação do que imaginava. Estávamos a 23 dias do final do ano e era impossível cumprir os objectivos do mês, do trimestre Abril/Junho ou do ano fiscal 1999/2000. Depois de informarmos a administração na quinta-feira, 8 de Junho, emitimos um novo aviso sobre os lucros. As acções da P&G abriram com uma descida de mais de três dólares na manhã em que fui anunciado como CEO. No final da semana, o preço das acções da P&G tinham baixado mais de sete dólares em relação ao fecho de segunda-feira. Não era exactamente um indicador inicial de confiança em mim. (No total, as nossas acções tinham diminuído mais de 50 por cento ao longo de seis meses desde Janeiro, uma perda de 50 mil milhões de dólares em capitalização de mercado.)

Sabia que eram necessários mais três a seis meses para saber se o negócio batia no fundo. Entretanto, tinha de manter na P&G aqueles que seriam importantes para o sucesso futuro. Falei pessoalmente com cada um dos líderes, da forma mais clara e directa que consegui, sobre as minhas expectativas. Precisávamos de chegar a um acordo transparente e comum sobre os desafios e as oportunidades do negócio e de restaurar os princípios fundamentais rapidamente, para conseguirmos que a P&G voltasse a crescer de uma forma consistente. Partilhei com os líderes o que esperava deles e o que precisávamos de fazer em conjunto. Encorajei-os a competir ao máximo externamente, mas a colaborar como uma família a nível interno. Quase todos se comprometeram com esta visão.

O que se segue no resto deste capítulo é uma descrição disciplinada do que foi alcançado e de como o fizemos. *Embora possuísse os princípios fundamentais, cultivados durante um longo período de tempo na minha mente, a realidade é que a sua sequência e execução se desenvolveram um pouco ao acaso.* Apesar de agora ver tudo com mais transparência, quando comecei não tinha todas as respostas.

O QUE TIVEMOS DE FAZER

Sendo nós colaboradores orgulhosos da P&G, sentíamo-nos envergonhados pelos resultados mais recentes. Queríamos dar a volta à situação. Para o fazer, concentrámo-nos em algumas coisas simples, mas muito importantes.

Colocámos o consumidor no centro de tudo o que fazemos. Três mil milhões de vezes por dia, as marcas da P&G entram na vida das pessoas por todo o mundo. Na nossa empresa, o consumidor – e não o CEO – é o chefe. Independentemente da fonte original de inovação – uma ideia, uma tecnologia, uma tendência social – o consumidor tem de estar no centro do processo de inovação do princípio ao fim. Mas a P&G estava longe de respeitar o padrão "o consumidor é o chefe"; por isso é que estávamos a perder quotas de mercado em categorias nucleares como fraldas descartáveis e pasta de dentes. Agora, passamos muito mais tempo com os consumidores, nas lojas, nas suas casas e em centros de testes de todos os tipos para consumidores – para os observar a utilizar os nossos produtos, para os ouvir e para aprender com eles o que pretendem de nós.

O nosso objectivo na P&G é agradar aos nossos consumidores em dois "momentos da verdade": o primeiro, quando compram um produto; e depois, quando o utilizam. Para o conquistar, vivemos com os nossos consumidores e vemos o mundo e as oportunidades para iniciativas de novos produtos através dos seus olhos. Fazemos isto porque vencemos quando mais consumidores compram e utilizam as nossas marcas – e o fazem repetidamente. Vencemos quando os consumidores utilizam as nossas marcas com mais fidelidade. Vencemos quando os consumidores passam para marcas mais caras, com maior margem de lucro. Os consumidores estão agora no centro de todas as decisões importantes que tomamos, de uma forma rotineira e disciplinada e não esporádica.

Abrimo-nos. Conhecidos desde há muito por preferirmos fazer tudo "dentro de casa", começámos a procurar a inovação em todas as fontes, dentro e fora da empresa. A inovação tem tudo que ver com contactos, por isso envolvemos todos os que pudermos: colaboradores antigos e actuais da P&G; consumidores e clientes; fornecedores; um conjunto alargado de parceiros do programa "relacionar e desenvolver"; até mesmo concorrentes. Quantos mais relacionamentos, mais ideias; quantas mais ideias, mais soluções. E como o que é medido é gerido, estabeleci o objectivo de que metade dos novos produtos e inovações tecnológicas tenham origem fora da P&G. Já ultrapassámos esse número, em comparação com 15 por cento em 2000.

Tornámos o crescimento orgânico sustentável a prioridade. A inovação permite a expansão para novas categorias, permite-nos reestruturar negócios considerados maduros e transformá-los em plataformas para crescimento rentável, e cria pontes para segmentos adjacentes. Por isso, mudámos a nossa atenção para o crescimento orgânico, que é menos arriscado do que o crescimento adquirido e mais valorizado pelos investidores. Na segunda metade dos anos de 1990, o aumento das receitas tinha diminuído e algumas das marcas mais veneráveis da P&G estavam a enfraquecer – uma vulnerabilidade que os concorrentes foram rápidos a atacar. Senti que a P&G podia – tinha – de fazer melhor. Isto, como é óbvio, é mais fácil de dizer do que fazer. A P&G é agora uma empresa de 80 mil milhões de dólares; aumentar as receitas cinco por cento ao ano significa adicionar o equivalente a uma marca como o Tide ou um mercado como a China – todos os anos – contra concorrentes de nível mundial como a Colgate-Palmolive, a Henkel, a Johnson & Johnson, a Kao, a Kimberly-Clark, a Unilever e a L'Oréal, bem como marcas próprias dos retalhistas e marcas locais de baixo custo populares em mercados em desenvolvimento como o Brasil, a China e a Índia.

Actualmente, a inovação impulsiona quase todo o crescimento orgânico das vendas anuais da P&G. Contamos que apenas um por cento do nosso crescimento de cinco a sete por cento nas vendas tenha origem na actividade de aquisições; o restante tem de surgir de crescimento orgânico baseado na inovação. Do ano fiscal de 2001 a 2007, mesmo perante um cenário de aumento dos custos da energia e das matérias-primas, melhorámos as margens operacionais em mais de quatro pontos percentuais (ou seja, 400 pontos base). Os lucros mais do que triplicaram, para valores superiores a dez mil milhões de dólares, enquanto o *cash flow* livre totalizou 50 mil milhões de dólares durante o mesmo período. A criação de valor impulsionado pela inovação e o crescimento suplementar das vendas a partir da inovação quase duplicaram desde 2001. Isto ajudou-nos a atingir um crescimento médio de 12 por cento nos ganhos por acção e a aumentar a nossa capitalização de mercado em cem mil milhões de dólares, tornando-nos uma das dez empresas mais valiosas dos EUA. Desde o ano fiscal de 2000 até Novembro de 2007, o preço das acções da P&G aumentou quase o triplo, conquistando um recorde em alta no dia 12 de Dezembro de 2007.

Organizámo-nos em torno da inovação para motivar o crescimento orgânico sustentável. Para obter crescimento orgânico, precisávamos de inovar. Tínhamos de nos tornar um operador mais consistente e um inovador muito mais consistente e fidedigno. Conscientemente, dei início ao processo de recolocar a inovação no centro da P&G. O meu objectivo era, e é, criar uma organização de inovação sustentável que, por seu lado, impulsiona o crescimento orgânico sustentável através:

- De pensar na inovação como uma estratégia – uma capacidade que queríamos construir e fortalecer e acabar por tornar uma vantagem competitiva sustentável.

- De uma estratégia de negócios regular e de estudos sobre o valor da marca que se concentram na inovação como a vantagem competitiva e a forma de controlar as regras do jogo.

- De estudos regulares de inovação para todas as unidades de negócio globais que se focalizem em objectivos de crescimento, estratégias de inovação, planos e grandes iniciativas.

- De uma cuidadosa selecção e utilização de medidas adequadas, de reconhecimento e de recompensas para encorajar a inovação.

- Do processo de avaliação, desenvolvimento e promoção de líderes de negócios excepcionais que sejam também notáveis líderes de inovação.

- Da afectação de recursos – financeiros e humanos – para motivar a comercialização bem sucedida da inovação excepcional.

Ao gerirmos um processo de desenvolvimento, aprovação e comercialização disciplinado, provámos que podemos gerir um portfólio alargado de inovações em várias fases de desenvolvimento. A inovação é agora a essência da P&G e está no centro do nosso modelo de negócios. Todos os dias, mais colaboradores da P&G estão envolvidos na inovação. Os consumidores esperam que as marcas da P&G melhorem a sua vida com inovações. Os retalhistas contam com a inovação da P&G para aumentarem os seus negócios e criarem valor. Os investidores e accionistas da P&G procuram a inovação como um indicador do desempenho financeiro futuro global.

Começámos a pensar na inovação de novas formas. Começámos a partir da premissa de que é possível gerir um programa de inovação praticamente da mesma forma como gerimos uma fábrica. Existem investimentos; estes passam por uma série de processos de transformação e criam resultados. É possível avaliar o rendimento de cada processo, incluindo a qualidade, o produto final e os resultados financeiros e de mercado. Os métodos necessários para se abordar a inovação desta forma – abrindo o processo de inovação, centrando-o mais no consumidor e construindo processos e trabalho de equipa – não podem acontecer isoladamente. Para funcionar, todos têm de trabalhar em conjunto e ser integrados nas principais tomadas de decisão do negócio.

Em segundo lugar, alargámos o modo como pensamos sobre a inovação, para incluir não só produtos, tecnologias e serviços, mas também modelos de negócios, cadeias de abastecimento e inovações conceptuais e a nível de custos. Também encarámos a inovação não apenas como disruptiva – o conhecido *home run*[*] – mas também como incremental, os menos glamorosos mas altamente lucrativos e rentáveis *"singles and doubles"*.[**]

E em terceiro lugar, embora todos saibam que a inovação é arriscada, aprendemos como identificar as fontes desses riscos e desenvolvemos as ferramentas e o *know-how* para os gerir. Tornámos a aprendizagem com os erros uma prática regular para melhorar a nossa capacidade de gerir riscos.

---

[*] N. T. Nome da jogada de basebol em que o batedor bate a bola para fora dos limites do campo e consegue completar as quatro bases na mesma jogada sem que o defensor o possa impedir, marcando um ponto.

[**] N. T. *Single* é uma jogada do basebol, quando o batedor consegue chegar à primeira base antes que o defensor consiga devolver a bola ao seu companheiro que está posicionado junto à base. *Double* é quando o batedor consegue chegar à segunda base.

COMO FIZEMOS... PRIMEIRO O MAIS IMPORTANTE

Isto foi o que fizemos. O que quer saber é como o fizemos.

O primeiro passo foi melhorar a nossa execução, para podermos então concentrar mais recursos na inovação. Em Junho de 2000, era evidente que não estávamos a executar muito bem – e, na indústria em constante mudança dos bens de consumo, a execução é muitas vezes decisiva. Consequentemente, não estávamos a cumprir os compromissos financeiros e de negócios para com os nossos accionistas, clientes, fornecedores e colaboradores. A pergunta óbvia era: "Porquê?" A resposta: Estávamos a tentar fazer demasiado, demasiado rápido e nada estava a ser bem feito. A P&G precisava de transparência e de enfoque. Quais eram as decisões determinantes a tomar? Quais seriam as prioridades-chave? Qual era o *equilíbrio* certo?

A nossa primeira opção foi aumentar o núcleo – categorias como detergentes para a roupa, cuidados femininos e cuidados com o cabelo. Tínhamos cultivado ou explorado estes negócios para investir em novas marcas e produtos e/ou numa nova expansão geográfica. Obviamente gostaríamos de fazer ambos para maximizar o crescimento a curto, médio e longo prazo, mas tínhamos atirado o pêndulo demasiado longe. Tínhamos de fazer com que estes negócios nucleares e marcas líderes crescessem de uma forma mais consistente e mais rentável, o mais rapidamente possível.

Ao fazê-lo, incidimos um foco exacto sobre os consumidores actuais, que pelo menos ocasionalmente compravam e utilizavam as nossas marcas e produtos, e sobre os retalhistas, grossistas e distribuidores com quem trabalhávamos. Também precisávamos de melhorar a disciplina com que geríamos os princípios operacionais dos negócios da P&G. Por exemplo, em Junho de 2000, conseguimos entregar apenas 97 por cento das encomendas pedidas pelos clientes. Isto significava que estávamos a deixar até três por cento de potenciais vendas "em cima da mesa". Todas as segundas-feiras de manhã, solicitava à minha equipa de liderança que apresentasse as encomendas extraviadas e que acções tinham sido tomadas para satisfazer as encomendas. Continuámos a fazê-lo até as encomendas perdidas estarem muito mais bem controladas. Hoje em dia, as encomendas extraviadas representam menos de 0,4 por cento e já não são uma das principais causas de vendas e lucros perdidos.

Os preços eram outra área de atenção. Em muitas marcas e linhas de produtos, em demasiados países, os preços da P&G eram excessivamente altos. Tínhamos de encontrar o "ponto de equilíbrio" nos preços que representasse um maior valor para os consumidores, desse aos retalhistas um lucro justo e impulsionasse a P&G para melhorar a sua quota de mercado, conseguir mais vendas líquidas e um melhor desempenho das suas margens. Isto era incrivelmente importante, porque o modelo de negócios da P&G é motivado por marcas bem diferenciadas e produtos de desempenho superior, que conseguem suportar preços um pouco mais elevados e alcançar uma compra e utilização mais leal por parte dos consumidores. Trabalhámos muito a questão e tirámos cerca de dois pontos por ano aos preços líquidos entre 2000 e 2002 para garantir mais valor para o consumidor das marcas da P&G.

Embora as encomendas extraviadas e a conquista de valor para o consumidor fossem áreas importantes para se trabalhar, sabíamos que a inovação seria a chave para vencer a médio e longo prazo. Porquê? Fundamentalmente, a P&G tinha sido construída com base numa estratégia de diferenciação – produtos diferenciados de consumo doméstico e de cuidados pessoais. As marcas são promessas de alguma coisa diferente e melhor em termos de desempenho, qualidade e valor. As marcas são garantias de qualidade, desempenho e valor consistentes.

Mas as questões determinantes eram: *Como* podíamos colocar a inovação no centro de tudo o que fazemos? *Como* podíamos tornar a inovação uma vantagem competitiva mais consistente, mais decisiva e mais sustentável? E, *como* podíamos gerir os riscos associados ao nosso total e completo compromisso para com a inovação? Podíamos identificar e tirar vantagens das oportunidades que a inovação nos podia oferecer? Com isto em mente, olhámos para o que acreditámos ser os possibilitadores ou impulsionadores de uma estratégia de inovação; os impulsionadores que podiam criar uma operação conduzida pela inovação e construir uma cultura de inovação; os impulsionadores que podiam resultar numa inovação para controlar as regras do jogo que iria abranger mais consumidores e melhorar mais vidas.

A INOVAÇÃO É UM PROCESSO DE GESTÃO INTEGRADO

Para a inovação compensar – para gerar vendas orgânicas sustentáveis e um crescimento dos lucros – tem de ser integrada na forma como gere o seu negócio: o seu propósito global, objectivos e estratégias, estrutura e sistemas, liderança e cultura. Como mostra o diagrama da página seguinte, existem na verdade oito elementos de qualquer negócio que, em última análise, têm de ser organizados e orientados para motivar a inovação. Estes oito impulsionadores funcionam em conjunto; isto é, estão integrados uns nos outros e no funcionamento diário do negócio. É importante ter em conta que isto é um modelo, não um processo fechado que tem de ser rigidamente seguido. Tem a intenção de ser um guia para decompor em partes manobráveis o desafio aparentemente gigantesco de tornar uma organização mais inovadora.

Adaptá-lo quando as condições mudam e surgem desafios específicos é crucial para a sua utilidade. Embora nós apresentemos o modelo de uma forma linear, sequencial, de forma a torná-lo compreensível, a realidade é que o modelo não tem de ser implementado numa sequência em particular. Pode começar por integrar a inovação na sua organização através de qualquer um destes impulsionadores e através de mais do que um de cada vez. Ser adaptável, ter bom senso, ser prático e conseguir ver o que funciona melhor para a sua empresa dada a situação na altura é importante para fazer o modelo funcionar e para estabelecer a inovação.

O princípio orientador ou principal para a inovação que "controla as regras do jogo" e provoca crescimento orgânico e lucros sustentáveis, independentemente de o seu negócio ser de produtos de consumo, serviços ou produtos industriais de transacções entre organizações, é colocar o consumidor ou cliente no centro da estrutura. Embora muitos digam que se concentram no cliente, poucos realmente o colocam como "chefe" no centro do processo de inovação. Os objectivos do crescimento orgânico sustentável e da diferenciação da concorrência serão concretizados quando todos os oito impulsionadores estiverem a funcionar totalmente em conjunto.

1. *Propósito e valores motivadores.* As empresas centradas na inovação são locais estimulantes para se trabalhar e os seus colaboradores são inspirados por um propósito mais elevado. Ter um propósito maior do que entregar números que mantêm Wall Street contente dá sentido ao trabalho de cada um e une a organização.

A P&G é orientada pelo propósito e conduzida pelos valores. Milhões em todo o mundo esforçam-se para melhorar a sua vida através de produtos e serviços acessíveis. O nosso propósito é melhorar a sua vida diária de pequenas formas, mas significativas, com marcas e produtos que apresentam continuamente desempenho, qualidade e valor superiores aos da melhor concorrência.

Os nossos valores – integridade, confiança, liderança e uma paixão para servir e vencer com os consumidores – transformam o propósito em acção e surgem nos comportamentos de todos os dias, começando pela forma como tratamos o consumidor e nos tratamos uns aos outros.

O nosso propósito e valores não são únicos, mas *são* muito importantes, porque os nossos colaboradores têm-nos adoptado e praticado durante gerações. A chave é traduzi-los de forma a serem relevantes para se vencer no mercado actual. Por exemplo, uma geração ou duas atrás, concentrávamo-nos em servir mães com rendimentos médios nos EUA, no Canadá e na Europa Ocidental. Hoje em dia, aspiramos a servir um conjunto mais alargado de pessoas com diferentes níveis de rendimento e estilos de vida, tanto nos países desenvolvidos como em desenvolvimento em todo o mundo.

O nosso propósito inspira-nos. Os nossos valores unem-nos. Enfatizá-los foi o primeiro passo determinante na transformação da P&G como empresa com o consumidor como "chefe" e a inovação no centro. A ligação do propósito e dos valores à inovação estimulou a gestão e inspirou os colaboradores da P&G em 90 países em todo mundo. A inovação orientada para o propósito, a inovação para melhorar a vida de todos os dias, era uma vocação maior – uma causa que todos podiam abraçar, uma oportunidade muito verdadeira de fazer pequenas, mas significativas, melhorias na condição humana.

2. *Objectivos alargados*. Os objectivos influenciam todas as outras escolhas determinantes. Identificar alguns objectivos importantes cria transparência na convergência de estratégias vencedoras e alinha a energia de todos os envolvidos.

Ao criar inovação que controle as regras do jogo, é importante ter os objectivos certos de crescimento – objectivos que são alargados mas exequíveis e que, contudo, não podem ser alcançados sem um processo sustentado de inovação, conduzido por líderes que o encaram como *a* forma de controlar as regras do jogo.

O problema em 2000 era que nos tínhamos comprometido para com objectivos alargados que tínhamos menos de 50 por cento de hipóteses de atingir. Uma das primeiras coisas que fizemos foi restabelecer os nossos três objectivos de crescimento externo, de forma que ainda eram alargados, mas exequíveis; por exemplo, quatro a seis por cento de crescimento nas vendas em categorias que aumentavam normalmente dois a três por cento ao ano. Estes objectivos levariam a estratégias mais audazes e inovadoras por parte das unidades de negócio e a planos operacionais mais ambiciosos.

3. *Estratégias seleccionadas.* Assim que os objectivos estiverem definidos, tem de se descobrir como os conquistar. As estratégias são as poucas escolhas determinantes exigidas por objectivos transparentes – escolhas que resultam em vencer *com* os consumidores e os clientes e *contra* a concorrência. Colocar a inovação no centro da nossa forma de pensar permitiu-nos ver as escolhas estratégicas sob uma perspectiva diferente. Negócios e marcas anteriormente considerados "saturadas" podiam agora ser encaradas como oportunidades de crescimento. A inovação estimulou assim os nossos líderes a aumentarem os nossos quatro negócios fundamentais (produtos para a roupa, produtos para o cabelo, produtos para o bebé e produtos de beleza femininos) e dez marcas líderes, sendo que cada uma gerava mil milhões de dólares ou mais em vendas. A inovação também nos permitiu tomar decisões sobre onde *não* apostar. Por exemplo, decidimos abandonar a maior parte dos negócios de comida e bebida. Embora rentáveis e rentabilizando o custo de capital, não tinham potencial para crescimento através da inovação nem para uma vantagem competitiva a longo prazo. Os recursos, então, foram desbloqueados e transferidos para negócios com crescimento mais rápido, maior margem, com maior capacidade de gerar receitas, na área da beleza, saúde e cuidados pessoais. A inovação também revelou uma oportunidade inteiramente nova para captar mais de mil milhões de novos consumidores de baixos rendimentos, em particular nos mercados em desenvolvimento com crescimento mais rápido.

4. *Forças nucleares únicas.* Assim que fizemos as nossas escolhas sobre *onde jogar*, concentrámo-nos então em *como vencer* construindo, melhorando e utilizando as nossas forças únicas. As forças únicas permitem-lhe jogar com sucesso na sua indústria e são consistentes com o que a sua empresa faz ou pode fazer melhor. Criam e sustentam uma vantagem competitiva; podem ser integradas de diferentes formas, para responder a necessidades novas e imprevistas. As forças nucleares da P&G incluem um profundo conhecimento dos consumidores e colocá-los no centro de todas as decisões; criar e construir marcas que perduram; a capacidade de criar valor para os clientes e para os fornecedores; e influenciar eficazmente a aprendizagem e a escala globais para uma vantagem competitiva.

Investimos muito capital, recursos, tempo e intensidade de gestão para tornar as nossas forças nucleares mais fortes. Por exemplo, reinventámos a nossa muito apreciada organização de estudo de mercado e centrámo-la num profundo conhecimento do consumidor. O nosso estudo afastou-se do tradicional grupo-alvo e investiu largamente, até mil milhões de dólares (o dobro da média na indústria), em investigação sobre o consumidor e hábitos de compra, com especial enfoque na investigação *imersiva*.[*]

Estamos a despender muito mais tempo no contexto dos consumidores – a viver com eles nas suas casas, a fazer compras com eles nas lojas e a fazer parte da sua *vida*. As relações do mundo verdadeiro conduzem a um maior conhecimento dos consumidores, a uma maior rapidez de entrada no mercado e a riscos mais reduzidos. Isto altera a forma de pensar dos líderes da P&G e muda as suas decisões. A imersão total dá um verdadeiro significado, na prática, ao poder de "o consumidor é o chefe".

O efeito tem sido não apenas melhorar o nosso desempenho em cada força nuclear única, mas também criar uma verdadeira vantagem competitiva a partir desta combinação. Quando reunimos tudo através do nosso profundo conhecimento local e de parcerias estreitas com retalhistas, vemos e criamos mais oportunidades de inovação. Utilizamos as marcas globais líderes da P&G como plataformas para a inovação. E comercializamos a inovação de uma forma mais consistente – tudo leva a um crescimento mais *sustentável* e a uma *maior* rendibilidade para os accionistas.

---

[*] N. T. No original, *immersive research*, é uma nova metodologia de investigação qualitativa *on-line*, que tenta captar através da Internet as experiências e as emoções dos consumidores à medida que ocorrem, fornecendo aos investigadores um acesso valioso às experiências do dia-a-dia.

5. *Estruturas possibilitadoras*. A execução de uma estratégia seleccionada e a utilização eficaz das forças nucleares únicas exigem o projeto de uma estrutura organizacional que apoie a inovação no centro do seu negócio. Embora *não* haja uma forma melhor de estruturar uma empresa centrada na inovação, é claro que é pior numa organização concentrada internamente e integrada de forma vertical. Estamos na era das empresas abertas. O comportamento e a mente dos gestores têm de estar sintonizados com este fenómeno; têm de se sentir confortáveis a conceber estruturas e processos que trazem e comercializam ideias exteriores. Na P&G, chamamos-lhe "Relacionar e Desenvolver." É a estrutura e o processo que nos traz mais de 50 por cento das inovações e que produz muitos milhões de dólares em receitas. A estrutura – que *pode* ser prejudicial, em particular numa empresa grande, global, diversificada – em vez disso torna-se uma fonte sustentável de vantagem competitiva.

6. *Sistemas consistentes e fidedignos*. A inovação é criativa, mas não é caótica. É uma forma sistemática de passar do conceito para a comercialização. O processo de inovação tem medidas, marcos e critérios de sucesso bem definidos. Está integrado na corrente dominante de tomadas de decisão da gestão, em particular as escolhas de onde jogar, os objectivos específico baseados no tempo e os indicadores-chave de desempenho. A inovação também está ligada ao crescimento das receitas orçamentais e aos objectivos de custos, à afectação e reafectação de recursos, às promoções e ao desenvolvimento dos colaboradores e ao reconhecimento e compensações de desempenhos.

7. *Cultura corajosa e aberta*. Uma cultura é o que as pessoas fazem todos os dias sem que lhes digam nada. Numa empresa centrada na inovação, os gestores e os colaboradores não têm receio da inovação, uma vez que desenvolveram o *know-how* para gerir o risco inerente; a inovação constrói os seus "músculos mentais", conduzindo-os a novas competências nucleares. Sabem que a cultura de inovação irá continuar a ajudar a organização a ser ágil e, não só a adaptar-se à mudança, mas

também a provocar mudança. Uma cultura de inovação virada para o futuro transforma continuamente uma empresa à velocidade da mudança exterior.

Na P&G, existe hoje uma cultura de inovação mais alargada, forte e consistente do que em qualquer outra altura da nossa história. Não é perfeita nem, em última análise, queremos que seja. Mas estamos a chegar lá. Os líderes, a gestão e os colaboradores da P&G estão mais ligados aos consumidores cujas vidas estão comprometidos em melhorar, mais ligados aos clientes e fornecedores – que são importantes parceiros de inovação – e mais ligados uns aos outros à medida que passamos de uma cultura "não é inventado aqui" para uma aberta à aprendizagem que "aplica e volta a aplicar com orgulho". São mais corajosos e mais curiosos e abertos a todas as novas ideias. Querem assumir mais riscos, porque compreendem que o fracasso é a forma como aprendemos.

8. *Liderança inspiradora*. Nenhuma organização pode funcionar sem liderança. No processo integrado de inovação, são os líderes que ligam todos os impulsionadores da inovação, dão energia aos colaboradores e inspiram-nos para novos voos. Os líderes são instigadores. Estão constantemente a analisar o horizonte, para avaliar o cenário em mudança da sua indústria. Estabelecem os objectivos que são alargados, mas alcançáveis, e exigem inovação. Sabem que a inovação é um desporto de equipa e exercita tanto o Quociente de Inteligência como a Inteligência Emocional, permitindo-lhes trabalhar com pessoas diversas, cuja criatividade necessita de ser convertida em resultados práticos. Os líderes de inovação são apaixonados sobre conhecer o consumidor, dedicando-se pessoalmente a obter conhecimentos sobre as suas necessidades. Com o tempo, aprendem e desenvolvem confiança sobre como lidar com o risco e o fracasso inerentes à inovação. Tornam-se confiantes na arte de equilibrar as possibilidades e os resultados. São intelectualmente honestos quanto a diagnosticar as causas tanto do fracasso como do sucesso. Acima de tudo, sabem que a inovação é um processo altamente integrado, que é sistemático e passível de ser reproduzido e que produz resultados.

UM TRABALHO EM PROGRESSO

Assim que o nosso propósito foi reafirmado, clarificado e focalizado, pude virar-me para os impulsionadores da inovação para controlar as regras do jogo onde acreditava que podia ter mais impacto como CEO. Embora os oito sejam importantes impulsionadores de inovação, e cada um possa ser tratado numa sequência diferente, escolhi concentrar-me naquele que "possuía" como CEO e onde podia ter um maior impacto – objectivos e estratégias, e liderança e cultura. Aquilo em que escolhe concentrar-se irá variar com as suas responsabilidades específicas, a situação actual do seu negócio e que impulsionadores da inovação estão a funcionar ou precisam de melhorias.

Penso que vai descobrir, como aconteceu comigo, que pode avaliar qualquer programa em relação a estes impulsionadores de inovação e ver onde estão os problemas e as oportunidades. São uma descrição do que queremos alcançar e uma ferramenta de diagnóstico.

A parte mais importante do sistema é aquela que está no meio: o consumidor. Tudo começa e acaba no consumidor. Descobrimos como manter o consumidor no centro de todas as nossas decisões, acções e comportamentos. Consequentemente, não nos enganamos muito.

De facto, a P&G está a acertar mais vezes. Agora podemos dizer que a estratégia e as estruturas da P&G fortalecem a inovação. Os nossos sistemas permitem a inovação. A nossa cultura é mais uma cultura da inovação. Os números mostram-no. O crescimento das vendas e o valor actual líquido do portfólio total de inovação mais do que duplicaram. Os accionistas que ficaram connosco foram recompensados. A produtividade do departamento de I&D chega a 85 por cento, embora o investimento em I&D seja modesto, quando comparado com 2000.

Os investimentos, que rondavam os oito por cento das vendas em 2000, passaram para apenas quatro por cento – e não renunciámos ao investimento em qualquer unidade de capacidade para apoiar um negócio em crescimento nem em qualquer iniciativa de inovação para apoiar o crescimento.

Criámos novos produtos que servem os nossos consumidores de novas formas, como o Swiffer, o Crest Whitestrips, o detergente Tide Coldwater e o seu homólogo internacional Ariel Cool Clean. Os consumidores dizem-nos que estão contentes. Escolha uma medida, qualquer medida, e a P&G é uma empresa mais saudável, próspera e dinâmica agora do que era no início do milénio.

Controle as regras do jogo é sobre o que aprendi durante uma vida no mundo dos negócios, mas em particular desde que me tornei CEO na P&G, uma das empresas mais admiradas do mundo. Através de muitas experiências e demasiados erros, aprendi que a inovação é um processo integrado e que é uma forma de controlar as regras do jogo e uma estratégia vencedora, que pode transformar o trabalho de todos os dias e os comportamentos de gestores e colaboradores. Não tornámos o processo de inovação perfeito – nem lá perto. Mas não tenho dúvidas de que temos as bases correctas, pois reflectimos sobre a inovação, passo a passo.

CAPÍTULO 2

O que a transformação da inovação na P&G significa

A P&G É UMA DAS POUCAS EMPRESAS QUE TEM SIDO CAPAZ de quebrar as correntes da comoditização e criar um crescimento orgânico numa base sustentada, implementando e gerindo o processo integrado de inovação.* A maioria das empresas tem partes deste processo – por exemplo, o processo de lançamento para trazer novos produtos para o mercado. Contudo, muitas vezes cada parte do processo de inovação é autónoma. Não estão ligadas umas às outras, nem estão integradas na gestão normal do negócio e nas principias decisões rotineiras, como a orçamentação e afectação de recursos. *O progresso da P&G foi conceber e implementar a inovação como um processo integrado baseado na ideia de que "o cliente é o chefe".* Muitos pensam na inovação como casual, arriscada e não tão gerível como outros processos de negócios. A experiência da P&G demonstra claramente que a inovação pode fazer parte da rotina diária de um líder. Isto é um enorme passo em frente na prática da liderança, especialmente na capacidade de motivar o crescimento orgânico diariamente.

Como objectivo principal, os líderes da P&G escolheram exceder as taxas de crescimento da indústria e do PIB numa ordem de magnitude de 50 a 100 por cento ou mais.

---

* N. A. Este capítulo é escrito pelo co-autor Ram Charan.

Os líderes da P&G escolheram como objectivo-chave superar as taxas de crescimento da indústria e do PIB em cerca de 50 a 100 por cento ou mais.

Anunciar e cumprir um objectivo tão ambicioso exigia coragem, baseada na confiança de que o processo de inovação seria executado. Não teria sido possível apenas através de cortes nos custos, melhoria da produtividade e reestruturação da carteira de negócios.

É importante perceber não apenas o que a P&G fez para concretizar a "reviravolta", mas também o que não fez. Normalmente, quando uma grande empresa está com problemas, a reacção instintiva é reestruturar, redimensionar e realinhar. Para voltar a entrar no rumo, os tipos da área financeira assumem o comando; a sua visão centra-se em reduzir custos e limitar o âmbito do negócio. Embora a P&G tivesse de ser reanalisada e reestruturada, A. G. e a sua equipa tiveram uma visão mais alargada. Reduzir simplesmente os custos teria ajudado a cumprir os objectivos a curto prazo, mas não teria colocado a P&G no caminho do crescimento orgânico sustentável. O que a abordagem "testado e aprovado" deixa de fora é como um processo contínuo de inovação pode alterar o cenário do negócio. A inovação pode redefinir o que pode parecer um mercado de crescimento lento para uma oportunidade com maior crescimento, ou mostrar como uma indústria pouco atractiva pode ser dividida em alguns segmentos muito atractivos, abrindo assim caminho para o crescimento sustentável.

A liderança da P&G também efectuou uma mudança fundamental no espírito e na forma de trabalhar da organização. A P&G mudou de um modelo de inovação movido pela tecnologia para um modelo de inovação movido pelo cliente. É uma mudança radical na forma como uma empresa funciona e tem como base tornar operacional a nova abordagem de que "o cliente é chefe". Ao demonstrar que os investimentos em inovação podiam trazer resultados tangíveis, a liderança da P&G construiu credibilidade e criou energia para fazer mais. A inovação está agora fortemente ligada à escolha de objectivos e estratégia, à afectação de recursos, à avaliação de sistemas e à selecção, promoção e compensação de colaboradores mais importantes. Apenas meia dúzia de empresas se aproximam da meticulosa e sistemática integração da inovação em todos os aspectos das operações que existe na P&G. Na verdadeira acepção da palavra, a inovação é uma rotina na P&G.

Uma confiança semelhante em relação à inovação como forma de controlar as regras do jogo ocorreu quando Jeffrey Immelt se tornou CEO da General Electric. Com 130 mil milhões de dólares em receitas no ano de 2001, abundavam os cépticos sobre a capacidade de Immelt para cumprir o seu objectivo de aumentar o crescimento orgânico das receitas em duas ou três vezes a taxa de crescimento mundial do PIB, enquanto mantinha a desejada rendibilidade do investimento e as margens operacionais. A confiança na execução do seu processo de "progresso da imaginação" deu-lhe a ele e à sua equipa a coragem de levar a GE para o nível seguinte. Nos últimos quatro anos, a GE, tal como a P&G, cumpriu esses objectivos.

A Nokia é outro exemplo. Está a alterar o jogo na indústria global das telecomunicações, particularmente no segmento dos aparelhos. Apesar de deter a maior quota de mercado a nível mundial, com uma grande diferença a separá-la do jogador que está em segundo lugar, a Nokia foi para a ofensiva, para quebrar as correntes da rápida comoditização e aproveitar o consumo de informação emergente e em rápido crescimento de milhões de clientes que chegam ao mercado, em particular nos países com baixos rendimentos. A confiança na sua capacidade para executar o processo integrado de inovação deu ao CEO Olli-Pekka Kallasvuo e à sua equipa a coragem para anunciar em Julho de 2006 o objectivo de se tornar mais uma empresa de Internet.

Parte do crescimento orgânico futuro da Nokia reside nas receitas de utilização que irão ter origem nos clientes que utilizam os telemóveis para conteúdo, informação e diversão, mesmo que os aparelhos continuem a ser a principal fonte de receitas da Nokia. Contudo, embora o número de aparelhos vendidos continue a aumentar substancialmente, as receitas não irão aumentar ao mesmo ritmo, devido ao rápido declínio dos preços de retalho. (A Nokia, contudo, tem sido capaz de manter as suas margens e acabou de aumentar os objectivos de margens de um a dois anos para os aparelhos.) A Nokia está agora a utilizar as suas forças nucleares – marca, escala e tecnologia, o seu processo de inovação e a sua incomparável relação com o cliente – para cumprir rapidamente a sua promessa de ser uma empresa da Internet. A Nokia está, portanto, a começar a alterar as regras do jogo, não apenas para as outras empresas de telemóveis, como a Motorola, mas também para operadores telefónicos como a Vodafone, empresas da Internet como a Google e empresas do ramo da diversão como a Warner Music.

Outro exemplo de inovação que controla as regras do jogo resulta do combate "corpo a corpo" entre a Dell e a HP. O modelo de negócios inovador da Dell, directo ao consumidor e por encomenda, é lendário. Em 2005, quando Todd Bradley se tornou director da unidade de computadores pessoais da HP, esta estava a dar prejuízo e era considerada como uma concorrente perdedora no mercado. Quando Bradley colocou a casa em ordem através do controlo de custos e centralizando o negócio, descobriu que o futuro dependia do desenvolvimento e implementação de um processo integrado de inovação. A nova estrutura organizacional da sua empresa baseia-se na necessidade de andar depressa na indústria em constante mudança dos PC. Bradley e a sua equipa criaram novos produtos em menos de dois anos, ganharam quota de mercado de uma forma consistente e melhoraram os lucros e o *cash flow*. Nesta altura, a HP é a número um em quota de mercado. O novo jogo no negócio dos PC não será ganho com base na cadeia de abastecimento, mas na diferenciação e eficácia do processo de inovação. Um benefício adicional para a HP é que o processo de inovação iniciado por Bradley será implementado nos outros departamentos da empresa. Contudo, a batalha não será fácil. A Dell está a responder com várias inovações que ganharam prémios para novos produtos e *design*.

O QUE É A VERDADEIRA INOVAÇÃO?

Para se compreender a inovação, primeiro tem de se ver as diferenças entre uma invenção e uma inovação. Uma invenção é uma nova ideia que é muitas vezes transformada num resultado tangível, como um produto ou um sistema. *Uma inovação é a conversão de uma nova ideia em receitas e lucros.* Uma ideia que parece excelente no laboratório e fracassa no mercado não é uma inovação; é, na melhor das hipóteses, uma curiosidade. Como disse certa vez Jeff Immelt: "Inovação sem cliente é asneira; não é sequer inovação."

A invenção é necessária para a inovação acontecer. Mas a invenção não é inovação. Em muitas empresas, as invenções que resultam em patentes são consideradas inovações. Estas empresas são muitas vezes elogiadas como "inovadoras". De facto, não há uma correlação entre o número de patentes comerciais obtidas e o sucesso financeiro. Até os consumidores estarem dispostos a comprar o seu produto, a pagá-lo e a voltar a comprá-lo, não existe inovação. Um produto surpreendente que não fornece valor ao cliente e não proporciona benefícios financeiros à empresa não é uma inovação. A inovação não está completa até surgir nos resultados financeiros.

A verdadeira inovação pode mudar o contexto – o espaço do mercado, o espaço do cliente, o espaço competitivo, o espaço social – no qual um negócio opera. Alterar o jogo significa, então, não ficar paralisado pelo pensamento convencional enraizado no seu negócio e na sua indústria, mas aproveitar a iniciativa de imaginar um novo jogo ou um novo espaço e, desta forma, moldar e controlar o seu destino. Os líderes que controlam as regras do jogo procuram e executam ideias que colocam a empresa num caminho a longo prazo para a prosperidade. Por exemplo, a P&G criou um novo espaço de mercado introduzindo a fralda descartável; do mesmo modo, a Apple criou com o iPod um novo espaço de mercado inteiramente novo e mudou o jogo para aqueles que não eram os seus habituais concorrentes, como as empresas de música, *media* e electrónica de consumo. Tanto a P&G como a Apple recusaram estar limitadas às condições actuais; em vez disso, redefiniram-nas. No decorrer do processo, obrigaram a concorrência a jogar o seu jogo. E não acabou aí. O iPod, com o seu *design* elegante, criou novas capacidades dentro da Apple e foi um precursor do iPhone, que está a alterar as regras do jogo para as empresas de telemóveis.

Há uma vantagem crescente em alterar as regras do jogo – e um risco maior em tentar sobreviver na defensiva. A inovação permite-lhe estar na ofensiva. A velocidade da mudança é tal que, comparada com apenas há duas décadas, "inovar ou morrer" é verdadeiramente o nome do jogo. Os produtos nucleares da P&G são cada vez mais desafiados por marcas próprias e, sem a inovação contínua, seriam ameaçados pela comoditização. A comoditização provoca uma diminuição dos preços; a diferenciação que provém da inovação transmite um maior valor económico. Além disso, a concorrência é mais dura do que nunca – e está a tornar-se cada vez maior. Graças à Internet, nunca houve tanta transparência em relação aos preços, o que reduz as margens. Um sistema de transacção mais aberto e uma expedição mais eficiente encolheram o mundo económico; melhores comunicações e a Internet acabaram com a distância. O desenvolvimento do investimento de capital de risco e o aumento de capitalistas audaciosos em países como a China e o Brasil traduziu-se no aumento de concorrência. A única forma de se manter na frente é continuar a inovar.

POR QUE RAZÃO A INOVAÇÃO É IMPORTANTE

A inovação é a ideia-chave que está a moldar a vida empresarial, a ajudar os líderes a conceber opções estratégias anteriormente impossíveis de imaginar. Considere as aquisições, por exemplo. A maior parte é justificada com base no custo e redução de capital: por exemplo, a fusão de duas empresas farmacêuticas devido à racionalização global dos custos fixos e das operações, e à poupança que se obtém por combinar duas forças de vendas e dois laboratórios de investigação e desenvolvimento. Contudo, apenas consegue comprar rendimentos através de aquisições durante algum tempo; o controlo de custos, embora necessário, é uma estratégia defensiva.

A inovação permite-lhe ver potenciais aquisições através de uma lente diferente, olhando para elas não apenas sob a perspectiva do custo, mas também como um meio para acelerar o crescimento rentável de receitas e fortalecer capacidades. Por exemplo, as capacidades de inovação da P&G foram fortalecidas pela sua aquisição da Gillette. As suas marcas líderes de mercado (como a Gillette, a Venus, a Oral B e a Duracell) são plataformas para futuras inovações; e as tecnologias nucleares em lâminas de barbear, electrónica, electromecânica e pilhas fortaleceram o portfólio de tecnologia a partir do qual a P&G pode inovar no futuro.

A inovação também fornece uma vantagem, ao ser capaz de entrar em novos mercados com mais rapidez e intensidade. Em grande parte, é a renovada capacidade de inovação da P&G que lhe está a permitir fazer incursões em mercados em desenvolvimento, onde o crescimento é o dobro daqueles nos países ricos.

A inovação coloca as empresas na ofensiva. Veja como a Colgate e a P&G, inovadoras eficazes em série, conseguiram através da inovação levar a Unilever para fora do mercado norte-americano da higiene oral. A empresa que constrói uma cultura da inovação está no caminho para o crescimento. A empresa que não inova está no caminho para a obsolescência. Os fabricantes norte-americanos de automóveis e grandes empresas como a Firestone, a Sony e a Kodak costumavam ser líderes na sua indústria, até dominadores. Mas todos ficaram para trás quando os seus concorrentes inovaram e os deixaram para segundo lugar (ou pior).

Peter Drucker disse um dia que o objectivo de uma empresa é "criar um cliente". A Nokia tornou-se a número um na Índia ao utilizar a inovação para criar 200 milhões de clientes. Observando as necessidades únicas dos clientes indianos, em particular nas vilas rurais onde reside a maior parte da população, segmentou-os de novas formas e colocou novas características nos aparelhos, relevantes para as suas necessidades únicas. No decorrer do processo, criou uma cadeia de valor inteiramente nova em preços estabelecidos que deu à empresa a desejada margem bruta. Portanto, a inovação cria clientes atraindo novos utilizadores e fomentando uma lealdade mais forte entre os actuais. Há muito em si mesma, mas o valor da inovação vai muito além disso. Ao colocar a inovação no centro do negócio, de cima a baixo, pode melhorar os números; simultaneamente, irá descobrir uma maneira muito melhor de fazer as coisas – mais produtiva, mais receptiva, mais abrangente, até mais divertida. Todos querem fazer parte do crescimento, não da interminável redução de custos.

Uma cultura de inovação é fundamentalmente diferente de uma que destaca fusões e aquisições ou redução de custos, tanto na teoria como na prática. Por um lado, os líderes de inovação têm um conjunto completamente diferente de competências, temperamento e psicologia. O líder de fusões e aquisições é um negociador de acordos e está orientado para as transacções. Assim que um acordo esteja feito, passa para o seguinte. O líder de inovação, embora talvez não seja um génio criativo, é eficaz a salientar as competências de outros, necessárias para construir uma cultura inovadora. A colaboração é essencial; o fracasso é uma visita regular. Os líderes de inovação sentem-se confortáveis com a incerteza e têm uma mente aberta; estão receptivos a ideias de áreas muito diferentes. Organizaram a inovação num processo disciplinado que é repetível. E detêm as ferramentas e as competências para identificar e gerir os riscos inerentes à inovação. Nem todos têm estes atributos. Mas as empresas não podem construir uma cultura de inovação sem cultivar talentos que o fazem.

MITOS DA INOVAÇÃO

O conceito de inovação está repleto de mitos. Um deles é que tem tudo que ver com novos produtos. Não necessariamente. Os novos produtos são, como é óbvio, importantes, mas não são tudo. Quando a inovação está no centro do modo de agir de uma empresa, encontra forma de inovar não apenas nos produtos, mas também em relação às funções, logística, modelos de negócios e processos. Um processo como a gestão da cadeia de abastecimento da Dell, uma ferramenta como a rentabilização do número de visitantes de *sites* criada pela Google, um método como o Sistema de Produção Global da Toyota, uma prática como a gestão de inventário da Wal-Mart, a utilização da matemática por parte da Google para controlar as regras do jogo das indústrias dos *media* e das comunicações, ou mesmo um conceito como o da Starbucks de reinventar o café – tudo isto são inovações que controlam o jogo. Também o era a estrutura empresarial de Alfred Sloan, que tornou a GM a empresa de automóveis líder a nível mundial durante décadas, tal como foi o modelo de gestão de marcas da P&G.

Outro mito é que a inovação é para génios como Chester Floyd Carlson (o inventor da fotocópia) ou Leonardo da Vinci: atire algum dinheiro aos excêntricos dos laboratórios de investigação e desenvolvimento e alguma coisa irá surgir. Isto é errado. A noção de que a inovação dá-se apenas quando um génio solitário ou uma pequena equipa trabalha arduamente na metafórica (ou verdadeira) garagem leva a um sentimento de resignação destrutivo; é fatal para a criação de uma empresa inovadora.

É claro que os génios existem e, como é óbvio, podem contribuir com invenções que alteram os resultados de base(como o caso de Steve Jobs). Mas as empresas que esperam por momentos "Eureka!" podem bem morrer a esperar. E lembre-se, embora da Vinci tenha desenhado uma máquina voadora, esta não podia ser construída com a tecnologia da época. Os verdadeiros inovadores fazem a diferença no presente, não nos próximos séculos. Outro génio, Thomas Edison, tinha a ideia certa: "Qualquer coisa que não venda, não quero inventá-la. A sua venda é a prova de utilidade e utilidade é sucesso", disse aos seus associados na sua talvez mais importante invenção – o laboratório comercial. "Não podemos ser como aqueles professores alemães que passam toda a vida a estudar a penugem de uma abelha", afirmou. Gerar ideias é importante, mas é inútil a não ser que seja um processo repetível pronto para transformar a inspiração em desempenho financeiro.

A INOVAÇÃO É UM PROCESSO SOCIAL

Para terem sucesso, as empresas necessitam de considerar a inovação não como algo especial que apenas as pessoas especiais conseguem fazer, mas como algo que se pode tornar rotineiro e metódico, aproveitando as vantagens das capacidades de pessoas normais, em particular das que Peter Drucker apelidava de trabalhadores do conhecimento. É fácil desistir quando se é recompensado pelos resultados de hoje, a organização não parece apoiar ou valorizar a inovação, não sabe onde procurar ideias, a inovação é arriscada ou não é fácil avaliá-la. Mas isto são desculpas e não motivos. Observámos e praticámos inovação como um processo que todos os líderes podem utilizar e continuar a melhorar. É mais abrangente, envolve mais pessoas, pode acontecer mais vezes e é mais gerível e previsível do que a maioria pensa.

Mas tornar a inovação uma rotina envolve pessoas. Na vida real, ideias excepcionais ou boas não passam suavemente de departamento para departamento. Não, a partir do momento em que alguém imagina uma solução ou um produto, a sua viagem para o mercado (ou esquecimento) é uma questão de fazer ligações, uma e outra vez. Gerir estas interacções representa a dificuldade que é construir uma organização inovadora. Uma expressão que irá surgir ao longo deste livro é que a inovação é um processo social. E este processo só pode acontecer quando as pessoas fazem uma coisa simples, profunda – comunicam para partilhar problemas, oportunidades e aprendizagem. Dito de outra forma, todos podem inovar, mas praticamente ninguém inova sozinho.

Quando, enquanto líder, compreender isso, pode planear, sistematizar, gerir, avaliar e melhorar este processo social para produzir um fluxo estável de inovações – e o ocasional sucesso de vendas. A inovação não é um acto místico; é um caminho que pode ser planeado e repetido várias vezes. Requer tempo e uma liderança estável e pode exigir mudar tudo, desde o orçamento à estratégia para afectação de capital e promoções. Definitivamente, exige colocar o cliente no centro e à frente e abrir o processo de investigação e desenvolvimento a fontes externas, incluindo concorrentes. Mas pode ser feito.

E desminto outro mito, pois a dimensão não interessa. A inovação pode acontecer em empresas tão grandes como a P&G, a Best Buy, a GE, a Honeywell, a DuPont e a HP e tão pequenas como a sapataria do meu pai na Índia. Lembro-me vividamente de como nos costumávamos sentar no telhado, para ter um sopro de alívio do calor da noite, a falar sobre o que fazer melhor e como. Quando tinha nove anos, em 1948, mudámos o jogo do negócio da sapataria em Hapur, a cidade onde vivíamos e onde estava o nosso negócio. Embora não tivéssemos um conhecimento sofisticado de *branding* – de facto nunca utilizávamos a palavra *marca* – chamámos a uma linha de sapatos "Mahaveer" (em honra do meu primo) e apontámo-la para as "pessoas ricas", largamente associadas ao comércio local de sementes, o segundo maior da Índia. Convencemos os fabricantes a produzir uma linha especial de sapatos para esta audiência-alvo e tornou-se o mais vendido na cidade em menos de dois anos. Os lucros desta inovação financiaram a minha educação formal na Índia.

DOMINAR A INOVAÇÃO

Apesar de toda a conversa sobre inovação – e há um verdadeiro Niagara de conversa – e de como é importante para o crescimento futuro, muitos gestores intermédios com quem falo mostram-se irredutíveis. Assistem às suas carreiras a progredir devido a outras prioridades operacionais diárias, como cumprir os números ou reduzir os custos, e encaram a possibilidade de apostar o seu futuro na inovação como arriscado e assustador. "Qual é a utilidade de tentar aparecer com algo novo? Ninguém aqui me vai dar os recursos para continuar", queixou-se um. "Antes de conseguir terminar a frase, as pessoas apontaram falhas às minhas ideias", disse outro.

Estes comentários têm um fundo de verdade, mas são irrelevantes em termos da construção da sua capacidade de ter sucesso no futuro. Todos os líderes responsáveis pelos lucros e perdas têm de fazer a inovação acontecer, mesmo que a empresa não tenha uma cultura de inovação. Vou mais longe e pergunto aos gestores intermédios que estão a ler isto: Está a participar activamente em um ou mais projectos de crescimento centrados na inovação? Em caso negativo, devia estar preocupado, porque vai ficar para trás ou arrisca-se à obsolescência relativamente às competências que serão exigidas no futuro. Sem esta experiência, não está a desenvolver as suas capacidades nem a aprender como lidar com a incerteza e a gerir riscos. Descobrir como tomar decisões entre departamentos – reunindo todas as capacidades dos colaboradores da empresa para fazer a inovação acontecer – pode ajudá-lo a tornar-se material para CEO. Independentemente da sua função como gestor intermédio, tem de praticar e dominar a arte de observar clientes e localizar os conhecimentos para inovação.

Penso que o fracasso da inovação se deve menos à incapacidade para descobrir novas ideias e mais ao fracasso em fazer as ligações certas e ter as conversas adequadas. Os gestores têm de fazer o trabalho difícil de colocar a inovação no centro do seu pensamento e tomada de decisões e criar na organização os mecanismos que convertem ideias em lucros.

Considere o seguinte: cada empresa tem um processo de orçamentação que é repetitivo, aperfeiçoado e está infiltrado no ADN da empresa, com cada gestor a participar no processo em certa medida. Mas poucas empresas podem dizer o mesmo quando se trata de inovação. Iremos descrever um processo, concebido a partir da observação profunda da P&G e de outras empresas líderes, como a LEGO, a Honeywell, a DuPont, a GE e a Nokia.

Para prosperarem, as empresas precisam de fazer bem quatro coisas: desenvolver líderes do futuro, melhorar a produtividade, executar a estratégia e criar inovação. A inovação é a "cola" que mantém tudo junto. Sem sustentar uma prática da inovação, nenhuma empresa se pode distinguir – ou sobreviver.

Como A.G. demonstrou, criar uma cultura de inovação é exequível. É, contudo, uma obra que nunca acaba. E não há problema. Descontraia. Os humanos anseiam pela criatividade; desejamos expressá-la. Ao dar ênfase à inovação, estará a ter acesso aos mais profundos desejos intelectuais e profissionais da sua equipa. Não há dúvida de que a P&G é um local mais feliz do que em 2000 – e isto não é simplesmente porque as pessoas viram o seu negócio crescer de uma forma estável e as acções da empresa a aumentar de valor (embora certamente ajude). É também porque mais colaboradores estão mais estimulados quando vêm para o trabalho. Estão mais comprometidos porque estão a mostrar mais das suas capacidades, de formas que nunca anteciparam.

E, finalmente, não há escolha. A empresa que falha consistentemente em inovar, irá fracassar. Portanto, todos os líderes têm de tornar a inovação um impulsionador da estratégia da sua unidade. Isto significa construir uma organização que apoia a inovação como um objectivo e um processo social que a realiza. Se for feito com consistência ao longo do tempo, a empresa com estas características atinge melhores resultados, pois sente-se confortável a gerir o risco como rotina. Tal como o poder dos juros compostos, a inovação que resulta – tanto grande como pequena – acumula todos os anos para criar uma distância crescente para a concorrência.

A inovação que controla as regras do jogo é não só o principal motor do crescimento sustentável e da criação superior de valor, mas também o catalisador que transforma a estratégia da empresa, a capacidade da organização, a cultura e a liderança. Enfrentamos o receio de que a tarefa é demasiado grande, alargada ou complicada para ser bem sucedida. Simplesmente não é o caso. O conjunto de ferramentas necessário é na verdade muito pequeno. Para criar uma cultura de inovação, precisa de uma estratégia; de ideias; de um processo que leve estas ideias para o mercado; e de uma estrutura organizacional que apoie a inovação (e proteja e recompense os inovadores) ao longo do caminho. Convenientemente adaptada, temos a certeza de que a estrutura que apresentamos pode ser reproduzida em empresas com culturas variadas ao nível empresarial, diferentes unidade de negócio e níveis funcionais, porque resulta da prática.

PARTE UM

MOSTRAR O PANORAMA GLOBAL

Em meados do ano 2000, era óbvio que a P&G teria de alterar o seu jogo. Dito de forma simples, não estava a conquistar o mercado, falhava compromissos financeiros com investidores e perdia quota de mercado para concorrentes-chave. Não era o melhor fornecedor dos seus clientes nem o melhor cliente dos seus fornecedores. Definitivamente, não estava a satisfazer os clientes ou a melhorar as suas vidas com marcas e produtos de qualidade e valor consistentemente superiores.

A questão central era os clientes. Não havia novos em número suficiente a serem atraídos pela marca P&G e pelas suas linhas de produtos, e não havia suficientes a ficarem satisfeitos quando utilizavam produtos da P&G e, portanto, a ficarem convertidos a uma utilização contínua. O modelo de negócios fundamental da P&G reside numa marca melhor e em melhores taxas de experimentação de produtos e numa maior conversão ou níveis de fidelidade dos clientes e agregados familiares. Se mais clientes experimentarem as marcas e mais gostarem dos produtos, então mais irão usá-los numa base mais regular ou fiel. É isto que confere categoria e quotas de mercado líderes na indústria às marcas da P&G. É isto que resulta em margens mais elevadas e maior rentabilidade.

A P&G não estava a vencer junto do cliente no primeiro momento da verdade (quando decide o que comprar ou experimentar) ou no segundo (quando avalia o produto que comprou e testou no teste de utilização). A P&G, como vai descobrir no Capítulo 3, tinha de tornar o cliente o "chefe".

Colocar a inovação no centro do seu negócio ajuda a fazer progressos. Fornece a base para escolher objectivos que são mais ambiciosos, mas que continuam a ser realistas. Estes objectivos ambiciosos tornam-se inspiradores quando os colaboradores ganham confiança de que, com a capacidade de inovar, os objectivos podem ser atingidos.

Determinar os objectivos certos e ambiciosos exige que se seja expedito e criativo a definir novos espaços de mercado ou a reconfigurar os que existem e a descobrir novas formas de competir nesses espaços. Em resumo, tem de determinar onde jogar e como vencer.

A inovação revitaliza as forças nucleares de um negócio. Permite-lhe combiná-las de formas únicas, para criar novas forças nucleares que aproveitem melhor as oportunidades de onde e como jogar.

Ao procurar constantemente um novo jogo e ao executá-lo bem, avisa os concorrentes que alterou as regras ou o próprio jogo e eles terão de participar num jogo completamente novo. Esta é a essência do que é controlar as regras do jogo.

Na secção que se segue, ilustramos o poder que existe em colocar o cliente em primeiro lugar e em escolher os objectivos e a nova estratégia, poder esse que não pode ser alcançado sem inovação. Também observamos como a *combinação dinâmica* das forças nucleares lhe permite vencer em áreas que a sabedoria convencional consideraria "proibidas" para o seu negócio.

CAPÍTULO 3

O cliente é o chefe

A BASE PARA UMA INOVAÇÃO BEM SUCEDIDA

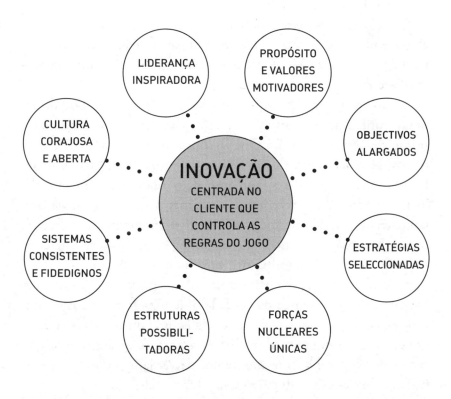

Todas as culturas têm uma linguagem; e a cultura empresarial na P&G é rica em palavras e expressões que transmitem o que está a tentar fazer. Destas, a mais importante é uma expressão que resume todas as suas prioridades: o consumidor é o chefe. Aqueles que realmente compram e utilizam produtos da P&G são uma fonte rica de inovação – se simplesmente os ouvir, os observar na vida diária e até mesmo viver com eles. Para a P&G, o utilizador final é o consumidor, o que outros negócios podem referir como o seu "cliente". Na P&G o consumidor é muitas vezes referido como "ela" porque a maioria dos compradores e utilizadores das marcas e produtos da P&G são mulheres.

O consumidor é o chefe é mais do que um *slogan*. É claro, simples e abrangente – não apenas a nível interno para os colaboradores, mas também para os *stakeholders** externos, como fornecedores e parceiros do retalho.

"O nosso negócio é muito simples", disse aos colaboradores uma reunião após a outra em várias cidades durante os meus primeiros meses como CEO. "O consumidor é o nosso chefe e temos de vencer com ele em dois momentos diários da verdade. Enfrentamos o primeiro momento da verdade na prateleira da loja, quando decide se compra uma marca da P&G ou de um concorrente. Se ganharmos no primeiro momento da verdade, temos hipótese de vencer no segundo, que acontece em casa quando ele e a sua família utilizam os nossos produtos e decidem se mantivemos a nossa promessa de marca. Só ao ganhar em ambos os momentos da verdade – de uma forma consistente, todos os dias – conquistamos a lealdade dos consumidores e asseguramos o crescimento da empresa a curto e a longo prazo. E temos de vencer *ambos* os momentos da verdade *milhões* de vezes por dia em mais de 180 países a nível mundial."

A P&G posiciona o consumidor no centro do processo de inovação – desde o início, durante a fase da ideia, até ao fim, quando ele finalmente compra o produto. Como se diz na P&G: "O consumidor está no centro de tudo o que fazemos."

---

* **Nota da Tradutora (N. T.)** Partes interessadas.

CONHECER/APRECIAR/RESPEITAR O SEU "QUEM"

O componente mais importante da inovação que controla as regras do jogo é a compreensão profunda do seu consumidor, tanto a nível racional como emocional. Isto vai muito para além da demografia e da psicologia. Exige um profundo conhecimento do que motiva as suas *emoções*. Exige compreender não só as suas necessidades, mas também as *aspirações*. Tem de obter uma avaliação de quem é, como vive e – sim, claro – como o seu produto pode melhorar a sua vida.

Tornar o consumidor chefe é uma promessa de se identificar com ele, respeitá-lo e servi-lo, e ter em conta as suas necessidades e desejos.

Como Peter Drucker defendeu: "Temos de assumir que o cliente é racional. A realidade dele ou dela, contudo, é geralmente muito diferente da do produtor." Compreender a realidade do chefe ajuda a identificar conhecimentos com significado. Os conhecimentos sobre o consumidor criam oportunidades de inovação. Assim que souber onde estão as oportunidades, pode trazer extraordinários recursos de inovação para a tarefa. A P&G precisava de ver as coisas como elas realmente são – através dos olhos do chefe.

Encorajo consistentemente os colaboradores da P&G a manterem-se externamente concentrados nos homens, mulheres, crianças, bebés e animais que servimos. Saiam do escritório e vão a casas e lojas, independentemente do trabalho que têm. Compreendam a realidade dos consumidores – claro! – mas compreendam também os seus sonhos. É *sempre revelador* passar tempo com consumidores, para perceber por que motivo compram ou não produtos da P&G. E é sempre *estimulante* compreender a sua vida e saber como podemos ajudar a tornar as suas experiências diárias de organização da casa e de cuidados pessoais mais satisfatórias. Pessoalmente, arranjo tempo para visitar lojistas e consumidores pelo menos uma vez por mês e nunca deixo de aprender alguma coisa que possa aplicar no negócio.

Na P&G perguntamos muitas vezes: "Quem é o seu QUEM?" A forma como uma equipa de inovação de produto aplica o seu conhecimento sobre o consumidor pode surgir de muitas maneiras diferentes. Por exemplo, a equipa que estava a preparar o lançamento nos EUA do medicamento para a azia Prilosec, como um produto não sujeito a prescrição médica, criou uma figura de cartão em tamanho real de uma consumidora a quem chamou Joanne. Ela representava o seu QUEM mais importante, ou consumidor. De forma a manter a Joanne à frente e no centro, a equipa colocou a imagem de Joanne numa cadeira na sala de conferências. Muitas vezes durante as reuniões, para interromperem os debates e concentrarem-se apenas naquelas inovações que podiam ter um impacto significativo na sua vida, voltavam-se para ela e perguntavam: "O que é que a Joanne iria achar?"

COMPREENDER A PESSOA COMPLETA

"A condição humana", diz Jeneanne Rae da Peer Insight, uma empresa de consultoria especializada em inovação de serviços, " é um ponto de partida muito mais produtivo, dado o nível de concorrência actual."

Pode pensar que a P&G, mais do que ninguém, saberia isto. Afinal de contas, a empresa criou o primeiro departamento de estudo de mercado e há muito que é reconhecida pela forma quase inflexível como procura o conhecimento dos consumidores. O que não estava a fazer suficientemente bem, muitas vezes, era considerar os consumidores como participantes activos na inovação. O seu papel era essencialmente passivo: responder a estímulos, experiência após experiência, para fornecer "dados quantitativos de pesquisa" – números que podiam ser processados – em vez de serem fontes e parceiros inspiradores na inovação.

A P&G precisava de olhar para os consumidores de uma forma mais abrangente. Tinha tendência a cingir-se a apenas a um aspecto do consumidor – por exemplo, a sua boca para produtos de cuidados orais, o seu cabelo para champô, os seus cestos de roupa suja e máquinas de lavar para detergentes da roupa. A P&G tinha basicamente extraído o consumidor da sua própria vida (e, por vezes, uma determinada parte do corpo também!) e reduzia a visão apenas ao que era mais importante para a empresa – o produto ou a tecnologia. Desde então, a P&G aprendeu a compreendê-lo e a apreciá-lo e à sua vida – o quanto é ocupado; as suas responsabilidades laborais; o papel que desempenha para os seus filhos, cônjuge e outros membros da família; e as aspirações e sonhos pessoais e familiares. Isto permitiu a identificação de oportunidades de inovação que providenciam soluções verdadeiramente significativas para as suas necessidades e desejos para o lar e cuidados pessoais, e que não teriam sido descobertos através dos métodos mais tradicionais, mais limitadores e muitas vezes superficiais.

Compreender como os rendimentos de uma família influenciam as decisões diárias que tomam acerca das marcas e dos produtos que escolhem comprar e utilizar é outro aspecto importante do conhecimento do consumidor. A orientação de que o consumidor é o chefe – o conhecimento e reconhecimento do QUEM como uma pessoa completa – é ilustrado pela história que se segue, de Carlos e Marta.

A HISTÓRIA DE CARLOS E MARTA

Se passar um portão numa rua secundária na Cidade do México, entrar num pátio e subir dois lanços de escadas, chega ao modesto apartamento com dois quartos de Marta e Carlos. Marta, de 32 anos, é mãe a tempo inteiro de duas raparigas loucas por basquetebol; Carlos é contabilista na oficina de automóveis. A sua casa não é maior do que um bom quarto de hotel, com uma cozinha minúscula e uma sala de jantar suficientemente grande para caber uma mesa e quatro cadeiras. Não há armários, por isso o casal construiu umas prateleiras de madeira para as roupas. As paredes estão forradas com fotografias da família; na porta está uma oração impressa e dois crucifixos. Esta casa é verdadeiramente o seu castelo. Pouparam durante 12 anos, vivendo com os pais de Marta, para a comprar. Ela cuida meticulosamente de cada centímetro; até as escovas de dentes da família são mantidas arrumadas, chamando a atenção através um dispositivo pendurado na parede por cima do lavatório. Marta é um tipo de consumidora da P&G. E, de facto, é uma consumidora da P&G – detergente para a roupa Ariel, amaciador para a roupa Downy e produtos de cuidados femininos Naturella.

O Carlos ganha o equivalente a cerca de 600 dólares por mês, praticamente a média de vencimento no país. Em termos de P&G, a família faz parte do mercado mexicano de consumidores com baixos rendimentos, que é definido como lares com rendimentos mensais entre 215 e 970 dólares. Estas famílias representam cerca de 60 por cento dos 106 milhões de habitantes do país.

Os 25 por cento de pessoas mais pobres do México não possuem um rendimento líquido que lhes permita estarem muitos interessados no que a P&G tem para oferecer; no que diz respeito aos 15 por cento de topo, desde que a P&G entrou no país, em 1948, tem tido bons resultados. Mas, durante algum tempo, não teve sucesso junto dos 60 por cento do meio, que é também onde há um maior crescimento de população. "Temos de vencer neste segmento hoje, dado que a proporção do segmento de baixos rendimentos não irá diminuir nos próximos anos", concluiu o escritório da P&G no México num estudo interno. E continuava, perguntando: "Quais são as oportunidades de negócio que temos com eles e porquê?"

Estas são as perguntas certas e o fracasso em analisá-las foi dispendioso para nós. Num caso, a inovação realmente resultou num produto melhor – mas, todavia, fracassou por causa do conhecimento defeituoso das crenças e hábitos do QUEM. No final dos anos de 1980, foi lançado o detergente para a roupa Ariel Ultra. Tinha um melhor desempenho na limpeza, embora se utilizasse apenas metade da quantidade. A P&G encarou isto como um benefício significativo, porque a maior parte dos lares com baixos rendimentos têm um espaço de armazenagem limitado – apenas uma prateleira, como na casa de Marta e Carlos. O Ultra também continha enzimas que davam uma maior limpeza. A P&G estava tão convencida de que tinha um vencedor, que a maior parte da produção foi transferida para o Ultra e deu-se início a uma enorme campanha. As mulheres mexicanas disseram o contrário à P&G. Por um lado, não acreditavam que podiam realmente lavar a roupa usando tão pouco detergente; por outro, o Ariel Ultra não fazia espuma. Muitos elementos de lares de baixos rendimentos fazem trabalho manual e têm uma consciência muito apurada do odor; portanto, consideravam a espuma um sinal de que a transpiração estava a ser esfregada. "Ignorámos totalmente como os sinais estéticos e visuais de desempenho eram importantes para o consumidor de baixos rendimentos", afirmou Herrera Moro da P&G. Numa questão de meses, o Ariel Ultra foi retirado do mercado. Ele disse-o sem rodeios: "Podíamos ter percebido. Devíamos ter percebido. Não o fizemos, por isso fracassámos." E esta não foi a única vez em que a P&G falhou sobre as características do consumidor de baixos rendimentos.

A partir de cerca de 2001, a P&G mudou de rumo. Para alcançar os 60 por cento do meio, tinha de os conhecer melhor. E realmente sabia que existia uma diferença entre o que estava a oferecer e o que a maioria dos mexicanos queria.

O "programa de aproximação ao consumidor" desenvolveu formas de nos colocar literalmente mais próximos do consumidor. *Vivê--la*[*] é um programa através do qual os colaboradores da P&G vivem durante alguns dias com famílias de baixos rendimentos (ver mais à frente mais pormenores sobre o programa).

O Downy Single Rinse é um exemplo de sucesso de como converter conhecimentos obtidos com estas experiências em produtos rentáveis. No início do ano 2000, a quota de mercado no México para o amaciador de roupa Downy era reduzida e estava estagnada. A P&G não tinha a certeza do que podia ser feito em relação a isto, dado que havia a ideia de que aqueles que não tinham máquina de lavar roupa não usavam amaciador. Não querendo comprometer a marca Downy, ao baixar demasiado o preço, foi tomada a decisão de ver se podia ser criada alguma característica específica para as necessidades do consumidor de baixos rendimentos.

Um dos aspectos em que a equipa da P&G reparou – muitas vezes para seu próprio choque – com a experiência *Vivê-la* e outras semelhantes foi no problema da água. Antes de os europeus terem chegado no século XVI, a Cidade do México estava rodeada por um lago; agora está seco. A desconfiança sobre beber água canalizada é alta; Carlos e Marta compram água engarrafada, tal como faz uma grande proporção de famílias que ganham muito menos do que eles. Milhões de mulheres nas zonas rurais ainda arrastam baldes de poços ou bombas comunitárias; nas cidades, muitos têm água corrente apenas durante algumas horas por dia. A maior parte dos lares não tem máquinas de lavar totalmente automáticas; e muito menos máquinas de secar. Tudo isto torna a lavagem da roupa uma tarefa esgotante.

---

[*] N. T. No original, *Living it*.

Ao mesmo tempo, as mulheres mexicanas de rendimentos baixos encaram a lavagem da roupa muito, muito a sério. Não podem dar-se ao luxo de comprar muitas roupas novas com muita frequência, mas têm muito orgulho em assegurar que a sua família está bem arranjada. Enviar os filhos para a escola numa roupa lavada, passada e com cores vivas é um sinal visível de ser uma boa mãe. Nas prateleiras e cabides de madeira de Marta, cada artigo, das calças de ganga e *T-shirts* aos fatos de Carlos, está esticado e passado – e ela é a regra, não a excepção. A P&G descobriu que as mulheres mexicanas gastam mais tempo a lavar a roupa do que no resto das tarefas do lar em conjunto. Mais de 90 por cento utilizam algum tipo de amaciador, mesmo as mulheres que lavam parte ou toda a roupa à mão.

"Ao passarmos tempo com as mulheres, aprendemos que o processo do amaciador é realmente exigente; implicava muita energia e tempo", lembra Antonio Hidalgo, o gestor da marca Downy Single Rinse da P&G, na altura do seu lançamento, em Março de 2004. Uma típica pilha de roupa suja passava pelo seguinte processo de seis passos: lavar, enxaguar, enxaguar, juntar amaciador, enxaguar, enxaguar. Não há problema se tudo isto for apenas uma questão de carregar num botão de vez em quando. Mas não é brincadeira se tiver de caminhar meio quilómetro ou mais para ter água. Até as máquinas semi-automáticas exigem que a água seja acrescentada e extraída manualmente. E se calcular mal o tempo, o fornecimento de água pode acabar a meio. "O grande 'aha!'", diz Carlos Paz Soldán, *vice president* da P&G para o México e a América Central, foi descobrir como é valiosa a água para os mexicanos de baixos rendimentos. "E só descobrimos isso ao experimentarmos como vivem a sua vida."

Resumindo tudo, aqui está o que era conhecido. As mulheres mexicanas com baixos rendimentos gostam de usar amaciador; tinham padrões elevados para o desempenho; e lavar a roupa era árduo, demorava tempo e exigia muita água para os múltiplos passos de lavagem e enxaguamento. Estas ideias foram analisadas, tendo-se efectuado o estudo quantitativo alargado que identifica o trabalho da P&G. Enfrentaram o escrutínio.

Tendo identificado um problema para resolver (tornar a lavagem da roupa mais fácil e a necessitar de menos água) e um benefício para um consumidor, tudo o que restava era descobrir que produto oferecer. Especificações sobre o desempenho e custos do objectivo foram enviados para os laboratórios, que apareceram com uma resposta: Downy Single Rinse (DSR). Em vez de um processo de seis passos, o DSR reduzia-o a três – lavar, acrescentar amaciador e enxaguar. Reduzir o número de enxaguamentos poupa imenso tempo, esforço e água. O DSR foi lançado com a recomendação da agência mexicana para a água e o ambiente. Havia muitas demonstrações nas lojas, de forma que as mulheres pudessem ver como funcionava.

O DSR foi um êxito desde o início. Hidalgo recorda que quando disse a uma mãe que tinha trabalhado no DSR, a sua face se iluminou. "Agradeceu-me", conta ele com satisfação, "e pediu-me para trazer mais deste tipo de produtos para a sua vida." Hidalgo está, como é óbvio, a tentar fazer isso mesmo.

Especialmente quando se inova nos mercados de baixos rendimentos, é importante pensar no valor que se traz, não no preço. Os consumidores de baixos rendimentos são sensíveis aos preços, claro, mas a melhor forma de pensar neles é que são sensíveis ao valor.

Depois de ouvir mulheres como a Marta, foi criada uma marca de confiança e um produto rentável. Marta fica decididamente satisfeita quando as suas sobrinhas lhe dizem: "As tuas roupas cheiram tão bem!"

ENTRAR NUM NOVO MERCADO AO COMPREENDER-SE O "QUEM"

Outro exemplo de compreender profundamente o QUEM vem da Nokia, que adaptou o seu negócio às condições na Índia. No decorrer do processo, conseguiu dominar o mercado indiano dos telemóveis.

Demasiadas empresas que estão a tentar aceder aos mercados em crescimento fora do mundo ocidental – China, Índia, Brasil e Rússia, por exemplo – modificam ligeiramente as ofertas de produtos e depois "insistem" no que funcionou nos seus mercados tradicionais. O sucesso da Nokia na Índia tem por base a sua atitude de aceitar que "o que funcionou aqui, provavelmente não vai funcionar ali".

Estavam psicologicamente abertos para a possibilidade de os seus conceitos e capacidades existentes – de facto, todo o seu modelo de negócios – poderem não se aplicar.

Compreender e servir as necessidades de um novo mercado não é apenas *marketing*. É também um desafio de negócio fundamental. Ter uma mente aberta e estar disposto a ouvir e a recolher informações sobre não apenas o produto, a marca ou publicidade, mas também o sistema de distribuição, a cadeia de abastecimento e outros aspectos do novo mercado, é determinante. Estas informações são a matéria-prima para a inovação. Construir uma organização que consegue descobrir e agir sobre estes conhecimentos fornece a agilidade estratégica e organizacional necessária para se manter à frente em diferentes mercados.

Aprendizagem, curiosidade e investigação das necessidades específicas concede essa vantagem. Foi o que levou a Nokia a descobrir que construir o mercado para os telemóveis na Índia exigia mais do que algumas ligeiras modificações nos produtos existentes. O que a Índia exigia era um novo modelo de negócios e a Nokia criou-o.

Os principais líderes da Nokia sabiam que o mercado de telemóveis na Índia podia ser enorme. Quando a Nokia colocou pela primeira vez os olhos na Índia, em 1996, apenas um em cada cem indianos tinha um telefone fixo. A equipa da Nokia imaginou que as comunicações móveis podiam ser muito importantes para aqueles que de outra forma entregavam as mensagens indo de bicicleta de uma cidade à outra, ou que perdiam o contacto com membros da família – até mesmo cônjuges – durante vários meses. Mas embora na Nokia imaginassem as possibilidades, não assumiram que sabiam exactamente como satisfazer as necessidades de telemóveis da Índia. Primeiro, destacaram uma equipa cuidadosamente escolhida, com poderes alargados, para compreender o mercado indiano desde a raiz. Embora a equipa incluísse colaboradores da Nokia da Califórnia e da Finlândia, tinha a influência dos nativos indianos, pela razão óbvia de que tinham um melhor ouvido para escutar e um olho mais penetrante para observar os gostos locais, valores, hábitos e cultura.

Quando a Nokia estava a fazer o esforço para compreender o mercado indiano, olhou também para o outro lado da moeda, para garantir que os novos colaboradores indianos compreendiam a

Nokia. Foram levados para a sede na Finlândia durante várias semanas, para formação intensiva. Explica Tero Ojanperä, responsável pelo departamento de tecnologia: "Trouxemos colaboradores para a sede durante algum tempo, para que conhecessem as pessoas e compreendessem a cultura da empresa. Isto é especialmente importante se foram recrutados no exterior. Quando regressam ao país em que vão trabalhar, não só têm uma ligação mais profunda com a cultura local, mas também têm a cultura da Nokia a correr-lhe nas suas veias. Têm um ponto de vista que é tanto global como local." As visitas frequentes dos principais gestores da Nokia e da equipa de desenvolvimento de produtos também reforçam a cultura da empresa.

Bem cedo, a Nokia reconheceu que colocar telemóveis nas mãos da vasta população da Índia seria um grande desafio. Os grandes pontos de venda que comercializam produtos electrónicos de consumo não queriam ter nada que ver com o mercado nascente de telemóveis, porque as margens em termos absolutos por aparelho eram demasiado pequenas e o volume demasiado reduzido. Ojanperä explica: "Percebemos como era diferente este mercado. Para alcançar este vasto mercado, tínhamos de redesenhar todo o modelo de negócios desde o início: os preços de venda a retalho, as propostas de valor, o *design* do produto e também como comercializamos e distribuímos."

A Nokia virou-se para a HCL, um fabricante e distribuidor de computadores pessoais, para a ajudar a ultrapassar a questão da distribuição. A HCL partilhava a visão da Nokia sobre a acessibilidade de preço e distribuição para além das tradicionais lojas de electrónica que vendem produtos com preços de retalho muito mais elevados. A HCL também partilhava os valores da Nokia e tornou-se um verdadeiro parceiro. Muitas empresas mudam de distribuidores a cada dois ou três anos, mas a parceria Nokia-HCL dura desde o início, embora a Nokia tenha, ao mesmo tempo, expandido a sua rede de distribuição e parceria.

A equipa de desenvolvimento do negócio na Índia falou com um elevado número de consumidores indianos e rapidamente percebeu que o telemóvel teria de responder a muitas necessidades diferentes e ser utilizado sob uma variedade de condições. A equipa entrou no que Shiv Shivakumar, *vice president* para as vendas da Nokia na

Índia, referiu como "uma convergência digital no fundo do mercado" – isto é, a ideia de que um telemóvel podia também funcionar como despertador, rádio e lanterna, produtos que custavam 700 a 900 rupias (14 a 18 dólares) por peça, naquela altura. (À data deste livro, seriam 17,50 a 22,50 dólares). As pessoas iriam precisar de utilizar o telemóvel em condições áridas com muito pó, sob incidência directa da luz solar, o que criava muito brilho, e em locais quentes e húmidos onde as mãos ficavam suadas e escorregadias. Além disso, a vasta população que vive nas aldeias indianas não tem água canalizada nem electricidade e são extremamente pobres. A sua capacidade para poder ter um telefone aumenta quando múltiplas famílias utilizam o mesmo aparelho. Como a electricidade escasseia em muitos locais, a iluminação era um problema.

Estas observações importantes apontavam para características desejáveis do produto: um aparelho melhor, um telefone à prova de poeira, uma lanterna incorporada, um ecrã polarizado. A Nokia India, a Nokia Global e a HCL discutiram as questões, com o objectivo de identificar um produto que podia ser construído a partir da plataforma de tecnologia da Nokia e mantendo a marca Nokia ao preço certo.

O preço "certo" não era necessariamente um preço baixíssimo. Os utilizadores indianos não podiam pagar o preço de um telemóvel no mundo ocidental, mas desejavam pagar por valor. Inicialmente, o preço foi de cerca de 50 dólares, diminuindo até cerca de 20 no final de 2007. Estes níveis de preços permitiram à Nokia fornecer o que os consumidores indianos queriam e ainda conseguir margens desejáveis. Como explica o *president* e CEO Olli-Pekka Kallasvuo: "Alguns tentam optimizar o custo nos mercados em desenvolvimento, mas pode precisar de gastar um pouco mais para desenhar e produzir um produto melhor." A Nokia sabe, por exemplo, que cerca de 63 por cento dos indianos procuram ter "estilo" quando compram um telemóvel – o que para alguns significa que tem grandes características tecnológicas; para outros, a aparência é que conta; e para outros ainda, os aspectos sensoriais, como o ecrã e o teclado, são atractivos.

A maior perspicácia da Nokia, contudo, não teve nada que ver com o produto em si. Reconheceu que, como os grandes retalhistas não queriam vender telemóveis, a Nokia teria de criar o seu próprio sistema de distribuição. Aqui, mais uma vez, ao estar próxima do mercado e ao despender tempo para perceber as particularidades do país sem se deixar afectar pelo sucesso anterior, a equipa da Nokia encontrou a solução que funcionou para o mercado indiano. Desenvolveu uma rede de pessoas que queriam vender telemóveis da Nokia em pequenos *stands*, com o tamanho que muitos utilizam para vender fruta e vegetais em toda a Índia, desde as cidades agitadas de Bombaim e Deli, até à mais pequena aldeia do interior. A Nokia, em parceria com a HCL, descobriu pessoas que estavam interessadas na oportunidade e deu-lhes formação. Havia muitas pessoas empreendedoras desejosas da oportunidade de ter uma vida decente. O produto certo ao preço certo vendido através de minúsculos *outlets* que podiam estar localizados em praticamente todo o lado deu à Nokia um enorme alcance e aceleração.

Os conhecimentos da Nokia e da HCL estenderam-se às motivações e necessidades dos vendedores individuais, descobrindo que esperavam fazer dinheiro entregando a mercadoria rapidamente e não através de elevadas margens. A principal preocupação era velocidade – a rapidez com que os vendedores conseguiam vender os seus artigos. Os vendedores não queriam ter o seu dinheiro empatado em inventário, nem mesmo de um dia para o outro. Os vendedores de fruta geralmente esvaziavam a carroça no final do dia. Os vendedores de telemóveis esperavam fazer o mesmo. De facto, se os produtos tivessem um preço com uma margem de dez por cento, o vendedor iria sem dúvida vendê-lo a um preço mais baixo, diminuindo a margem para próximo dos dois por cento, para despachar a mercadoria. O que importava era um fornecimento estável de produtos e evitar o risco financeiro. Recentemente, os retalhistas existentes, como lojas de conveniência e supermercados, começaram a vender telemóveis Nokia. Como explica Shivakumar: "Agora percebem que os telemóveis podem na verdade aumentar o número de visitantes, por isso todos os vendedores organizados ou grandes retalhistas querem vender telemóveis." Na Primavera de 2007, havia cem mil pontos de venda a retalho com produtos Nokia.

A Nokia agora domina o mercado indiano de telemóveis por uma larga margem. Estabeleceu fabrico e instalações de investigação e desenvolvimento na Índia, permitindo que o ciclo de inovação do produto se mova ainda com maior rapidez. Estar mais enraizado no mercado indiano também fornece o combustível para a inovação contínua. Por exemplo, a Nokia identificou sete segmentos de mercado distintos, cada um com as suas próprias prioridades. Ojanperä afirma: "Os resultados estão agora a mostrar que parecemos ter acertado nalguma coisa. Temos sido capazes de manter margens razoáveis naqueles preços a retalho muito baixos, que nenhum dos nossos concorrentes parece ser capaz de igualar nesta altura."

As características do produto concebidas para o mercado indiano fazem agora parte do portfólio no qual as equipas de outros países podem inspirar-se à medida que se expandem para lugares como a Indonésia e a África Subsariana. Mas mesmo que elementos da equipa da Nokia India estejam envolvidos, pode ter a certeza que irão trabalhar muito para definir as necessidades do novo mercado local. Como diz Ojanperä: "Tem que ver com estar próximo do mercado e compreender a sua diversidade e depois inovar muito próximo dele. Não há hipótese de aqueles na sede saberem o que se está a passar na Índia ou em África. Cada local é diferente e exige uma mente aberta e ideias novas sobre o produto e cada elemento do negócio."

NECESSIDADES ARTICULADAS *VERSUS* NECESSIDADES NÃO ARTICULADAS

As grandes inovações têm origem na compreensão das necessidades e desejos não realizados do consumidor, tantos articulados como não articulados – isto é, não apenas o que dizem, mas, mais importante, o que não podem articular ou não querem dizer. As necessidades não expressas ajudam a revelar a "verdadeira realidade" do chefe. Pode incluir obter uma verdadeira apreciação concreta do seu estilo de vida e o que é mais importante para eles; compreender como utilizam um produto e as suas verdadeiras motivações para o fazerem; começar a perceber as suas emoções e sentimentos. As necessidades não articuladas podem também ser expostas ao olhar para as contradições entre o que as pessoas dizem que fazem e o que realmente fazem. Se for bem feito, descobre razões *não articuladas* por que um consumidor escolhe uma marca em vez de outra. Por exemplo, uma mulher pode dizer que compra uma determinada fragrância "porque me lembra o meu primeiro namorado". Com conhecimentos como este, pode determinar que grupos de clientes têm o potencial mais elevado de serem atraídos para as suas ofertas e desenvolver inovações especialmente destinadas a eles.

Um bom exemplo vem da L'Oréal. A empresa francesa de cosméticos criou um rímel para as mulheres japonesas, cujas pestanas curtas e direitas significavam que tradicionalmente não usavam o produto. Por isso, não havia procura. Se a L'Oréal tivesse ouvido o mercado, teria encolhido os ombros e ido fazer qualquer coisa mais prometedora. Em vez disso, tiveram a ideia de um rímel especial que podia alongar e curvar as pestanas. Foi um êxito. Como o CEO Jean-Paul Agon disse ao *Financial Times*: "Nunca teríamos visto [o potencial] num grupo de estudo." A missão da L'Oréal, realçou Agon, é introduzir ou inventar produtos que os clientes passam a adorar; isto exige antecipar as necessidades, não apenas dar-lhes o que pedem.

Quase todas as marcas no valor de mil milhões de dólares da P&G foram lançadas com uma descontinuidade de inovação de produto – que se dirigia directamente às necessidades não satisfeitas dos clientes – e, como resultado, estimulavam novo consumo. A Pampers foi a primeira fralda descartável em massa, dando às mães uma alternativa mais eficaz e mais conveniente ao pano. O Head & Shoulders foi o primeiro champô a não obrigar a um *trade-off* entre protecção anticaspa, cuidado com o couro cabeludo e cabelo bonito e limpo.

Resumindo, os clientes podem nem sempre dizer o que realmente querem. Cabe-lhe a si ouvir, observar, fazer contactos e identificar os conhecimentos que conduzem a oportunidades de inovação.

As empresas industriais também têm de conhecer o utilizador final, apesar de as suas ofertas muitas vezes se tornarem parte do produto de outra empresa. Fazer essa ligação com os clientes é a única forma segura de se manter relevante. Foi como o Departamento de Sistemas Ópticos da 3M criou centenas de milhões de dólares em receitas por ano e dá um enorme contributo para o saldo final da 3M, apesar dos rápidos ciclos de introdução/obsolescência dos produtos e da rápida erosão dos preços que caracteriza a indústria dos produtos electrónicos que serve. Quando utiliza um computador portátil, PDA ou LCD, há grandes probabilidades de estar a usar um produto do negócio de Sistemas Ópticos da 3M. Os ecrãs de muitos produtos electrónicos de consumo vendidos por empresas como a Sony, a Nokia, a Sharp, a HP e a SAMSUNG utilizam filmes da 3M que "gerem" a luz, tornando o ecrã mais eficiente a nível de energia e mais fácil de ler ou mesmo direccionando a luz na sua direcção e não de quem está sentado ao seu lado no avião.

A 3M tem excelentes plataformas de tecnologia a que pode recorrer, com as quais a equipa de Sistemas Ópticos tem de estar intimamente familiarizada para construir novos produtos. Combinar e aplicar estas tecnologias de formas inovadoras só funciona depois de a equipa descobrir o que o consumidor realmente precisa. Como explica Jeff Melby, director do negócio de sistemas ópticos e antigo director técnico: "Antes de conseguir identificar como conjugar as tecnologias da 3M, tem de ser capaz de identificar que tipo de produto iria absolutamente agradar ao consumidor, enquanto fornece valor verdadeiro para o fabricante de ecrãs, que é o seu cliente. Tem de colocar muitas questões e obter informações de muitas fontes externas.

Se perguntar a um grande fabricante o que é importante, responder-lhe-á custos, custos, custos. Mas é apenas uma parte do que interessa aos consumidores. Alguma vez olhou para o seu portátil e disse 'Ena, gostava que a contraluz fosse três vezes mais brilhante'? Provavelmente não. São as necessidades não articuladas. São mais difíceis de descobrir mas, quando as descobre, a oportunidade é grande. Chegar a elas é o trabalho que tem de fazer."

COMO FICAR A CONHECER O SEU "QUEM"

Há alguns anos, a P&G percebeu que, embora falasse com muitas pessoas, não estava realmente a ouvi-las. Ultrapassou esta dificuldade pegando numa das organizações de estudo de mercado mais tradicionais da indústria e transformando-a num centro de compreensão do consumidor e gerador de conhecimentos. Ao investir mais de mil milhões de dólares em investigação para compreender o consumidor, entre 2002 e 2007, e conduzindo estudos com mais de quatro milhões de consumidores por ano, a P&G afastou-se dos tradicionais grupos de estudo "por trás do espelho", para técnicas de investigação mais intensivas. De facto, o investimento em investigação imersiva em lojas e lares aumentou cinco vezes desde o início da década.

Isto foi uma mudança importante. Investir estes dólares de formas mais inteligentes proporcionou maiores dividendos a nível de conhecimento, compreensões mais profundas e conduziu a maiores oportunidades de inovação.

A P&G gasta muito mais tempo *vivendo* com os consumidores nas suas casas, *fazendo compras* com eles nas lojas e fazendo parte das suas *vidas*. Esta imersão total conduz a conhecimentos mais ricos sobre o consumidor, que ajudam a identificar oportunidades de inovação que não são muitas vezes compreendidas pela investigação tradicional.

VIVÊ-LA E TRABALHÁ-LA

Um exemplo vem da América Latina. A equipa de gestão da P&G na região, como foi dito anteriormente, sabia que havia uma diferença entre o que as suas marcas estavam a oferecer e o que os consumidores com baixos rendimentos queriam. "Temos tendência para contratar pessoas de classes socioeconómicas relativamente altas (de Nível 'A')", afirma Carlos Paz Soldán. Mas o nosso principal consumidor – onde está a maior parte do consumo e crescimento – vem do que chamamos rendimentos "C" e "D". Paz Soldán continua: "Éramos muito ignorantes sobre eles, de uma forma profunda. Por isso, não podíamos simplesmente ter os nossos colaboradores a seguir um grupo de estudo ou a conduzir uma investigação quantitativa de um estilo ou de outro. Tínhamos de sair dos nossos escritórios e imergir no mundo real e nas rotinas diárias dos consumidores de baixos rendimentos e nas lojas dos retalhistas com quem tínhamos parcerias."

Em 2002, a P&G criou programas específicos intensivos sobre o consumidor. *Vivê-la* permite aos colaboradores viver com os consumidores durante vários dias nas suas casas, comer refeições com a família e participar nas idas às compras. Os colaboradores experimentam em primeira mão as necessidades destes consumidores em relação a tempo e dinheiro, a forma como interagem com as suas redes sociais, o que é mais importante para eles e que produtos compram, como os utilizam e como as marcas e produtos entram nas suas vidas. Outro programa, *Trabalhar** dá aos colaboradores a oportunidade de trabalharem atrás do balcão numa pequena loja. Isto transmite-lhes conhecimentos sobre as razões por que os consumidores compram ou não um produto numa loja. Também ganham um conhecimento de como as inovações que trazem para o mercado podem tornar a compra de um produto mais fácil ou causar confusão na prateleira da loja – para quem repõe a prateleira e para o comprador. Por que motivo estes programas de imersão funcionam?

- Os gestores de topo estabelecem o exemplo de duas formas. Primeiro, participam (cerca de 70 por cento dos executivos da P&G de todos os níveis e funções completaram pelo menos uma destas experiências). Segundo, estabelecem a expectativa de que os colaboradores participem nestes programas como parte do seu trabalho diário. De facto, a participação no programa de aproximação ao consumidor é obrigatória para todos os novos colaboradores, para educar os futuros líderes da P&G sobre a importância da atenção externa e o lema de "o consumidor é o chefe" desde o primeiro dia.

- Os colaboradores têm maior satisfação no emprego quando saem do escritório e vão para o mundo real. Permite-lhes relacionar-se com os consumidores que servem a um nível humano – obtendo uma consciência das suas vidas completas, que são tão diferentes da sua.

- São identificados conhecimentos mais ricos e que permitem mais acção com o que é aprendido no contexto do mundo real. Estes conhecimentos e aprendizagens inspiram ideias de inovação com significado para o consumidor, que de outra forma não teriam sido descobertas.

---

* N. T. No original, *Working it*.

- Os sistemas de reconhecimento estão elaborados de forma a recompensar revelações de inovação que foram descobertas durante uma sessão de proximidade com o consumidor e subsequentemente comercializadas com resultados positivos no mercado.

Vivê-la, Trabalhar, visitas a casas e idas às compras é como a P&G supera a lacuna relativamente ao conhecimento do consumidor; a inovação é como transforma o conhecimento sobre o consumidor em lucro.

O PODER DA OBSERVAÇÃO

Uma observação próxima do chefe, e a sua participação activa no processo de inovação, resulta numa definição mais precisa das necessidades-chave, dos preços de venda, do caminho para chegar até ao consumidor, do modelo de negócios e da estrutura de custos. E tudo começa em algo simples – observar intensamente os consumidores, cara a cara, e ouvir com ouvidos, olhos, coração, cérebro e o intuitivo sexto sentido.

Relacionar e analisar o que vê e ouve é como a observação se torna conhecimento. A Marico, uma empresa que fabrica alguns dos mais conhecidos produtos de consumo na Índia, superou este processo com o seu método "Insighting"*. O diálogo com os consumidores está no cerne do Insighting. Os elementos da equipa Insighting têm de ser capazes de ser mentalmente ágeis, moldando o diálogo à medida que se desenrola. Aprendem técnicas para se relacionarem com os consumidores e fazê-los falar sobre pensamentos e sentimentos, desenvolvendo o seu próprio estilo ao fazê-lo. A formação Insighting também os torna conscientes das suas próprias suposições, por isso a suas mentes estão abertas para o que as pessoas dizem. Para terem a certeza que absorvem tudo, os elementos da equipa Insighting dividem-se aos pares ou em pequenos grupos para conduzir os diálogos. Desta forma, um pode tomar notas e observar enquanto o outro coloca questões. E podem verificar por comparação as observações e hipóteses resultantes.

---

* N. T. "Compreensão".

A equipa então reagrupa-se para sintetizar as suas descobertas. É necessário muito esforço para analisar minuciosamente a quantidade de informação e separar os conhecimentos e depois escolher os que são mais relevantes para o negócio. Embora estas sessões durem geralmente um dia, podem ser extremamente intensivas. Não é raro uma equipa ficar totalmente imersa e trabalhar até às primeiras horas da madrugada para tentar chegar ao fundo da questão. A sua paixão e perseverança para aprofundar leva-os a obter conhecimentos esquivos que escapam a outros. Durante o processo, o negócio que apresentou o problema mantém-se afastado da equipa Insighting para que as suas influências não se infiltrem.

A Marico utilizou o Insighting para entrar com segurança e rapidez no segmento do gel para homem, com o Parachute Advanced Aftershower. Conquistou uma posição dominante, obtendo uma quota de 43 por cento do mercado em menos de um ano. A marca Parachute tinha tradicionalmente como público-alvo as mulheres. Mas à medida que os homens indianos se interessavam cada vez mais pelo tratamento para o cabelo, a Marico quis descobrir se fazer *marketing* dirigido a homens iria enfraquecer a marca. Muitos amigos e especialistas da indústria avisaram que seria um enorme erro.

Uma equipa Insighting investigou junto de mulheres, homens e barbeiros sobre como se sentiam em relação aos cuidados com o cabelo em geral e a marca Parachute em particular. Os homens passavam muitas vezes as mãos pelo cabelo e preocupavam-se sobre como o sentiam. As únicas vezes que discutiam realmente os cuidados com o cabelo era no barbeiro. Os consumidores acreditavam que o valor nuclear da marca Parachute era um cabelo saudável e uma mensagem masculina de *marketing* não parecia enfraquecê-la. Estes conhecimentos ajudaram a confirmar que o Parachute Advanced Aftershower seria provavelmente bem recebido e também alimentaram os programas de publicidade e *marketing*. Um novo "programa influenciado pelo barbeiro", por exemplo, estava a trazer-lhes bons resultados.

Quando a Marisco se interessou por expandir a sua marca forte para óleos alimentares – óleos que estavam associados a um coração saudável – utilizou o Insighting para explorar a oportunidade. A investigação inicial mostrou que a diabetes era um grande problema de saúde, sugerindo que havia um grande potencial para lidar com consumidores diabéticos. Primeiro reuniram uma equipa da marca para definir a área de exploração, que se concentrou na área dos alimentos para diabéticos. De seguida, o projecto foi destacado para uma equipa Insighting, para definir a oportunidade mais especificamente e testá-la. A equipa Insighting neste caso incluía pessoas de diferentes marcas, tecnologia e recursos humanos; foram recrutadas de uma variedade de níveis organizacionais, desde o director de tecnologia a colaboradores recém-contratados.

A equipa da marca informou o grupo sobre a oportunidade, como a imaginavam. Depois a equipa Insighting começou a trabalhar. A fase inicial era pensar a tarefa e clarificar algo sobre o qual não estivessem seguros. A segunda fase era reunir e compreender informações, tais como relatórios de investigação. Na terceira, determinaram que questões e problemas queriam aprofundar. Um elemento da equipa sugeriu explorar-se cuidados pós-terapêuticos para diabéticos graves, diabéticos que tivessem feito uma cirurgia e diabéticos que estivessem sob uma dieta rigorosa. Outro sugeriu concentrarem-se nos diabéticos de tipo 1 ou 2. Ao longo do percurso, a equipa levantou a questão: Podemos tornar a actual dieta mais agradável para os diabéticos? Então, surgiu a ideia de analisar os *snacks*. A equipa explorou todas essas áreas, para ver qual era a mais promissora, e depois procurou mais fundo.

Como parte do seu "plano Insighting", a equipa avaliou quem seriam as melhores fontes de informação. Diabéticos e dietistas eram obviamente fontes importantes. Mas a equipa acreditava que os familiares dos diabéticos – cônjuges e até filhos – eram também importantes, porque podiam saber coisas que os próprios diabéticos não mencionassem. A partir daí, a equipa preparou o guia da conversa, dividiu-se em equipas de dois para conduzir as entrevistas e realizou as suas conversas profundas para analisar os conhecimentos.

À medida que a equipa reunia as suas descobertas, verificou que os diabéticos queriam realmente *snacks*. Os familiares confirmaram que de facto já consumiam *snacks* e não gostavam de ter de o fazer de uma forma muito controlada. A equipa aprendeu com a comunidade médica que os médicos na verdade queriam que os seus doentes diabéticos tivessem refeições mais pequenas, mais frequentes, em vez de refeições pesadas de vez em quando. Estas descobertas, combinadas com a investigação que mostrava que o número de diabéticos era grande e crescente, apontavam para uma oportunidade atraente de a Marico fornecer *snacks* destinados a diabéticos. Conhecimentos posteriores forneceram informações específicas para orientar o desenvolvimento e lançamento do produto.

A Marico finalmente decidiu começar com um componente popular da dieta indiana: *roti*, ou pão indiano. Em 2006, testou o mercado com misturas embaladas para preparar *roti*, que iriam ajudar a controlar o colesterol e a diabetes e, em 2007, o produto foi lançado em toda a Índia. Os resultados iniciais têm sido promissores.

SEGMENTAR O "QUEM" PARA IDENTIFICAR O ALVO DA INOVAÇÃO COM MAIS EXACTIDÃO

Ao trabalhar para melhor compreender o QUEM, vai descobrir que os consumidores utilizam o seu produto por várias razões. Podem ter diferentes ocasiões para quando e como o usam; diferentes atitudes sobre os benefícios que pretendem; diferenças sobre o que pensam ser um bom valor e o que estão dispostos a pagar. Um tamanho não serve para todos.

Geralmente, dentro de um público-alvo QUEM mais amplo há subgrupos de pessoas que partilham interesses comuns e/ou hábitos. Identificar estes grupos permite a uma equipa compreender melhor, estabelecer prioridades e qual o alvo para as inovações que criaram. Veja, por exemplo, o negócio do papel higiénico Charmin. Sim, os consumidores têm diferentes opiniões e expectativas, mesmo em relação ao papel higiénico. A equipa de inovação do Charmin efectuou uma intensiva análise de segmentação dos consumidores. Utilizando uma série de técnicas qualitativas e quantitativas, identificou vários subgrupos diferenciados de consumidores, com base numa combinação de várias variáveis de comportamentos, atitudes, características psicológicas e demográficas. Por exemplo, a "Mindy" é uma mãe solteira que vive num pequeno apartamento com uma pequena casa de banho. Embora não esteja disposta a gastar muito em papel higiénico, quer que seja suficientemente macio para os seus filhos. Depois, há a "Jacqueline," que encara a sua casa de banho como o seu próprio oásis privativo – o seu tempo longe do marido e dos filhos (embora por apenas alguns minutos por dia). Por isso, está disposta a gastar mais num pequeno luxo – incluindo o papel higiénico. A equipa montou uma apresentação para ajudar a dar vida ao modelo de segmentação do consumidor a outros que trabalhavam no negócio – por exemplo, colaboradores da fábrica e parceiros de retalho. A apresentação incluía imagens dos diferentes tipos de modelos de casas de banho, como a de Mindy e Jacqueline, e vídeos de consumidores representativos de cada um dos segmentos do grupo.

Esta segmentação está viva e permite agir a partir dela. Hoje, a organização Charmin criou toda a sua linha de inovação adaptada aos seus segmentos prioritários de consumidores – garantindo que cada inovação se concentra em satisfazer o seu consumidor-alvo no que é mais importante para ele. Por exemplo, em 2005 a P&G introduziu o Charmin Basic – uma inovação que fornece a limpeza básica com a suavidade mínima aceitável e que é vendido a bom preço. Esta inovação foi desenvolvida para Mindy e outros como ela. Mais importante, a compreensão do consumidor por parte da equipa do Charmin não é um esforço singular – está sempre a acontecer. A equipa agora recebe regularmente informações de cada segmento de consumidores sobre todos os aspectos do estudo do consumidor – incluindo o produto e anúncios da televisão. Isto ajuda-os a adaptar e a fortalecer a sua compreensão dos QUEM.

Outro exemplo da segmentação vem da Hugo Boss, uma das marcas de perfumes da P&G. A marca tinha vendas de apenas 40 milhões de dólares quando foi adquirida em 1992. Naquela altura, a P&G não tinha muita experiência na área dos perfumes nem na venda através de grandes armazéns ou perfumarias. "Muitos não acreditavam que seríamos capazes de vingar na área da beleza. Não acreditavam que o estudo ou o conhecimento do consumidor nos pudesse ajudar", recorda Hartwig Langer, *president* da área de Produtos de Prestígio da P&G.

Bem cedo, foi reconhecido que embora a marca Hugo Boss comece na moda, a tarefa era transportar o património da marca da moda para os perfumes. (Langer faz a sua parte vestindo-se geralmente de cima a baixo com Hugo Boss.) Então, Langer e a sua equipa tentaram perceber o que Hugo Boss significava para os homens. Descobriram que diferentes versões de Hugo Boss apelavam a homens diferentes. A uma deram o nome de "Hugo"; a outra o de "Boss".

A marca "Boss" apelava a "vencedores" sofisticados, clássicos – machos dominantes bem sucedidos, que são talentosos e se sentem formidáveis. Homens mais novos também adaptam o estilo como aspirantes; constituem um tipo denominado por "aprendizes". Os homens que acreditam já lá ter chegado, os "líderes sofisticados", também se identificam com Boss.

A marca "Hugo", por outro lado, é para um homem que se vê como irreverente, que quer ter sucesso no seu próprio modo sofisticado – mas que quer definitivamente ter sucesso. (A sua rebelião não chega tão longe.) Hugo é mais atrevido na moda, um pouco provocador. Embora Hugo tenha um pouco da atitude de rapaz malandro, é um rapaz malandro que quer ser respeitado. É uma questão de atitude, não de idade; homens de 50 anos podem usar Hugo sem parecerem ridículos.

A equipa elaborou estes perfis de personalidades passando muito tempo com homens. Havia grupos convencionais, claro, mas descobriu-se que o tipo de coisas que queriam saber não se consegue através de questionários directos. Por isso, foram para o mundo real com os homens: em idas às compras nas lojas, frequentando desfiles de moda e reunindo-se com eles em restaurantes e discotecas.

Assim que souberam quem eram o homem Hugo e o homem Boss, podiam conceber mais facilmente as fragrâncias, embalagens e planos de *marketing* para se adequarem a cada perfil. Desenharam a Boss com frascos de várias formas e cores diferentes (verde, laranja, preto) para os diferentes segmentos do seu mercado. Esta segmentação permite à marca centrar-se em diferentes benefícios emocionais, projectando imagens ligeiramente diferentes, e atingir diferentes preços de venda a retalho, sem "canibalizar" o consumidor global Boss. Mais uma vez, o perfume seguiu a moda. A linha de moda original Boss está associada à fragrância original Boss Botled – uma fragrância simples, clássica, num simples frasco de vidro. Boss Orange corresponde a Boss in Motion, uma embalagem de metal em forma de bola – um pouco mais de estilo e surpresa. O desenho da embalagem é esférico, para fazer eco da dinâmica do desporto para a qual a linha de roupa Boss Orange está desenhada. Boss Black corresponde ao homem ambicioso Boss no topo do seu jogo. Chegou ao nível de sucesso pelo qual lutou, mas agora quer deixar a sua marca. A linha de moda correspondente tem fabrico exclusivo, com pormenores personalizados. O frasco do perfume Boss tem a forma de uma garrafa de bolso sofisticada e de qualidade para guardar bebida e o lema "Deixe a sua marca" ecoa a filosofia da linha. Quanto a Hugo, tem um frasco em forma de cantil, com uma correia de lona. A combinação de uma aparência quase militar com uma fragrância engarrafada é uma perspectiva expressa de forma perfeita da ligeira visão de mau funcionamento que o homem Hugo tem do mundo. Embora compreender os diferentes segmentos de homens e como Hugo Boss os atrai possa parecer muito esforço, teve a sua recompensa. Enquanto o mercado global dos perfumes aumenta cerca de três por cento ao ano, a taxa de crescimento dos lucros e as vendas anuais combinadas da Hugo Boss tem-se mantido nos dois dígitos durante os 15 anos em que a P&G detém a marca.

Outro exemplo de identificação de grupos de clientes com comportamentos de compra semelhantes surge da venda a retalho. Em 2002, quando Brad Anderson se tornou CEO da Best Buy, o gigante das vendas a retalho de produtos electrónicos de consumo, electrodomésticos e computadores começou a procurar inovação que pudesse reavivar o crescimento. Concentrou o negócio em grupos de clientes com necessidades e expectativas semelhantes. Então, combinou este novo estudo com conhecimentos adquiridos através das interacções diárias dos colaboradores com os consumidores para mudar radicalmente a tomada de decisões e a forma de encarar o retalho.

Os retalhistas confiaram durante muito tempo nos grossistas para tomar decisões sobre o que a loja iria vender e, por isso, que artigos e em que quantidades eles (os grossistas) iriam comprar.

Anderson queria fazer uma profunda alteração no fluxo das tomadas de decisões sobre mercadorias, deixando os consumidores – não os grossistas – conduzir estas decisões. Isto significava conhecer melhor os consumidores, não apenas através dos tradicionais grupos de estudo, mas também explorando os conhecimentos dos colaboradores que trabalhavam nos pisos de vendas das lojas Best Buy.

Compreender os grupos de consumidores foi um ponto de partida. Anderson e a sua equipa inicialmente identificaram seis grupos distintos de clientes. Incluíam "Barry," um profissional próspero que procura a mais recente tecnologia e o melhor serviço; "Buzz", um jovem activo que quer tecnologia e diversão; "Ray", um homem de família que quer tecnologia que melhore a sua vida e a da sua família; "Jill", uma mãe dos subúrbios ocupada que quer utilizar a tecnologia e a diversão para enriquecer o estilo de vida da sua família; e donos de pequenos negócios.

Depois prepararam-se para definir as necessidades de cada um destes clientes de uma forma mais precisa, explorando a "mina de ouro" de informações que estava nas pontas dos seus dedos: o contacto individual que os seus assistentes de vendas tinham com os consumidores durante todo o dia, todos os dias da semana. As interacções diárias dos colaboradores da Best Buy com os clientes eram uma grande oportunidade para fazer o que Anderson chama "inovação barriga a barriga". Se os assistentes de venda tivessem formação e sentissem motivação para ouvir e observar os clientes e se essas informações chegassem ao sítio certo, as decisões e os resultados do negócio iriam melhorar.

Os assistentes de venda da Best Buy têm agora formação para compreender melhor cada cliente individual, tendo em mente grupos de clientes de que pode fazer parte. São encorajados a observar os consumidores para obterem ideias e conhecimentos e a empresa criou processos de os trabalhar. Todos os colaboradores são encorajados a testar novas ideias. Um colaborador criativo sugeriu organizarem um pacote para agentes imobiliários, que fazem parte do pequeno segmento de negócios, com base na sua observação de que os agentes imobiliários muitas vezes vinham à procura de um artigo, digamos, uma máquina digital, mas muitas vezes precisam também de outros, como um GPS, computador portátil e *software*. Levou a ideia ao seu gerente, que a lançou como teste para ver se o pacote dos agentes imobiliários de facto gerava mais negócio.

Se uma ideia funciona, o líder da zona pode determinar se é exclusiva de uma loja em particular ou aplicável a um grupo mais largado de clientes. Por exemplo, o gestor do grupo de clientes Buzz ouviu de forma recorrente no piso de vendas que o Buzz estava também interessado em instrumentos musicais. Por isso, fizeram um projecto de teste numa única loja e observaram a resposta. Foi positiva e, portanto, expandiram o teste.

Um melhor conhecimento do consumidor gera muitas oportunidades para a Best Buy crescer de uma forma rentável e dá-lhe confiança para se expandir de uma forma decisiva em novas áreas, quer seja ampliando o número de lojas, expandindo a oferta de serviços e capacidades nas lojas, criando a sua própria marca de produtos, ou organizando campanhas de publicidade e apresentações ao vivo. O conhecimento do consumidor levou à criação das lojas Magnolia Home Theater, uma pequena área dentro das lojas Best Buy que vende equipamentos de ponta de áudio e vídeo e de cinema em casa, e a criação da Brigada de Génios para prestar assistência aos computadores que a Best Buy vende. Até mudou a visão da empresa do terreno de jogo. "Costumávamos pensar que tínhamos espaço para mil lojas na América do Norte", explica Anderson, "mas por causa do nosso trabalho de conhecimento do cliente, agora pensamos que há espaço para pelo menos 1800."

A Best Buy também utiliza o seu conhecimento em primeira mão sobre o consumidor para ajudar os fornecedores a inovar e, por vezes, a fabricar produtos próprios. Um grupo de clientes que estava a ser mal servido era Jill, a mulher atarefada com filhos. O trabalho inicial de conhecimento do consumidor mostrou que Jill não gostava muito da Best Buy, por isso a empresa trabalhou muito para a compreender melhor. Essas observações levaram à descoberta de que Jill precisava de um leitor de DVD portátil mais durável para os seus filhos pequenos. Os ecrãs dos leitores que existiam não aguentavam o manejamento violento que eles muitas vezes tinham. A Best Buy decidiu criar um leitor de DVD portátil e agora é um *bestseller*.

Ao aprofundar o comportamento do consumidor, a Best Buy percebeu que o seu departamento de electrodomésticos estava realmente a servir dois grupos distintos de clientes, famílias mais jovens e pais cujos filhos já tinham saído de casa, e não mulheres de trinta e poucos anos orientadas para o valor a quem pensavam que estavam a vender. Isto conduziu a uma gama mais alargada de produtos e à criação dos Especialistas em Electrodomésticos, que escolhiam cuidadosamente colaboradores adequados para vender a estes clientes e depois lhes davam formação extensiva. Os especialistas são compensados pelos seus níveis de competências mais elevados. Salários mais altos combinados com trabalho que tem mais significado e gestores que querem realmente ouvir as suas ideias levam a assistentes de vendas mais felizes e envolvidos. A retenção dos assistentes aumentou, o que significa que o nível médio de experiência é mais elevado. Com mais experiência vem melhores conhecimentos e, com isso, mais inovação e o que se segue é a maior satisfação do cliente – assim a vantagem aumenta com regularidade. Não é por acaso que o lucro por colaborador tenha aumentado, apesar dos custos mais elevados associados ao aumento dos níveis de competência dos colaboradores.

Outros grandes retalhistas estão a adoptar a sua própria versão da segmentação. Irão conseguir alcançar o mesmo nível? "É a exactidão da sua segmentação, a capacidade de se organizar em torno dela e depois procurar com rigor os conhecimentos e agir com base neles que faz a diferença", explica Anderson, reconhecendo que a Best Buy ainda está a aprender. "Compreender esses clientes é o cerne da inovação. Se pudermos fazer uso dessa ligação com o cliente e agir com base nela de uma forma mais profunda – que pensamos estar a começar a fazer – é uma forma de controlar as regras do jogo."

Como estes exemplos demonstram, a segmentação do QUEM é uma necessidade para a inovação, mas só é valiosa se puder ser colocada em acção. Uma segmentação que possa ser colocada em acção permite a uma equipa estabelecer em que segmento de consumidores se vai concentrar, com base na maior oportunidade de negócio. A segmentação também ajuda à focalização na afectação e na nomeação do precioso e escasso recurso de talentos. A dimensão da oportunidade precisa de incluir uma avaliação da dinâmica do mercado, tendências de consumo e onde o seu negócio pode acrescentar mais valor. Mais importante, quando faz a segmentação dos consumidores, é essencial que os diferentes segmentos sejam suficientemente grandes para fornecer oportunidades de negócios. Por vezes a segmentação pode tornar-se demasiado pequena e demasiado especializada. Outro aspecto a ter em consideração é garantir que cada grupo de consumidores pode ser facilmente identificado e alcançado pela inovação ou *marketing* do seu produto ou serviço de forma eficiente e eficaz. Desenvolver uma inovação sem a capacidade de chegar ao seu QUEM é tempo e dinheiro mal gastos.

CRIAR E PLANEAR EM CONJUNTO COM O CHEFE

Existe um elemento adicional importante para o lema do cliente como chefe: envolvê-lo realmente na criação e planeamento. Primeiro tem de esclarecer, segmentar e escolher com precisão o QUEM antes de imaginar e formular inovações de novos produtos. Isto significa envolvê-lo na criação e no planeamento constante e de dois sentidos da inovação, logo desde o início. Para um exemplo de como isto funciona, considere o Grupo LEGO, a empresa dinamarquesa de brinquedos.

A LEGO tem três níveis de envolvimento do consumidor: primeiro, no teste a um produto; segundo, na criação conjunta de um produto; e terceiro, na concepção de versões personalizadas. De formas importantes (e altamente rentáveis), a empresa tornou-se dinamizadora de inovação efectuada pelo consumidor.

A LEGO é abençoada com uma base fiel de clientes. Além de crianças, também alguns adultos são fanáticos pelos sistemas de construção da LEGO. A empresa sabia que os adultos adoravam os seus produtos, porque em 1998 um estudante da Universidade de Stanford decifrou o código de *software* do LEGO MINDSTORMS, os conjuntos que combinam sistemas de construção com tecnologia de robôs, apenas quatro semanas depois de a primeira versão ser lançada. O estudante acabou por criar uma versão melhor do código. Por isso, em 2004, quando a LEGO procurava ideias para a nova geração dos conjuntos MINDSTORMS, pediu ajuda aos entusiastas. Os que se voluntariaram trabalharam lado a lado com os colaboradores da LEGO. Na altura em que o produto foi lançado, tinham estado envolvidos mais de uma centena de utilizadores.

A LEGO também descobriu entusiastas de algumas das suas categorias de produtos mais tradicionais, tais como o LEGO Castel e LEGO City. As pessoas estavam a comprar velhos conjuntos de LEGO no eBay e a trocar informações *on-line* sobre os seus projectos de construção. Alguns desses fãs sabiam mais sobre como criar o castelo LEGO perfeito do que os próprios criadores da LEGO. A LEGO trouxe-os para a organização para utilizar as suas ideias no início do processo de desenvolvimento e rapidamente lançou alguns dos conjuntos que esses utilizadores ajudaram a criar. O CEO Jørgen Vig Knudstorp afirma: "São os melhores castelos LEGO que apareceram em muitos, muitos anos." De facto, a LEGO expandiu-se de cerca de 120 *designers* (o número que recebe ordenado da empresa) para qualquer coisa como cem mil. Não pode haver exemplo mais literal de criação em conjunto com o consumidor.

Embora na LEGO acreditem em "deixar os consumidores avançar com a marca", debateram-se com o facto de algumas das ideias que os utilizadores adultos geraram serem demasiado avançadas para as crianças. Os *designers* tiveram de traduzir as sugestões para o seu mercado mais abrangente. Ao mesmo tempo, queriam encontrar uma forma de servir os fãs sofisticados. Isto levou à criação de um serviço que permite aos utilizadores construir um modelo 3-D do seu projecto em peças virtuais, com *software* que podem descarregar em LEGOfactory.com. Os utilizadores podem então ter a LEGO a produzir um conjunto por encomenda que podem construir por si próprios, ou podem simplesmente mostrar a sua criação numa galeria *on-line*. Muitos o fazem; e, em meados do ano 2007, mais de dois milhões de utilizadores tinham descarregado o *software* e mais de 150 mil criações tinham sido carregadas para a exibição.

CONDUZIDA MAS NÃO DECIDIDA PELOS CONSUMIDORES

Independentemente do segmento ou público-alvo a que o seu produto possa apelar, a inovação tem de ser conduzida pelo consumidor. Mas não é a mesma coisa que ser o consumir a decidir. Como explica Henry Ford, se tivesse ouvido o mercado teria construído um cavalo mais veloz e mais barato. Mas compreendeu que o que as pessoas realmente queriam era uma forma de viajar mais fácil e mais rápida e deu-lhes mais liberdade.

Um bom exemplo da diferença entre inovação conduzida e decidida pelo consumidor vem do Febreze. Lançado em 1998 como um produto para tirar os odores dos tecidos, o seu excelente desempenho tornou-o dominante numa categoria que praticamente criou. Diz o então director de *marketing*, Martin Hettich: "Nunca trabalhei numa marca onde os consumidores sentissem uma emoção e um amor tão profundos por ela."

O desafio-chave do negócio era que não havia muitas situações para o utilizar. Em 2001, o negócio Febreze na América do Norte era de apenas 140 milhões em vendas. Quando a equipa ia a casa dos consumidores para falar sobre o produto, pedia para ver onde guardavam a embalagem de Febreze. Inevitavelmente, estava colocada no fundo de uma prateleira, por vezes com pó, devido à pouca utilização. Os consumidores adoravam o Febreze, mas só tinham necessidade de o utilizar apenas algumas vezes por ano; a média de uma nova compra era de 18 meses. O mercado total para produtos que eliminam odores das roupas era de cerca de 300 milhões de dólares e a P&G tinha cerca de metade. Simplesmente não havia muito espaço para crescer. Por isso, a equipa de inovação começou a falar com os chefes. Descobriram que os consumidores mais dedicados estavam a pulverizar Febreze em todo o lado, não apenas nas roupas e na mobília. "O consumidor", refere Hettich, "pensou no Febreze como ambientador muito antes de nós."

A equipa testou três opções para fazer crescer a marca: acrescentar mais benefícios de lavagem, como remover as nódoas ("Cuidar de onde vive"); expandir a marca para trabalhar em superfícies duras, como balcões de cozinha ("Simplesmente frescura limpa"); e entrar no mercado dos ambientadores, como *sprays* perfumados ("Respirar vida no seu lar").

E então – o ponto crucial – não se limitaram a optar pelo vencedor. Em vez disso, a equipa escolheu concentrar-se no conceito "respirar vida no seu lar", apesar de ter ficado em segundo lugar. Este conceito lidava melhor com o desafio de negócios que era aumentar a frequência de utilização, dado que os consumidores indicaram que escolheriam mais produtos e utilizariam-nos com mais frequência com base no conceito "respirar vida", em comparação com as outras duas ideias.

A equipa foi guiada pelo pensamento dos consumidores, mas não deixou que estes decidissem. Além disso, mudou o posicionamento original "respirar vida" para "brisa de ar fresco", em grande parte porque este era o termo que os consumidores estavam sempre a utilizar.

A partir de 2004, o Febreze expandiu-se para o mercado dos ambientadores. Desde então, a equipa expandiu a oferta para produtos como *sprays* perfumados, velas perfumadas e dispositivos que se ligam à tomada. Além disso, o Febreze foi adicionado a outras marcas, como o Tide e o Bounce. Ao ouvir os chefes, o Febreze tornou-se uma marca no valor de 750 milhões de dólares só na América do Norte e a equipa ambiciona atingir o objectivo de mil milhões de dólares antes do final da década.

O QUE QUEREM OS CONSUMIDORES? EXPERIÊNCIAS MARAVILHOSAS DE 360 GRAUS

A definição da P&G de inovação centra-se não apenas nos benefícios que um produto fornece, mas também na experiência total do consumidor – desde a compra (o primeiro momento da verdade) à utilização (o segundo momento da verdade).

A mulher consumidora não quer apenas ar puro ou chãos brilhantes; quer sentir-se bonita e ter mais tempo livre ao sábado de manhã. A P&G precisava de desenvolver uma compreensão mais alargada do que os consumidores realmente queriam, para além dos benefícios funcionais dos dentes limpos ou de uma fralda eficaz, e de conceber produtos que realizem uma experiência total que é diferente, memorável, preferível e com mais valor.

Para lá chegar, a P&G tinha de pensar de uma forma mais abrangente. Como analogia, considere as lojas de venda a retalho da Apple. Como é óbvio, estão a vender produtos de marca que fazem coisas específicas; mas as lojas em si são também uma experiência e estão todas concebidas para promover uma visão da Apple como uma experiência e um estilo que os consumidores literalmente compram.

Para a P&G, a chave era pensar de forma mais holística. Uma marca é um produto que cria uma experiência e, em última análise, uma relação. Precisava de trabalhar mais em realizar a promessa que é a essência de uma grande marca. A inovação que controla as regras do jogo funciona ao longo de todo o ciclo; cria o tipo de lealdade que faz os consumidores procurarem repetidamente o mesmo produto.

O conteúdo diferenciado do produto – a química que torna o Tide excelente, o aroma no perfume Hugo – é necessário na experiência de inovação. Mas não é suficiente. Inovar para criar uma maravilhosa experiência abrangente de 360 graus envolve muitos outros aspectos com que o consumidor pode interagir – a nível funcional, emocional e empírico –, desde a embalagem que vê na prateleira da loja ao *website* da marca ou do produto, da aparência e formato do doseador ao odor e à facilidade de utilização do produto.

Um bom exemplo é a SK-II, a marca de prestígio de cuidados dermatológicos com origem no Japão. Quando a P&G a adquiriu, as vendas da SK-II no Japão eram de aproximadamente 50 milhões de dólares e tinha ganho a reputação de oferecer produtos superiores e experiências maravilhosas às suas exigentes consumidoras. A SK-II contém Pitera, um ingrediente secreto para uma pele bonita, limpa e translúcida. Inspirado na observação casual de que as mãos dos trabalhadores mais velhos numa fábrica de *sake* pareciam incrivelmente jovens e suaves, o Pitera foi descoberto depois de mais de cinco anos de investigação de leveduras e processos de fermentação.

A SK-II criou uma experiência holística para as consumidoras com base no seu ingrediente exclusivo Pitera, a lenda da fermentação, e no seu sistema distinto de tratamento da pele. A SK-II utilizou novos modelos de inovação para criar ligação com as consumidoras, dar conselhos de beleza e criar experiências maravilhosas nas lojas. O *marketing* da SK-II rodeia as suas consumidoras com uma abordagem pessoal, altamente personalizada, consistindo em balcões exclusivos de cor *bordeaux* em lojas que exibem a poderosa beleza japonesa intemporal e incluem sofisticados sistemas de computador para analisar e controlar as condições da pele (por exemplo rugas microscópicas, imperfeições, textura e manchas). As consumidoras recebem recomendações personalizadas de conselheiros de beleza com grande formação, que têm paixão por servir e um desejo de trabalhar com as consumidoras para as ajudar a alcançar a beleza da pele ideal. As consumidoras usufruem de embalagens superiores, sofisticadas e publicidade com testemunhos de mulheres bonitas com pele límpida, sem defeitos. O SK-II cria uma relação contínua com o seu grupo nuclear de utilizadoras através de contactos personalizados, como enviar rosas às mulheres em ocasiões especiais.

Esta experiência altamente inovadora, de 360 graus, permitiu à SK-II desenvolver um grupo fiel de mulheres que são fanáticas pela marca e pela sua capacidade em dar-lhes uma experiência totalmente nova de tratamento da pele – o milagre da pele renascida. De facto, não é invulgar estas mulheres gastarem mais de cinco mil dólares por ano em produtos SK-II – um fenomenal testemunho da sua lealdade para com uma marca e a uma linha exclusiva de produtos para tratamento da pele.

Actualmente, a SK-II tem mais de 500 mil milhões de dólares em vendas anuais e um grupo crescente de milhões de utilizadoras fiéis em todo o mundo. De facto, as vendas da marca aumentaram dez vezes desde a aquisição – um recorde de trajecto que poucas marcas alguma vez alcançaram. A SK-II ambiciona tornar-se uma das marcas de mil milhões de dólares da P&G no próximo ano. A utilização de uma inovação abrangente de 360 graus para obter fontes únicas que rodeiam as consumidoras de experiências deliciosas em cada ponto de venda é uma contribuição-chave para um crescimento sustentável, fidedigno e consistente da marca.

CONQUISTAR A LEALDADE DOS NOSSOS CHEFES

O elemento mais importante na inovação é o consumidor fechar o ciclo, comprando o produto. Então o desafio é converter um comprador esporádico num comprador reincidente e num utilizador leal. Os utilizadores leais são menos sensíveis aos preços. Utilizam mais produtos da linha e muitas vezes tornam-se embaixadores da marca. Os consumidores leais são o que impulsiona o motor da inovação na P&G.

Veja o caso do simples tampão. A protecção feminina tem sido uma categoria com grandes mudanças na P&G. Em 1980 retirou do mercado o tampão superabsorvente Rely, devido a preocupações com a síndrome de choque tóxico que acabaram por ser refutadas. Três anos mais tarde, foram introduzidos os pensos Always e Whisper. Tornaram-se muito rapidamente líderes de mercado, em grande parte porque eram inovadores, incluindo uma película de protecção patenteada, que fornecia uma sensação mais limpa e seca. A P&G aumentou o sucesso introduzindo alas – extensões laterais patenteadas que melhoravam a cobertura e reduziam assim as fugas. E então, em 1990, introduziu outra inovação com pensos ultrafinos. Em cada um dos casos, a P&G provou que tinha conhecimento sobre o que as mulheres queriam – protecção, conforto e uma sensação de limpeza seca quando usavam pensos higiénicos. Always e Whisper foram êxitos; ambos continuaram grandes fontes de receitas. Este sucesso foi uma base forte quando a P&G decidiu voltar aos tampões, com a aquisição da Tambrands, fabricante do Tampax.

O tampão Tampax foi, de facto, uma inovação disruptiva. Foi lançado em 1936 e foi o primeiro tampão a ter um aplicador. Além de algumas pequenas modificações nas embalagens, quando a P&G comprou a marca em 1997 pouco tinha mudado em mais de 60 anos; o Tampax parecia o tampão da sua avó. Os concorrentes da P&G não tinham sido tão inseguros – a Playtex introduziu o aplicador de plástico, por exemplo. O do Tampax era quase exclusivamente de cartão e estava a perder quota de mercado – mais de oito pontos entre a sua aquisição e 2001. A solução para vencer era evidente: uma dose de inovação.

Em 2000, a P&G parou e fez um esforço para perceber o mercado, perguntando aos chefes (isto é, às mulheres e raparigas menstruadas): "O que quer? Como podemos melhorar a sua vida?" A resposta delas foi: conforto, protecção e feminilidade. O resultado foi o Tampax Pearl, lançado em 2002. O Tampax Pearl foi concebido com o objectivo de apresentar um tamanho e textura de tampão que as mulheres apreciassem, como mais do que apenas uma funcionalidade. Em vez de encarar o tampão estritamente em termos de desempenho, a equipa do Tampax Pearl teve uma visão mais ampla, assumindo a missão de tentar tornar mais positiva a experiência de se ter o período e usar um tampão. "O produto", diz Melanie Healey, então *president* dos Cuidados Femininos Globais (desde então juntou ao seu portfólio a saúde), "não era apenas melhor protecção, o que era um dado adquirido, mas também deixar a utilizadora satisfeita."

As palavras *satisfação* e *tampão* não são muitas vezes utilizadas na mesma frase. No entanto, com "satisfação" como objectivo, a equipa voltou a analisar cada aspecto do tampão. Por exemplo, no antigo Tampax não era óbvio que extremidade abrir; além disso, quando se abria, a embalagem fazia muito barulho — uma fonte de embaraço para algumas mulheres, em especial adolescentes. Sabemos que a opção pelo tampão é muitas vezes tomada desde cedo; cerca de dois terços das mulheres escolhem uma forma de protecção e usam-na para sempre. Uma embalagem silenciosa podia ajudar-nos a apelar a mulheres mais jovens — e talvez conseguir uma cliente para a vida. "As adolescentes", como diz Healey de forma simples, "são a essência desta categoria".

A questão é que as adolescentes não querem falar sobre o período com um bando de homens vestidos de fato numa sala de conferências. Oh, meu Deus, que horror! Por isso a P&G virou-se para o seu Home Lab, uma série de salas criadas para se parecerem com uma casa da classe média norte-americana. Uma das salas está decorada para parecer o quarto de uma adolescente — coberturas de camas femininas (desarrumadas, claro — isto deve ser realista) e imagens de cavalos. Depois a equipa da P&G trouxe um grupo de raparigas, deu-lhes piza e pô-las a falar com uma moderadora jovem. E a equipa ouviu.

A equipa também organizou uma sessão de poesia para raparigas adolescentes que tinham começado recentemente a utilizar tampões ou que iam começar. Depois pediu-lhes que escrevessem um poema ou uma pequena composição sobre os seus períodos e higiene feminina — e depois que o lessem. Ninguém as podia influenciar sobre o que iam dizer, ninguém as ia deixar nervosas sobre o que iam expressar, porque tinham tido a hipótese de pensar sobre o assunto antes de virem para o evento, que realizámos num espaço convertido para parecer um bar. Embora muito do que disseram fosse familiar, tornou-se muito mais real: "Quando em necessidade, os tampões são realmente um amigo", escreveu uma de 15 anos. "Penso que sem um tampão/A minha vida não seria a mesma. Ficaria em dificuldade uma semana/Deixando os volumosos pensos enlouquecerem-me", realçou outra. Talvez nada digno de livros de antologia, mas ajudou a equipa a compreender o chefe.

O mesmo tipo de pensamento foi utilizado na concepção do aplicador para o Tampax Pearl; é arredondado, com um cordão impermeabilizado que é mais fácil agarrar. A questão é que ninguém olha muito tempo para um aplicador, mas o Tampax Pearl é suave e cor de pérola; a equipa queria um aspecto de qualidade porque, se parece confortável, torna-se mais confortável porque as mulheres se sentem mais confiantes. E o próprio material absorvente foi renovado. Em vez de uma forma em tubo, expande-se dentro do corpo para algo que se parece mais com uma borboleta, para uma melhor cobertura. O algodão é entrançado, captando qualquer extravasamento. As duas características reduzem as fugas. E a embalagem em si própria foi melhorada, com uma janela transparente para que a consumidora possa realmente ver o produto e algumas outras características que dão à embalagem um toque de classe.

O Tampax Pearl foi lançado em 2002 e demonstra como inovar para um público-alvo QUEM resulta em terminar o ciclo de inovação. A marca Pearl é agora a líder de mercado, com vendas superiores a 200 milhões de dólares por ano, e é o tampão número um com aplicador de plástico, ultrapassando a marca Playtex, que tinha criado o segmento. O Tampax Pearl tem um preço superior ao Playtex Gentle Glide e é quase o dobro das marcas próprias das lojas. As consumidoras pagam este preço de bom grado, porque obtêm um produto superior e uma experiência superior – uma que está atenta às *nuances* das necessidades femininas. E as mulheres irão pagar por um maior valor do Tampax Pearl – mês após mês. É impressionante como, quando compram o Pearl, as mulheres se tornam leais. Mais do que uma em duas mulheres que compram Pearl uma vez voltam a comprar.

Embora pareça dolorosamente óbvio, a inovação não terá sucesso a não ser que, e até que, conheça QUEM é o consumidor-alvo e o QUE ele quer. Descubra quem ele é, descubra o que ele quer e depois entregue-lhe. Não há aqui nenhum segredo obscuro. A fórmula para o sucesso da inovação é tão simples como isto.

Claro, a parte difícil é identificar o QUEM. Há, por exemplo, poucos grandes mercados disponíveis para produtos de consumo. A maior parte dos produtos de consumo estão segmentados e até começaram a fragmentar-se numa complexidade confusa de nichos. Nesta situação, a chave é compreender quem é o potencial principal cliente da sua inovação – para a sua nova marca, produto ou serviço. É fundamental que saiba o máximo possível sobre ela ou ele; que saiba como se relacionar, comunicar e chegar a ela ou ele; e que possa atrair suficientes elas e/ou eles para criar um negócio viável.

A P&G elabora relatórios pós-acção em iniciativas de inovação fracassadas. A principal razão isolada para o fracasso é uma incapacidade para identificar ou segmentar o consumidor-alvo, ou um número insuficiente de consumidores-alvo ou potenciais para tornar um negócio viável. Por vezes a P&G acerta no consumidor, mas falha a verdadeira necessidade ou desejo. Outras vezes a persistência irá acertar à segunda ou terceira tentativa. Mas isto é sempre mais dispendioso.

Os utilizadores do detergente para a roupa Tide são diferentes dos utilizadores de todas as outras marcas de detergente para a roupa. Os utilizadores do detergente líquido para a loiça Dawn são diferentes dos de todas as outras marcas de detergente para a loiça. Os utilizadores dos rolos de cozinha Bounty são diferentes dos utilizadores de todas as outras marcas de rolos de cozinha. Os utilizadores de Pantene e Olay são diferentes dos utilizadores de outras marcas para cuidados do cabelo e da pele. Os utilizadores dos perfumes Hugo Boss e Lacoste são diferentes dos utilizadores de outros perfumes. Compreender como são diferentes e compreender os diferentes QUEM são as chaves para uma inovação de sucesso que controla as regras do jogo.

PERGUNTE-SE NA SEGUNDA-FEIRA DE MANHÃ

- Conhece o seu QUEM – o seu consumidor ou cliente? Compreende a dinâmica do seu mercado e o QUEM mais abrangente do seu produto/serviço/marca?
    * Quais são as crenças, necessidades, aspirações e desejos do seu QUEM – articulados e não articulados?
    * Onde estão as maiores lacunas no que os consumidores actualmente entendem que recebem (do seu produto/serviço e dos do concorrente) e o que querem?

- No QUEM mais abrangente, consegue identificar e dar prioridade a que subgrupo(s) do QUEM a sua inovação irá apelar mais e criar para esse alvo principal?
    * Compreende profundamente cada subgrupo do QUEM?
    * Como é que a sua marca, produto ou serviço encaixa na vida dele ou dela?
    * Quais os aspectos do estilo de vida dos consumidores que têm impacto na forma como compram? Como utilizam o produto?

- Consegue identificar como captar o seu QUEM na criação e planeamento conjuntos, para que a sua inovação seja uma forma de controlar as regras do jogo – isto é, melhorar significativamente a vida dela/dele?

- Consegue converter compradores de uma única vez e utilizadores irregulares em consumidores leais que compram e utilizam com mais frequência?
    * Por que motivo alguns consumidores experimentam, mas não compram o seu produto/serviço novamente?
    * O que precisa de fazer para tornar o seu negócio mais centralizado no cliente ou consumidor?

CAPÍTULO 4

Onde jogar, como vencer

COMO OBJECTIVOS E ESTRATÉGIAS CONQUISTAM
INOVAÇÃO QUE CONTROLA AS REGRAS DO JOGO

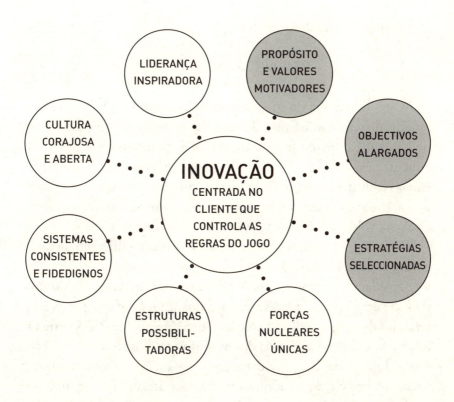

Durante os primeiros seis meses de 2000, os títulos dos jornais estavam a fazer a vida difícil à P&G como resultado dos primeiros lucros perdidos em 15 anos. Alguns exemplos:

GOLPE NA CONFIANÇA DOS INVESTIDORES NA P&G

PROBLEMAS NA CIDADE DAS MARCAS

ADORAMOS OS PRODUTOS MAS, NUM MERCADO LOUCO PELA TECNOLOGIA, ODIAMOS AS SUAS ACÇÕES

De longe o mais doloroso foi:

A P&G AINDA É RELEVANTE?

Às seis da manhã do meu primeiro dia como CEO, estava num estúdio de televisão na cave de uma das estações de televisão locais de Cincinnati. Sentia-me atormentado, a ser interrogado persistentemente pela CNN e a CNBC sobre o que tinha corrido mal e como íamos resolver a situação. Todos me procuravam para obter respostas, mas a verdade era que simplesmente ainda não sabia o que seria preciso para voltar a colocar a P&G no caminho certo.

Os meus instintos, contudo, apontavam-me na direcção de duas coisas: primeiro, a base da P&G, o seu propósito e valores; segundo, a necessidade de repor as expectativas externas em relação aos objectivos de crescimento e aos resultados financeiros e de negócios que teríamos de ter para voltar a colocar o desempenho da P&G entre os líderes na indústria acelerada dos produtos de consumo.

Os líderes da P&G andavam em baixo. As cabeças estavam baixas. A convicção na altura era que as nossas marcas grandes e maduras não estavam a ser particularmente receptivas às principais inovações ou no caminho de um crescimento sustentável. O equilíbrio tinha mudado da criação de procura e de um valor maior que os consumidores prefeririam para maximização do capital, redução de custos, tempo de ciclo e melhoria da produtividade. A inovação estava reservada para a criação de novas marcas e novas categorias de produtos.

As unidades de negócio da P&G estavam a culpar a sede pela queda dos lucros e a sede estava a culpar as unidades de negócio. Os concorrentes estavam ao ataque e a forçar a P&G a jogar o seu jogo. Os colaboradores pediam que rolassem cabeças. Pensionistas que tinham acabado de perder metade das suas poupanças estavam aborrecidos. Analistas e investidores que tinham sido surpreendidos estavam zangados e compreensivelmente críticos.

A saída deste pânico era voltar a colocar a empresa no rumo certo e criar oportunidades, iniciando o caminho que iria proporcionar crescimento sustentável a longo prazo. Assim que se mostrasse o caminho aos colaboradores da P&G, estes podiam, então, utilizar as suas bem conhecidas capacidades.

Igualmente importante era redireccionar a psicologia dominante da desconfiança e recriminação para se seguir em frente, de forma que a P&G pudesse sair da sua concha, reconquistar autoconfiança e começar a jogar com as suas forças. (Ver Capítulo 5 para uma melhor perspectiva sobre as forças nucleares.)

Por onde começar? Comecei pelo propósito e pelos valores, porque unem os colaboradores da P&G através de todos os negócios, funções, geografias e níveis. Amplificam-se através de negócios e culturas e impulsionam elevados níveis de confiança, num mundo onde o trabalho é cada vez mais feito através do tempo e do espaço, sem muitas oportunidades de interacção humana.

A confiança é fundamental numa empresa que tem de ter inovação e execução de nível mundial para crescer de uma forma sustentável. A inovação e a execução são desportos de equipa. Exigem elevados níveis de colaboração. A colaboração exige confiança – confiança na administração, confiança uns nos outros e confiança que o que está no núcleo do modelo de negócios e da cultura da P&G irá manter-se inalterado.

Sabia que reconstruir a confiança na administração e entre os colaboradores da P&G iria demorar tempo. Os que estávamos na administração teríamos de conquistar a confiança com as nossas acções e resultados. A confiança interna precisava fundamentalmente de ser confirmada; a confiança da organização tinha sofrido um golpe e precisávamos de nos lembrar que a P&G continuava a ser uma das melhores empresas do mundo.

Tudo correu bem com os colaboradores da P&G quando lhes assegurei que o nosso propósito e valores continuavam tão verdadeiros e relevantes como sempre e não iriam mudar. O nosso objectivo de melhorar as vidas diárias dos consumidores é a nossa causa comum. Transcende todos os nossos negócios, unindo-nos no nosso trabalho através dos negócios, funções e geografia. Dito de forma simples, é quem nós somos; é o que nós fazemos.

Queria ter a certeza de que a ênfase estava correcta – que todos na P&G estavam concentrados no exterior; que todos compreendiam que o consumidor é o chefe, não o CEO; não a unidade de negócio ou os gestores funcionais, mas o consumidor – e que nos íamos concentrar em ganhar a lealdade de mais consumidores ao vencer em dois momentos da verdade: compra e utilização.

Estar clara e firmemente concentrado no exterior era fundamental em 2000, porque os colaboradores e a gestão estavam debaixo de uma forte pressão e de críticas. A crítica tem tendência a virar-se para dentro e as pessoas sentem-se tentadas a colocar as suas necessidades, desejos e preocupações à frente dos consumidores. Esta é uma inclinação natural, mas extremamente perigosa.

Insisti com mais colaboradores da P&G para conviverem com consumidores e tentei dar o exemplo, fazendo-o também. Pedi-lhes para pensarem em duas coisas: QUEM eram os seus consumidores e quais eram as suas necessidades e desejos não realizados. Também lhes pedi para pensarem quais eram as oportunidades de crescimento com clientes-chave (isto é, retalhistas). Isto ajudou-nos a concentrar no consumidor e no comerciante. Deu transparência e significado à nossa estratégia de negócio – super-simples, mas surpreendentemente poderosa. Juntou-nos. Era evidente, estimulante e abrangente. Todos na P&G tinham um papel a desempenhar e responsabilidade para criar mais e mais consumidores leais das marcas e produtos da P&G.

Com o propósito reafirmado, clarificado e concentrado, podia dedicar-me a definir os objectivos de crescimento certos e depois as estratégias onde jogar.

OBJECTIVOS DE CRESCIMENTO SUSTENTÁVEL...
ALARGADOS MAS ALCANÇÁVEIS

O desafio na P&G – como em muitas empresas – é conseguir o equilíbrio certo entre objectivos internos alargados, que podem proporcionar resultados que controlam as regras do jogo através de estratégias maiores e mais ousadas das unidades de negócio, e objectivos externos que comprometem a empresa a atingir um crescimento específico e objectivos financeiros que, quando atingidos, iriam colocar a P&G entre as indústrias líderes.

O que a P&G precisava era de transparência e de concentração. Qual era a escolha ou as duas escolhas determinantes que precisava de fazer? Qual seria a ou as duas prioridades-chave? Qual seria o objectivo específico em mente? O que era o *equilíbrio* certo? A escolha simples que fizemos foi concentrar-nos primeiro nos objectivos externos alcançáveis, que são compromissos para atingir crescimento específico e objectivos financeiros, e depois estabelecer expectativas elevadas internamente, para inspirar inovações e planos mais ousados.

Os objectivos são os blocos de construção para o crescimento; as estratégias são escolhas baseadas nos objectivos que determinam onde se vai jogar e como se vai vencer.* As estratégias incluem não apenas o que vai fazer, mas também o que não vai fazer – os negócios onde vai estar e os negócios onde não vai estar presente.

A inovação permite aos líderes conceber escolhas mais imaginativas sobre "onde jogar", ajudando a voltar a conceptualizar o mercado e as dinâmicas concorrenciais de maneiras novas e inesperadas. Veja um exemplo bem conhecido, o Prius. A inovação desempenhou um papel central ao criar nova procura, ao motivar a diferenciação e ao expandir a dimensão do mercado. O resultado: crescimento espantoso da Toyota no segmento que criou.

Especificamente, a P&G estabeleceu objectivos externos que, quando cumpridos, iriam com o tempo torná-la a líder de crescimento na indústria dos produtos de consumo. Estes objectivos não podiam ser alcançados sem uma execução consistente de inovação líder na indústria, que estava no centro da estratégia de crescimento

---

* N. A. O conceito e terminologia de "onde jogar, como vencer" foi inicialmente desenvolvido pelo Monitor Group.

da P&G. Além disso, foram estabelecidos objectivos internos para forçar a organização a alargar-se. Estes ajudariam a estimular e a tornar as capacidades existentes mais produtivas e a definir novas. Foram estabelecidos três objectivos externos.

1. *Crescer duas vezes mais rápido do que a indústria; crescer 1,5 ou duas vezes mais do que o PIB.* Cada unidade global de negócio da P&G estabeleceu o seu próprio objectivo de crescimento, por isso o do tratamento da roupa, por exemplo, é diferente do da saúde, que é diferente do dos cuidados femininos. Os produtos de papel – como papel higiénico e rolos de cozinha – têm um crescimento mais lento, por isso o seu objectivo pode ser de um dígito baixo a médio nos países desenvolvidos, enquanto a procura nos mercados em desenvolvimento é suficientemente rápida para um crescimento de dois dígitos ser um objectivo plausível. Estes objectivos não são estabelecidos a partir do nada; resultam de se observar os cenários da indústria e as taxas de crescimento históricas e projectadas para a categoria. O impacto da inovação e da tecnologia e uma série de medidas concorrenciais são também analisadas. Os objectivos de crescimento sustentável não são opcionais; espera-se que os líderes de negócio os estabeleçam e os atinjam ou tenham uma boa explicação quando isso não acontece. Ao ambicionar crescer a uma taxa sustentável, a P&G concentra-se em fazer as opções certas para lá chegar.

2. *Inovar para impulsionar um crescimento forte das receitas e nos concentrarmos nas margens ilíquidas e na produtividade, para produzir um crescimento de dois dígitos dos lucros.* Em 2000, os investimentos, as despesas com a investigação e desenvolvimento e as despesas gerais da empresa eram demasiado altas. A P&G tinha construído uma infra-estrutura e feito investimentos para apoiar uma empresa de 50 mil milhões de dólares – quando ainda lhe faltavam 40 mil milhões em vendas. Isto obrigou-a a tomar algumas decisões difíceis.

Um objectivo alargado de lucros coloca pressão na produtividade, enquanto encoraja a inovação que leva a melhores preços relativos, a margens mais elevadas e a crescimento das receitas. A P&G

ambiciona a um crescimento superior a dez por cento de lucros anuais por acção durante uma *década* – algo que nunca conseguiu nem nenhuma outra empresa de bens de consumo. Para conquistar este objectivo de crescimento dos lucros, seriam necessárias estratégias mais fortes e forças nucleares mais robustas. A P&G precisava de tornar a inovação uma forma de controlar as regras do jogo.

Foi adoptado o *Operating Total Shareholder Return* (OTSR)[*] como a primeira *avaliação* interna de desempenho do negócio. O OTSR é simplesmente *cash flow* da rendibilidade do investimento. Está concentrado na criação de valor. Crescimento das vendas, melhoria das margens e eficiência dos activos são os três principais impulsionadores da criação de valor que motivam o OTSR.

O OTSR é uma excelente ajuda para a avaliação, porque mede mais dimensões do negócio e do desempenho financeiro do que medidas menos abrangentes. Isto é importante porque ajuda a tomar decisões. O OTSR ajuda a definir os objectivos da unidade de negócio; encoraja escolhas estratégicas; ajuda a encontrar as diferenças entre opções de planos; e é um critério para a compensação dos gestores de topo. Traz a perspectiva do accionista para importantes decisões de negócios.

3. *Concentrar-nos primeiro no crescimento orgânico, depois na aquisição para crescimento estratégico a longo prazo.* Os investidores valorizam mais o crescimento orgânico do que o crescimento adquirido. Mais importante, uma gestão que dá prioridade ao crescimento orgânico influencia a empresa actual e os activos da marca e forças nucleares, e é mais decidida sobre construir capacidades de inovação e o portfólio de inovação que são impulsionadores sustentáveis do crescimento orgânico. Aquisições – como a Tambrands, a Iams, a Clairol, a Wella e a Gillette – desempenham um papel importante, mas a longo prazo. As marcas adquiridas tornam-se plataformas para futura inovação e motores para um futuro crescimento sustentável. Abrangem, em grande parte, os portfólios dos cuidados pessoais e do lar da P&G e intensificaram algumas

---

[*] N. T. Um modelo de *cash flow* da rendibilidade de um investimento que avalia o crescimento das vendas, dos lucros e a geração de *cash flow* para determinar a taxa de rendibilidade de um negócio.

das forças nucleares da P&G. Mais importante, estas categorias e marcas adquiridas irão beneficiar de futuros modelos de negócios, processos de negócios e inovação de novos produtos.

ESTRATÉGIAS: O FUNDAMENTO DE ONDE JOGAR

O poder dos objectivos correctos pode ser aplicado para fazer as escolhas exigidas para a transformação e o crescimento sustentável. As estratégias são as escolhas exigidas por objectivos transparentes – escolhas que resultam em vencer junto dos consumidores e clientes e *contra* a concorrência.

A transparência estratégica liberta e concentra toda a organização. Reduz a complexidade e a confusão. Permite uma execução mais consistente, mais disciplinada e com maiores probabilidades de ser excelente. Consequentemente, a transparência da estratégica conduz a um negócio sólido e sustentável e a resultados financeiros. A estratégia é sobre escolhas – sobre decidir em que negócio ou negócios a empresa deve e não deve estar. É, como disse Peter Drucker, "a escolha mais importante que cada empresa tem de fazer". É uma questão que exige uma avaliação contínua e estratégica da empresa e das suas capacidades nucleares e das indústrias nas quais uma empresa compete ou podia competir. Com este conhecimento, a P&G fez algumas escolhas simples e estratégicas no início na década – escolhas sobre em que negócios devia apostar.

1. *Concentrar-se em aumentar o núcleo da P&G.* A P&G começou com quatro categorias nucleares, nas quais já era o líder global em vendas e lucros – cuidados da roupa, cuidados do cabelo, cuidados do bebé e cuidados femininos – e dez marcas líderes que geravam cada uma mil milhões de dólares ou mais por ano em vendas. Estas eram marcas que já eram líderes na sua categoria, com consumidores leais e níveis elevados de opinião, compra e utilização. Eram negócios que conhecia e compreendia bem. O Tide nos EUA e depois o Ariel na Europa tinham revolucionado a categoria da lavagem de roupa. Nos cuidados femininos e cuidados do cabelo, novas marcas (Always e Pantene) e novos produtos

(um penso higiénico com protecção Dri-Weave e alas para uma protecção superior, e um condicionador num champô para um cabelo saudável, brilhante e bonito e tratamentos dos cabelos em casa) tinham impulsionado a P&G para a liderança.

Manter os negócios nucleares da P&G saudáveis e a crescer era, e continua a ser, determinante. Teve problemas em 2000 porque a P&G afastou os olhos destes negócios líderes e estabelecidos; os lucros e o dinheiro foram retirados destes negócios nucleares (em vez de os gerir para crescimento) para investir em novas marcas e categorias.

Ao voltar a concentrar-se e a revitalizar o núcleo, a empresa regressou ao crescimento estável. O núcleo da P&G é hoje saudável. Por exemplo, o negócio dos cuidados com a roupa – um dos mais antigos e mais maduros – cresceu dois dígitos no ano fiscal de 2007. No início dos anos de 1990, a P&G era a empresa de detergentes número dois no mundo, com uma quota global de 19 por cento. Hoje, a P&G tem uma quota de 34 por cento desta grande categoria global – quase o dobro do concorrente mais próximo. E essa quota aumentou pelo sexto ano consecutivo.

Os cuidados femininos são outro bom exemplo. A P&G foi o último grande interveniente a entrar nesta categoria nos anos de 1980 e desde então passou à frente da concorrência, tornando-se líder global da categoria. Em média, foram acrescentados um ponto percentual de quota global por ano e dois pontos percentuais de quota nos EUA desde o início da década. Hoje, a P&G tem uma quota de 50 por cento nos EUA e uma de 37 por cento a nível global – o dobro do seu concorrente mais próximo.

Em 2000, as marcas de dez mil milhões de dólares representaram mais de 50 por cento das vendas líquidas e ligeiramente mais de lucros. Hoje, há 23 marcas de mil milhões de dólares e que representam dois terços das vendas líquidas e mais de 70 por cento dos lucros.

O ponto-chave é este: onde está concentrada estratégica e operacionalmente nos negócios nucleares e nas marcas líderes, a P&G está a aumentar o fosso da quota de mercado. Está a alargar a novos consumidores, a aumentar o consumo e a crescer em termos de vendas e lucros mais do que os líderes de crescimento das categorias… e está a realizar crescimento nas vendas e nos lucros ao nível ou acima dos objectivos a longo prazo da P&G.

2. *Migrar o portfólio da P&G para negócios de crescimento mais rápido, com maiores margens e mais eficientes em relação aos activos.* Esta escolha levou a P&G a concentrar-se em ganhar em grande nos negócios da beleza, da saúde e dos cuidados pessoais, ao utilizar as forças nucleares para controlar as regras do jogo. Vencer nestas categorias complementou a concentração nos negócios nucleares da P&G e acabou por ser muito importante. Gerar um crescimento desproporcionado na beleza, na saúde e nos cuidados pessoais forneceu um equilíbrio de consistência e crescimento que é único na indústria. Ao concentrar-se nas forças nucleares da P&G, pôde manter-se próxima dos consumidores, continuando a construir marcas e, lentamente mas de uma forma segura, a transformar a inovação numa forma de controlar as regras do jogo para cada vez mais dos seus negócios.

Esta concentração estratégica recompensará. A beleza, por exemplo, era um negócio de cerca de dez mil milhões de dólares há apenas cinco anos. Hoje, é um negócio de 23 mil milhões e os lucros mais do que duplicaram.

A Olay é agora a marca número um no tratamento da pele a nível mundial e duplicou as vendas nos últimos quatro anos. A P&G é actualmente a empresa número um no mundo no tratamento do cabelo e a Pantene a marca número um. A P&G assume o primeiro lugar de vendas no mercado dos perfumes com quase 2,5 mil milhões de dólares. E, com aquisições como a Gillette, a Wella e a Clairol, a beleza, a saúde e os cuidados pessoais representam mais de metade das vendas totais da empresa, um aumento em relação aos 30 por cento da década passada.

O sucesso nestas duas primeiras escolhas estratégicas proporcionou à P&G os recursos, a capacidade e a coragem para investir na sua terceira escolha.

3. *Vencer junto dos consumidores de baixos rendimentos, em particular nos mercados em desenvolvimento com crescimento mais rápido.* Historicamente, as marcas da P&G serviam em grande parte

os consumidores da classe média nos mercados desenvolvidos. Mesmo nos mercados em desenvolvimento, onde começou a investir no início dos anos de 1990, os consumidores mais abundantes eram os de maiores posses.

Isto mudou quando fez a escolha estratégica de vencer junto de mais consumidores no mundo. A P&G acrescentou cerca de mil milhões de pessoas ao total servido desde o início da década e prevê acrescentar mais mil milhões no seu final. Existe uma confiança para vencer em países como a China, a Rússia e o Brasil – os quais são todos desafiantes – sem sacrificar os objectivos de TSR.*

Os mercados em desenvolvimento representavam menos de 20 por cento das vendas totais da empresa no início da década; prevê-se que esse número atinja 30 por cento no final da década. Este crescimento foi conquistado através de uma maior penetração nos lares; distribuição a retalho mais alargada e profunda; uma mistura mais variada de marcas e produtos vocacionados para consumidores com determinado nível de rendimentos; e organizações locais fortes da P&G. Ser transparente sobre onde joga – sobre em que negócios a P&G devia estar – fez uma enorme diferença.

Escolhas igualmente difíceis e transparentes foram feitas sobre o que a P&G *não* faria. Negócios em sub-rendimento e não estratégicos foram encerrados. Linhas de produtos como a Olay Cosmetics foram descontinuadas. Expansões geográficas como as categorias de lenços de papel e rolos de cozinha para a Ásia foram interrompidas. Um gigante investimento na Olean, o produto de substituição da gordura, foi anulado. Marcas ícones da P&G, como a Comet, a Crisco e a Jif, e grandes negócios como o Sunny Delight e os negócios europeus da P&G de papel higiénico e rolos de cozinha foram vendidos. E as despesas de capital foram cortadas para metade, sem renunciar a quaisquer investimentos na capacidade para crescer ou em inovações importantes.

---

* N. T. Relativo a *Total Shareholder Return*, um conceito utilizado para avaliar o desempenho das acções de diferentes empresas num determinado intervalo de tempo, combinando o preço da acção e os dividendos para demonstrar a rendibilidade proporcionada aos accionistas.

Toda a estratégia empresarial da P&G encaixa numa única folha de papel. Todas as conversas na P&G começam com objectivos e estratégias. É uma disciplina fundamental que concentra a liderança e expande a capacidade da organização. Estratégias transparentes e simples são mais fáceis de utilizar e mais fáceis de executar, com resultados mais consistentes e sustentáveis.

Mais importante, a P&G construiu uma disciplina estratégica no ritmo com que gere o seu negócio. Escolhas transparentes sobre onde jogar são feitas não apenas ao nível da empresa, mas também ao nível da unidade de negócio, marca, mercado e equipa de clientes.

As escolhas surgem abundantemente ao longo de todo o negócio. São conduzidas avaliações anuais da estratégia para cada categoria e unidade geográfica de negócios, como avaliações anuais das marcas e clientes. O processo de inovação é revisto todos os anos, para assegurar que é suficiente para se alcançar os objectivos de crescimento. Planos operacionais e orçamentos são revistos ao longo do ano. E em cada avaliação, são feitas escolhas e as prioridades são estabelecidas e restabelecidas. A P&G tenta ser decidida e transparente sobre cada escolha que faz.

INOVAÇÃO DISRUPTIVA E INCREMENTAL

Como já foi dito, uma das três estratégias era revitalizar as categorias e marcas nucleares da P&G através da inovação. Acrescentar uns quantos pontos percentuais na quota de mercado de grandes marcas líderes pode traduzir-se em centenas de milhões de dólares em receitas e lucros. Isto vale a pena ser feito numa base regular; só no ano fiscal de 2007, as vendas líquidas subiram sete por cento para as marcas de mil milhões de dólares. Descobrir e manter este ritmo de crescimento nas categorias nucleares e nas marcas líderes é central para a estratégia de inovação da P&G. O ritmo da inovação duplicou na década passada. As marcas precisam de ser melhoradas e alargadas numa base regular.

A P&G, como outras empresas, encara a inovação de duas formas – disruptiva e incremental. A inovação disruptiva altera o jogo ao criar consumo inteiramente novo, tornando obsoletos e/ou transformando os mercados actuais. Por exemplo, o Tide foi a primeira tecnologia sintética de detergente e tornou o sabão em pó uma coisa do passado. Este tipo de inovações disruptivas não acontecem todos os anos, enquanto que a inovação incremental que acrescenta valor ao cliente (por exemplo novos benefícios, novas versões, novos tamanhos) pode acontecer com muito mais frequência.

Desde a Segunda Guerra Mundial, a P&G teve um total de 17 inovações disruptivas. O valor destas situações disruptivas continua a ser substancial. As marcas criadas por inovações disruptivas de produtos ainda representam mais de metade das actuais receitas. Mas a P&G seria uma empresa muito mais pequena e muito menos bem sucedida sem um fluxo estável de inovações incrementais. Embora esteja sempre activamente à procura do próximo produto arrasador, a inovação incremental impulsiona o modelo de crescimento sustentável da P&G. Tem de haver um equilíbrio entre a inovação disruptiva e a incremental.

A tabela que se segue mostra 17 marcas da P&G que tiveram inovações disruptivas que ajudaram a impulsionar grandes vendas sustentáveis e crescimento dos lucros. No ano fiscal de 2007, as vendas combinadas destas 17 marcas representaram mais de metade das vendas da P&G. A maior parte destas marcas tornou-se a primeira ou a segunda marca líder nas suas respectivas categorias.

MARCA DA P&G	INOVAÇÕES DISRUPTIVAS
Tide/Ariel	• Revolucionou a categoria ao introduzir uma tecnologia sintética de detergente que tornou obsoleto o sabão em pó.
Pampers	• Criou a primeira fralda descartável em série que substituiu a fralda de pano.
Lâminas de barbear Gillette	• Reduziu o nível de habilidade exigido ao consumidor para alcançar o melhor desempenho no barbear e melhorou a segurança através de uma alteração da tecnologia do barbear.
Pantene	• Forneceu o primeiro "condicionador de nível profissional" em casa e reformulou a categoria do tratamento do cabelo, atribuindo à marca um benefício mais desejado e ambicioso – cabelo tão saudável que brilha.

MARCA DA P&G	INOVAÇÕES DISRUPTIVAS
Always/Whisper	• Transformou a categoria dos cuidados femininos com a tecnologia Dri-Weave e novas características dos produtos, como pensos higiénicos com alas.
Perfumes (por exemplo Dolce & Gabana, Hugo Boss)	• Transformou o modelo de negócios ao concentrar-se no desejo do consumidor *versus* pressão do fabricante e retalhista.
Bounty	• Alterou o *design* do produto e a estrutura de custos numa categoria altamente comoditizada.
Olay	• Trouxe os benefícios e os produtos de tratamento da pele das grandes lojas para o mercado de grande consumo.
Downy/Lenor	• Criou o primeiro amaciador da roupa para o mercado de grande consumo.
Head & Shoulders	• Reformulou a categoria do tratamento anticaspa – conciliando um cabelo bonito com cuidados com o cabelo.
Crest	• Tornou obsoletas as pastas de dentes anteriores, ao fornecer protecção para a cárie através da tecnologia do flúor; permitiu um branqueamento dos dentes de qualidade profissional em casa.
Actonel	• Introduziu o primeiro produto a fornecer protecção *e* tratamento da osteoporose.
IAMS	• Criou proteínas de base animal para o mercado da comida seca para cães. Aumentou o acesso dos consumidores ao expandir a distribuição para os retalhistas do mercado de grande consumo.
Dawn/Fairy/Joy	• Transformou a categoria ao criar produtos e benefícios verdadeiramente baseados no desempenho (eliminação da gordura).
Prilosec OTC	• Ampliou drasticamente o acesso dos consumidores, passando da venda em farmácias para a venda não sujeita a receita médica.
Febreze	• Criou a nova categoria da eliminação de odores em tecidos e o ambientador.
Swiffer	• Criou a categoria "limpeza rápida de superfícies".

REVITALIZAR O NÚCLEO: A HISTÓRIA DO TIDE

Com sede em Cincinnati, a cidade que foi anfitriã da primeira equipa profissional de basebol, a P&G tinha isto para aprender com o passado da nação: boas equipas não dependem exclusivamente do *home run*; agarram todas as oportunidades disponíveis. Pode somar muitos pontos com *singles* e *doubles*. De uma forma semelhante, uma acumulação contínua de inovações modestas durante um período de tempo pode controlar as regras do jogo. Com isto em mente, a P&G decidiu colocar grande ênfase nos seus mercados maiores, clientes maiores e, mais importante, maiores marcas.

Veja o caso do Tide. É um excelente exemplo de como a P&G está a vencer a partir do núcleo, utilizando um equilíbrio de inovação disruptiva e incremental. Na sua história de mais de 60 anos, o Tide sofreu precisamente três inovações disruptivas: o original detergente sintético para a roupa em 1946; o Tide Líquido em 1984; e o Tide com lixívia em 1988. São três rupturas em 60 anos. O que a P&G fez foi introduzir uma série de inovações incrementais, de forma que o Tide é sempre o melhor detergente para a roupa e com maior valor total nos EUA – de facto, tem uma média de uma inovação por ano ao longo de 60 anos!

Trazer a inovação para o Tide não foi uma tarefa fácil, precisamente porque já era tão grande e bem sucedido; e existe um risco óbvio quando se muda uma marca e linha de produtos populares demasiadas vezes. Mas tornou-se essencial em 2001. A marca não estava a crescer, em parte por causa da diferença de preço e da expansão da concorrência. Os consumidores estavam a dizer: "Sim, o Tide é melhor, mas é assim *tão* melhor?" Ao mergulharmos na vida do mundo real dos consumidores, percebemos que muitos deles encaravam o Tide como um produto caro, comprando a marca ocasionalmente e mantendo-a à mão para as pilhas de roupa mais difícil. A P&G queria que estes consumidores subissem a escada do compromisso, para os tornar utilizadores mais leais, mais regulares e mais frequentes. A resposta era a inovação como o meio para levar os consumidores a reconsiderar os seus hábitos de lavagem da roupa e o valor do Tide.

O Tide criou uma Equipa de Liderança da Inovação, composta por colaboradores de diferentes funções (vendas, marca, financeira, etc.) que analisava pelo menos dez novas ideias Tide por trimestre. A sua função era decidir quais eram mais promissoras. Havia uma urgência no seu trabalho, mas este estava bem fundamentado por uma enorme quantidade de observação e compreensão profunda, proporcionada pela imersão junto dos consumidores.

A P&G percebeu que o Tide pode servir uma maior variedade de necessidades dos consumidores através de uma série de inovações incrementais, como um amaciador de roupa melhorado, frescura/desodorizante melhorado e desempenho da lavagem em água fria aperfeiçoado – o Tide com um toque de Downy; o Tide com Febreze; e o Tide Coldwater.

Existe um orgulho particular no último; o Tide Coldwater é um produto tecnicamente superior, que proporciona uma maior limpeza enquanto consome menos energia. Mais de sete milhões de lares norte-americanos já utilizam o Tide Coldwater e poupam significativamente nas suas contas mensais de energia. E, embora estejam a lavar a roupa em água fria, continuam a conseguir o desempenho superior esperado do Tide.

Essencialmente, a P&G restaurou o círculo virtuoso. Pode continuar a vender o Tide a um preço relativamente mais alto e continuar a atrair novos utilizadores. Assim que experimentam o Tide, encaram que o produto mostra o seu valor no único sítio onde importa – nas roupas lavadas na máquina. Se os utilizadores gostam, compram de novo – o início de um bonito relacionamento que é alimentado através de mais inovação. No início dos anos de 1980, a quota de mercado do Tide era pouco mais de 20 por cento. Hoje, a quota do Tide está confortavelmente acima dos 40 por cento. Só na América do Norte, esta marca acrescentou quase mil milhões de dólares em vendas anuais numa categoria notoriamente difícil de crescer. Longe de estar comoditizado, o detergente para a roupa Tide é uma marca de valor acrescentado e um excelente executante da inovação. Esta prática acumulada e persistente de inovação mudou o jogo competitivo do Tide e permitiu um crescimento sustentável. Este implacável foco de inovação – uma nova inovação de produto por ano durante mais de 60 anos – tem sido claramente uma forma de controlar as regras do jogo. Concorrentes de longa data dos detergentes decidiram retirar-se do mercado norte-americano face à implacável inovação do Tide.

A história do Tide ilustra o valor da inovação consistente e incremental. O fluxo estável de inovação de produto cria uma combinação de benefícios que são significativos para os consumidores, desenvolve e melhora a promessa da marca e constrói o negócio da marca – mesmo para um negócio estabelecido há muito tempo, como o Tide. Quando a dinâmica da inovação está realmente a funcionar, o resultado é recompensador não apenas financeiramente, mas também a nível da organização. Para mudar a metáfora, a inovação incremental é como o treino de pesos e halteres. Feito regularmente, proporciona tanto a força como a flexibilidade.

DESENVOLVER NEGÓCIOS COM CRESCIMENTO SUPERIOR, MARGENS MAIORES: A HISTÓRIA DA OLAY

Peter Drucker afirmou um dia: "As alterações demográficas são uma oportunidade de inovação altamente produtiva e altamente fiável." Como era normal, ele estava certo. Quando a P&G começou a considerar a questão, viu um mundo a envelhecer e cada vez mais próspero, para o qual podiam ser oferecidos novos produtos. A mudança demográfica era uma das motivações para entrar na beleza, na saúde e nos cuidados pessoais de uma forma muito mais abrangente. Estes são negócios com crescimento superior e margens maiores que não necessitavam de grande capital e, portanto, mais atractivos a nível financeiro. E a ideia era que a P&G podia vencer com produtos e inovação baseada na tecnologia, dedicados a satisfazer as necessidades e os desejos não satisfeitos dos consumidores e a criar compras de marcas e produtos e experiências de utilização mais simpáticas.

Veja o caso do tratamento facial. A P&G não inventou a categoria, mas entrou nela, com a compra da Olay como parte da aquisição da Richardson-Vicks em 1985. Pode parecer uma área pouco provável para uma história de sucesso na inovação. E, no entanto, a transformação da Olay é exactamente isso – de cerca de 200 milhões de dólares em vendas globais na altura da aquisição para mais de dois mil milhões actualmente.

Quando foi adquirida, a Olay era uma marca respeitada, uma linha de produtos com impacto, mas, infelizmente, um pouco cansada – a alcunha da marca era "óleo para velhotas". Foi tomada a decisão de a reinventar. A questão era como. Um ponto para começar era descobrir o que sabia a P&G, o que não sabia e, mais importante, quem era o "QUEM".

A P&G percebia de química; não detinha conhecimentos sobre como fazer a química funcionar para as mulheres. Por isso, ao ir ter com as chefes, a P&G trabalhou com milhares de mulheres em todo o mundo, para compreender o que sentiam sobre a sua pele. Com base nestas conversas, o "QUEM" foi identificado: mulheres que estavam a notar os sinais de envelhecimento na cara – rugas, manchas da idade, etc. – e que queriam investir tempo e recursos para melhorar a sua pele. Com isso em mente, foram identificadas sete diferentes áreas de preocupação: linhas e rugas, textura, tonalidade, palidez, manchas e marcas, secura e poros visíveis. As chefes disseram aos investigadores da P&G onde procurar. Só então é que a equipa de inovação foi para o laboratório, onde foi desenvolvido um complexo vitamínico registado, VitaNiacin; este foi o ingrediente activo determinante para a Olay Total Effects, uma inovação que controlaria as regras do jogo, que foi lançada em Junho de 2000. Estes "sinais de envelhecimento" foram confirmados por um painel internacional de dermatologistas que ajudaram a um *benchmark* de desempenho contra os melhores produtos da indústria – muitos dos quais vendiam duas ou três vezes mais que o Total Effects. Este novo produto, superior, revitalizou a marca tão profundamente como a pele das mulheres. Após sete anos, a linha Total Effects tem vendas superiores à de toda a marca Olay na altura da aquisição e continua a crescer ano após ano.

O Total Effects foi lançado num único teste de mercado com uma nova embalagem que tinha uma melhor aparência e distribuição, e com uma inspirada campanha de *marketing* de prestígio. Teve sucesso. Melhor ainda, o produto funcionou tão bem que as mulheres voltavam para comprar mais. A nova compra é um sinal infalível de sucesso. A P&G deu seguimento com a Regenerist, uma linha anti-envelhecimento com aminoácidos, que produziu importantes resultados sem as mulheres terem de recorrer aos mais drásticos procedimentos de cosmética que são cada vez mais dominantes, e o Definity, com glucosamina, para melhorar a tonalidade da pele. A Olay teve sucesso – porque o Total Effects, o Regenerist e o Definity eram todos bem diferenciados e introduziram inovações de qualidade superior ao nível do desempenho e, portanto, de grande valor para o consumidor. Em 2007, a *Consumer Reports* testou a Olay Regenerist entre muitas outras marcas e produtos e foi considerada a melhor linha de produtos para o tratamento da pele, independentemente do preço. A quota de mercado da Olay está agora acima dos 40 por cento, a marca líder no tratamento da pele com uma forte posição no topo da gama de distribuição generalizada e um património muito forte da marca. A marca foi introduzida em categorias adjacentes, como mãos e loção para o corpo (Olay Quench). Os produtos da linha facial e loção para o banho (por exemplo Olay Ribbons) foram fortalecidos. A Olay tem também sido comercializada em conjunto com a maquilhagem Cover Girl e o desodorizante Secret. E tudo começou pela identificação da consumidora da Olay, formulando depois produtos bem diferenciados com as tecnologias certas dos laboratórios da P&G e criando uma série de inovações dirigidas com precisão para necessidades importantes das consumidoras. Olhando para o panorama global, no ano fiscal de 2007 as vendas do sector da beleza da P&G alcançaram 23 mil milhões de dólares, quase um terço das receitas totais da P&G, e os lucros são uns magníficos 3,5 mil milhões de dólares.

A primeira lição da Olay é utilizar as tendências demográficas para ajudar a identificar o tratamento da pele e as necessidades anti-envelhecimento não satisfeitas como áreas de concentração. Em segundo lugar, é fazer uma investigação profunda do consumidor, para compreender as necessidades de tratamento da pele específicas da fase da vida da consumidora e o que verdadeiramente a satisfaz. Estas tornaram-se as "promessas" que precisavam de ser cumpridas e então a P&G identificou a tecnologia para cumprir as promessas feitas com a Olay. Em terceiro lugar, é definir uma experiência de consumo total que iria satisfazer a consumidora, desde a prateleira da loja até à utilização do produto. Foi fornecida uma elegância que antes só era encontrada exclusivamente nas grandes lojas a um preço muito mais elevado. Isto permitiu à P&G satisfazer ainda mais as consumidoras-alvo, reformular o mercado de grande consumo com produtos de preços mais elevados e com melhor desempenho e criar um negócio muito atractivo para a P&G. Histórias de sucesso como a Olay são evidências de como a P&G pode vencer em negócios de maior crescimento e maiores margens através da inovação que controla as regras do jogo.

INOVAR PARA CONSUMIDORES DE BAIXOS RENDIMENTOS EM MERCADOS DE BAIXOS RENDIMENTOS: A HISTÓRIA DO NATURELLA

Em 2000, a P&G servia cerca de dois mil milhões de consumidores; este número aumentou para três mil milhões em 2007 e com mil milhões mais que podiam ser acrescentados. A grande maioria destes novos consumidores está fora dos EUA, da Europa e do Japão. Embora sejam geralmente pobres em relação aos padrões ocidentais, os seus rendimentos estão a crescer rapidamente e as suas necessidades, desejos e aspirações são as mesmas: cuidar da família, da casa e da sua saúde.

Com é óbvio, a P&G tinha uma presença nos países em desenvolvimento; o que não tinha realmente era uma estratégia. Em geral, os mesmos produtos eram vendidos praticamente da mesma forma que eram comercializados nos mercados desenvolvidos. Isto significava que, enquanto a classe mais alta nas grandes cidades era alcançada, a grande maioria da classe média não era.

Por isso, foi utilizado o processo de inovação baseado na ideia de que o consumidor é o chefe: Qual é a sua necessidade, o que pode pagar, o que valoriza? Começou a criar-se e a inovar-se directamente para os mercados de baixos rendimentos, reformulando-se produtos como o Tide e o Ariel, e criando-se novas marcas e novos produtos para se adequarem às necessidades específicas dos consumidores. Num mundo em que milhões estão a mudar de níveis de subsistência para uma vida melhor, isto é simplesmente um bom negócio.

As vendas no ano fiscal de 2007 nos mercados em desenvolvimento aumentaram de oito mil milhões de dólares em 2000 para 21 mil milhões, que representam 27 por cento das vendas totais. Esta proporção vai certamente aumentar – para 30 por cento ou mais em 2010. Depois dos impostos, as margens de lucro são geralmente comparáveis às dos países desenvolvidos. Um benefício inesperado é aprender coisas do mundo em desenvolvimento que podem ser aplicadas nos mercados desenvolvidos. E o trabalho nos países em desenvolvimento também concentrou a atenção nos consumidores com baixos rendimentos da América do Norte, da Europa e do Japão, desenvolvendo versões do Pantene, do Bounty e do Charmin que proporcionaram a estes consumidores qualidade a um bom valor.

A história do Naturella, um penso higiénico, ilustra que identificar o "QUEM" e providenciar inovação que satisfaz o consumidor funciona tão bem nos países em desenvolvimento como num país rico. No final dos anos de 1990, o Always era o nosso único produto no mercado dos pensos higiénicos no México (os tampões não eram populares no México por razões culturais). Mas o consumidor de baixos rendimentos não estava a ser alcançado. O custo era um factor; o Always estava no topo da escala de preços. Tendo aprendido com fracassos anteriores em mercados de baixos rendimentos como o México, não se criou simplesmente uma versão mais barata de um produto existente. Em vez disso, a P&G questionou-se sobre o que seria preciso para satisfazer estas consumidoras. E depois perguntou-lhes, através de visitas a casa, idas às compras e entrevistas pessoais.

Aqui está o que ouviram. As mulheres mexicanas de baixos rendimentos não podem dar-se ao luxo de mudar tantas vezes de penso higiénico, por isso precisam de o usar confortavelmente durante períodos de tempo mais longos. E como o utilizam mais tempo, queriam um penso que fosse confortável e que pudesse também suavizar a sua pele. Muitas mulheres mexicanas de baixos rendimentos despendem grande parte do seu tempo em transportes e lugares públicos. O controlo do odor é importante. São extremamente cépticas e pouco propícias a dar uma segunda oportunidade a um produto defeituoso. Finalmente, têm uma forte preferência por produtos que encaram como naturais; todas pareciam ter uma história sobre um remédio especial de ervas transmitido pela avó.

Portanto, decidiu-se desenvolver um novo produto, de baixo custo, que acentuasse o controlo do odor, o cuidado e a sensação da pele e ingredientes naturais. A desejada experiência da consumidora era definida desta forma: "Tome conta da minha pele durante os meus dias menstruados da mesma forma natural e saudável com que eu tomo conta das minhas outras necessidades."

À medida que o processo se desenvolvia, percebeu-se que este perfil de produto era de muitas formas o "anti-Always", um produto vendido com base na protecção superior. Modificar ligeiramente o Always, para acrescentar estes benefícios adicionais, não ia ser a resposta; o património da marca não podia ser tão esticado. A equipa de desenvolvimento sugeriu criar-se uma marca totalmente nova. A decisão foi discutida e aprovada pela equipa de liderança dos cuidados femininos, porque uma nova marca é um investimento e um risco de negócio muito maior do que um novo produto baseado numa marca estabelecida. Mas a lógica era convincente; a equipa de liderança deu a autorização. Foram persuadidos, apesar dos custos, porque a equipa tinha feito o trabalho de casa. Sabia para quem estava a inovar, sabia o que era preciso e descobrira como. Foi tudo desenhado para criar uma experiência melhor para a consumidora. A atenção aos pormenores e à execução foi exemplar.

Assim que foi assumido o compromisso de criar um novo penso higiénico, um dos próximos passos era descobrir a estrutura financeira – tanto em termos de preço ao consumidor com da taxa de rendibilidade para a P&G. Isto ajudou-nos a tomar decisões sobre o produto em si. "Num sentido", diz Carlos Paz Soldán, *vice president* da P&G para o México e a América Central, "nós fizemos o processo ao contrário, ao perguntarmos: 'Que preço é preciso para esta categoria?' Ter essa clareza em termos de objectivo de preços permitiu-nos ser acessíveis a esse nível e satisfazer as necessidades de desempenho e de qualidade das consumidoras."

Os primeiros esboços do produto que previam a eficaz, mas dispendiosa, película de protecção Dri-Weave não conseguiam corresponder aos números. Era um obstáculo a ser ultrapassado. Os consumidores de baixos rendimentos são mais exigentes do que os ricos; não se podem dar ao luxo de gastar dinheiro num produto que não funciona. A qualidade era essencial. Mas o impasse também forçou o estabelecimento prioridades. Em vez de se utilizar a sofisticada folha de protecção Dri-Weave, foi usada outra tecnologia patenteada para fornecer um penso higiénico de elevado desempenho, com melhor absorção, que podia ser fabricado a um preço acessível. As poupanças foram utilizadas para se incluir uma fragrância de camomila, para controlo do odor, e uma loção tecnológica patenteada para conforto da pele. Essencialmente, elementos que não interessavam às consumidoras foram trocados por outros que interessavam, enquanto garantíamos que havia sempre protecção suficiente – o principal benefício.

A chave para a inovação nos mercados de baixos rendimentos é entregar o que os consumidores valorizam. Colocando em linguagem da P&G, o objectivo é satisfazer, não enfraquecer. Este era um conhecimento determinante que permitiu controlar as regras do jogo da inovação junto das consumidoras de baixos rendimentos. O objectivo de qualquer novo produto é criar algo que se dirige a uma necessidade do consumidor, articulada ou não – e mulheres diferentes classificam diferentes atributos de maneira diferente. A tecnologia superior *por si mesmo* não tem significado; tem de ser tecnologia que satisfaça. Cada consumidor, rico ou pobre, tem um preço em mente que representa bom valor; a empresa que compreende este preço de venda tem mais hipóteses de ter sucesso. A P&G, na sua investigação junto do consumidor, aprofunda o "peso da intenção de compra", avaliando que factores têm mais importância. Ao analisar o que conduz especificamente a uma decisão de compra, consegue criar um produto que é provável que satisfaça, independentemente do nível de preço.

O Naturella é mais barato do que o Always, mas não é inferior – apenas diferente. Quando se trata de pensos higiénicos, o cientista pode olhar para os dados sobre os rácios de absorção e concluir que o Always é superior. Mas muitas mulheres mexicanas iriam argumentar que o controlo do odor ou o conforto da pele é também uma forma de protecção – e é por isso que preferem o Naturella. Ao ouvir as chefes, a P&G foi capaz de inovar de formas que cumpriram o que era mais importante para elas, a um preço acessível.

ALTERAR O ESPAÇO CONCORRENCIAL E CRIAR NOVA PROCURA DOS CONSUMIDORES ATRAVÉS DA INOVAÇÃO

A tradicional abordagem do portfólio à estratégia – analisar a atractividade do espaço no qual os negócios do portfólio estão posicionados e a esperada taxa de crescimento – é um fracasso. Através de ginástica mental, utilizando ferramentas financeiras analíticas, os líderes tentam descobrir que negócios manter e abandonar e como fazer a afectação de recursos. E tudo isto tem o seu lugar, mas não é o suficiente. Este tipo de pensamento não tem em conta o que um processo de inovação sustentável pode fazer para alterar o próprio espaço – o seu âmbito, composição, taxa de crescimento, margens e rentabilidade. O valor da inovação é que esta fornece a coragem para se assumir o compromisso de fazer estas alterações, em particular quando se vê que o mercado se irá reduzir no futuro próximo.

Foi literalmente o caso da Shimano, o fabricante de componentes para bicicletas. Graças ao "efeito Lance Armstrong", a empresa estava a ter bons resultados no início desta década. Mas a Shimano sabia que, a determinada altura, Armstrong se iria retirar. Quando isso acontecesse, a indústria das bicicletas iria sofrer. O que fazer?

A Shimano tinha uma excelente reputação junto dos fabricantes de bicicletas que utilizavam os seus produtos e excelentes relacionamentos com os vendedores de bicicletas que as comercializavam. Embora não seja muito comum um fabricante de componentes tomar a iniciativa na inovação do produto, se a Shimano conseguisse criar alguma coisa interessante os produtores e os vendedores iriam prestar atenção.

A resposta surgiu ao ouvir os consumidores e depois ao utilizar esses conhecimentos para reformular o cenário. O que queremos dizer com este termo é ver não apenas o mercado como ele existe, mas imaginar e desenvolver formas de o servir que ainda não existem. O exemplo clássico é o contentor, que revolucionou a expedição por via marítima. Não havia nada tecnologicamente interessante sobre o contentor original, que era apenas uma caixa rectangular de metal. A diferença foi encarar o navio não apenas como um grande barco, mas como uma peça de equipamento fundamental, cuja tarefa era expedir coisas. Quanto mais rapidamente as cargas forem carregadas e descarregadas, mais eficiente é o barco. Como disse Peter Drucker, a solução, em retrospectiva, era óbvia: fazer a carga e a descarga em terra. Isto mantém o barco no mar, onde pertence, em vez de preso num porto, a perder dinheiro. Assim surgiu o contentor, que podia ser colocado e retirado do cargueiro com rapidez.

Em 2003, a Shimano estava numa situação confortável, com os lucros a aumentar gradualmente. Mas percebeu uma coisa importante. Estava a prosperar porque os entusiastas da bicicleta, inspirados por Armstrong, estavam a aumentar; havia novos consumidores convertidos ao desporto. Ao mesmo tempo, a geração *baby boom* estava a caminho da meia-idade e da reforma; este aumento demográfico ia passar a ter tempo e dinheiro consideráveis nas suas mãos. Interessante, mas onde ir com isto? Para Palo Alto, especificamente para os escritórios da IDEO, uma famosa consultora de desenvolvimento de produtos e *design*. A Shimano pediu à IDEO para ajudar a definir a verdadeira necessidade do consumidor, de modo a poder desenvolver os seus conhecimentos em tecnologia para criar o crescimento.

Para descobrir onde a necessidade não articulada podia estar, a Shimano e a IDEO inverteram a ideia de "o consumidor é chefe", falando com alguns dos 161 milhões de norte-americanos adultos que não andavam de bicicleta. O que descobriram foi intrigante. Muitos adultos tinham memórias maravilhosas de andar de bicicleta quando crianças, mas sentiam-se desencorajados para o desporto. Era demasiado complicado, demasiado caro, demasiado intimidante ir a uma loja de bicicletas e ter de lidar com indivíduos ligeiramente musculados em fatos de licra, que falam de coisas incompreensíveis como rácios de subida e manivelas de carbono.

"Estes consumidores não estavam interessados numa solução com características inovadoras e desnecessárias", lembra Dave Webster da IDEO. "Andar de bicicleta não é o seu passatempo principal. Querem uma coisa simples, que podem tirar da garagem e usar." A Shimano é uma empresa baseada em bicicletas inovadoras e vistosas; isto não era particularmente o que queria ouvir. Mas ouviu. A conclusão era difícil de ignorar, dado que as pessoas da Shimano participaram nestas conversas e relataram o mesmo.

Em conjunto com a IDEO, a Shimano desenvolveu a plataforma para a bicicleta *Coasting*. Igualmente importante, definiu o que devia ser a experiência de *Coasting*. O assento é largo e posicionado de forma que os ciclistas podem colocar os pés no chão quando sentados. Os guiadores são rectos e não têm mudanças. A inovação é que as mudanças estão escondidas numa caixa no eixo traseiro; a mudança muda automaticamente, de acordo com o terreno. O eixo dianteiro tem um microprocessador escondido debaixo da cambota, que faz funcionar a caixa de velocidades. A Shimano desenvolveu esta tecnologia, que é muito avançada – mas o resultado é que os ciclistas podem ser aprendizes de bicicleta determinados e utilizar na mesma as mudanças. Afasta algum do factor de receio. Na mesma linha, o travão é aplicado usando o pontapé para trás familiar da infância. A estrutura é elegante e simples. Como um crítico da revista *Bicycling* escreveu, a bicicleta *Coasting* "não é para a classe A, pessoas com pressa ou triatletas".

A Shimano mostrou o protótipo aos seus três principais clientes – a Trek, a Giant e a Raleigh. Os três compraram a ideia, depois desenvolveram os seus próprios modelos distintos, utilizando peças Shimano. A Trek, por exemplo, tem um assento que se abre e permite aos donos mudar a cor da bicicleta – não o tipo de coisa com que um ciclista conservador se preocupa. A Raleigh tem um suporte na frente para segurar um cesto, a Giant um suporte para o telemóvel e um suporte traseiro que pode levar um portátil. As bicicletas *Coasting* foram postas à venda por um preço entre 400 e 700 dólares num grupo seleccionado de cidades com boas condições para se andar de bicicleta e foi um êxito imediato, vendendo mais rapidamente do que alguém imaginava. Mais sete fabricantes aderiram à categoria em 2008, elevando o total para dez.

Além disso, os três fabricantes trabalharam com os vendedores de bicicletas sobre como comercializá-las a esta nova classe de consumidores. A Shimano até identificou as cidades com melhores condições para se andar de bicicleta nos EUA, para exercer pressão por mais lugares seguros para se andar, e informou as pessoas sobre as mesmas. Os vendedores relataram que muitas vezes vendem as bicicletas *Coasting* aos pares, porque os casais vão juntos, e o *feedback* que a Shimano está a receber é aquilo que esperava. "Posso andar de bicicleta usando roupas normais", escreveu uma mulher, "e perdi cinco quilos", porque agora se sente confortável andando de bicicleta mais vezes em mais lugares. A revista *Bicycling*, que pode ser considerada a leitura de eleição dos indivíduos ligeiramente musculados assustadores, também deu a sua bênção, optando por oferecer bicicletas *Coasting* na sua promoção anual *Biketown*.

A IDEO ajudou assim a Shimano a satisfazer as necessidades profundas e emocionais de um estilo de vida, tais como perder peso e ter mais oportunidades para interacção social.

O que é interessante neste processo é como os três elos na cadeia de valores – Shimano, produtores e distribuidores de bicicletas – beneficiaram com a inovação, transformando um mercado estagnado num em crescimento. Em segundo lugar, a bicicleta *Coasting* é em larga escala uma inovação social. Ou seja, a ideia emergiu ao considerar-se tendências mais alargadas na sociedade – uma fonte rica de ideias, particularmente no mundo em desenvolvimento, onde milhões de pessoas estão a criar novos hábitos de consumo.

A Shimano não reinventou a roda; todas as características da bicicleta *Coasting* já existiam antes. O que a distinguiu foi a forma como tudo foi integrado. A bicicleta *Coasting* é o produto final da imaginação, conhecimento do consumidor e tecnologia. O aspecto mais importante, contudo, é que a Shimano identificou um problema enquanto ainda estava bem economicamente. Por sua própria iniciativa, a empresa reformulou o cenário concorrencial; não ficou sentada à espera que o cenário mudasse para se adequar à empresa. Identificou novas oportunidades de jogo, de forma que os seus produtos inovadores apelassem a um novo segmento de consumidores. Esta é a verdadeira inovação.

PERGUNTE-SE NA SEGUNDA-FEIRA DE MANHÃ

- Como pode traduzir o propósito da sua empresa ou do seu negócio para que seja significativo para os colaboradores e para os consumidores? Como pode o propósito da sua empresa tornar-se a base para se criar e captar crescimento?

- Os objectivos da sua empresa conduzem e resultam em crescimento sustentável na sua indústria? As vendas, lucros, margens e objectivos de rendibilidade são equilibrados e realistas?

- As estratégias da sua empresa são seleccionadas e transparentes? Anunciam em que negócios *vai* jogar e em quais *não vai* jogar ou vai *deixar* de o fazer? As estratégias podem ser avaliadas?

- Como pode a inovação ser tida em consideração nos objectivos do seu negócio? É a inovação uma potencial escolha estratégica para a sua empresa ou negócio? Pode a inovação ser ou tornar-se uma capacidade? Como pode a inovação revelar possibilidades que controlam as regras do jogo para um crescimento estratégico e sustentável?

- Está a aplicar inovação para imaginar o que o cenário da sua indústria pode ser, não se limitando a seguir a sabedoria tradicional que joga apenas no cenário que existe agora? Está a utilizar a sua capacidade de inovação para imaginar e conceber novas alternativas estratégicas sobre onde jogar?

CAPÍTULO 5

Alavancar o que faz melhor

REVITALIZAR AS FORÇAS NUCLEARES COM A INOVAÇÃO

No que é que a sua empresa é melhor? Que capacidades são mais indicadas para proporcionar vantagem competitiva sustentável à sua empresa na sua indústria? Como é que a inovação pode fortalecer ou transformar as suas capacidades, para ser um impulsionador do crescimento – até um controlador das regras do jogo – na sua indústria?

Colocar e responder a perguntas difíceis sobre quais são as suas verdadeiras forças pode ajudá-lo a decidir onde o seu negócio pode jogar para *vencer* e se uma estratégia dirigida pela inovação pode ser decisiva para si. Identificar as fraquezas também é importante, mas estas podem levar tempo a ser reconhecidas. Conhecer as suas forças nucleares pode ser um começo.

Tal como decidiu de uma forma muito deliberada onde planeava jogar – aumentar os núcleos dos negócios de cuidados do lar e cuidados pessoais; optar pelos negócios mais estratégicos e estruturalmente atractivos da beleza, saúde e cuidados pessoais; investir significativamente mais recursos para crescer nos mercados em desenvolvimento –, a P&G também decidiu jogar com as suas forças de compreensão do consumidor, marcas, inovação, posicionamento nos mercados e escala de aprendizagem global.

De uma lista inicial de cem a 150 potenciais forças, fornecidas pelo negócio e pelas funções, a P&G trabalhou muito para reduzir a lista a umas quantas capacidades e competências. Iriam, acreditava-se, ser decisivas na indústria dos produtos de consumo e constituir verdadeiras vantagens que a P&G podia continuar a construir e a comparar com as da principal concorrência.

É muito importante não apenas compreender o que realmente significa cada força nuclear, mas também como cada uma se liga especificamente à inovação e ajuda a garantir um crescimento impulsionado pela inovação e, portanto, mais sustentável. Para a P&G, as forças nucleares são as seguintes:

1. *Um profundo conhecimento do consumidor.* A P&G investe na investigação sobre o consumidor – mais de 200 milhões de dólares por ano (mais de mil milhões desde o início da década) para compreender a pessoa "completa" – quem ela é, o que faz, quais são os seus sonhos, as suas necessidades e as suas vontades. Enquanto

continua a solidificar os conhecimentos em relação à investigação tradicional sobre o consumidor, a P&G também está a criar e a desenvolver novas metodologias de pesquisa – incluindo técnicas mais experimentais e imersivas, como as compras dentro das lojas e a presença intensiva nos lares, como por exemplo *Vivê-la* e *Trabalhar*. Estas técnicas mais imersivas revelam conhecimentos sobre as atitudes, crenças, comportamentos, hábitos e práticas dos consumidores que proporcionam compras e experiências de utilização mais agradáveis através da inovação. Isto transmite mais confiança para compreender as necessidades articuladas e não articuladas – e ajuda a identificar a inovação que controla as regras do jogo, que melhora significativamente a vida do consumidor.

A P&G está a desenvolver métodos próprios de estudo do consumidor que, além de permitirem um conhecimento mais profundo, também alargam a compreensão sobre 40 categorias de produtos de consumo em mais de oito países. O que se aprende numa categoria (ou país) é transferido para todas as categorias e países para conseguir um conhecimento mais completo ou "holístico" do consumidor que a P&G serve.

2. *Criar e desenvolver marcas que perduram.* Os produtos têm ciclos de vida; as marcas não. O Tide tem mais de 60 anos. No ano fiscal de 2007, a P&G tinha um portfólio de marcas no valor de 23 mil milhões de dólares e 18 outras marcas com vendas entre 500 milhões e mil milhões. Estas são marcas de confiança com grande património no coração e mente dos consumidores. São marcas que os retalhistas querem e precisam nas suas lojas. São plataformas para a inovação. A inovação nestas marcas líderes globais pode ser comercializada muito mais eficazmente, de uma forma mais eficiente e mais rentável do que podia ser feito em marcas mais pequenas, menos bem sucedidas. Existe uma avaliação anual da força do património de cada marca no coração e mente dos consumidores, para assegurar que as inovações e outras relações feitas com os consumidores continuam a fortalecer e a desenvolver a sua confiança e lealdade. As marcas da P&G são mantidas fortes através de um investimento sustentável no património da marca – mais de oito mil milhões de dólares por ano em publici-

dade – mais do dobro do que qualquer outra empresa de produtos de consumo. A escala permite abordagens ao mercado inacessíveis à concorrência – por exemplo, uma rede de *direct mail* para 15 milhões de lares na Europa Ocidental. Também permite investimento significativo no que é denominado a Estrutura de Construção de Marcas e em melhores práticas que foram ensinadas todos os anos em todo o mundo a mais de sete mil construtores de marcas da P&G.

MARCAS DA P&G DE MIL MILHÕES DE DÓLARES E OUTRAS PROMETEDORAS (NO ANO FISCAL DE 2007)

MARCAS DE MIL MILHÕES DE DÓLARES	MARCAS DE MAIS DE 500 MILHÕES DE DÓLARES
1. Actonel	1. Ace
2. Always	2. Asacol
3. Ariel	3. Bold
4. Bounty	4. Cascade
5. Braun	5. Cover Girl
6. Charmin	6. Dash
7. Crest	7. Eukanuba
8. Dawn	8. Febreze
9. Downy	9. Fusion
10. Duracell	10. Herbal Essences
11. Folgers	11. Hugo
12. Gain	12. Mr. Clean
13. Gillette	13. NyQuil
14. Head & Shoulders	14. Prilosec
15. Iams	15. Rejoice
16. Mach 3	16. SK-II
17. Olay	17. Swiffer
18. Oral B	18. Tampax
19. Pampers	
20. Pantene	
21. Pringles	
22. Tide	
23. Wella	

3. *Criar valor em conjunto com os clientes e os fornecedores.* A vantagem do posicionamento nos mercados resulta da força dos relacionamentos com os retalhistas da P&G, rede de abastecimento e uma estrutura organizacional que permite a escala global e a receptividade local. A P&G procura uma "parceria" com os retalhistas, ao estabelecer objectivos de negócio conjuntos, ao alinhar as respectivas estratégias de negócios e ao criar valor conjunto – crescimento das vendas e dos lucros, *cash flow* e rendibilidade nos respectivos investimentos. Funciona porque ambos os parceiros se concentram no consumidor. O comprador ou cliente do retalhista é o consumidor da P&G. Ambos se concentram no crescimento dos negócios com base no comprador – atraindo mais compradores para as suas lojas e para as marcas e produtos da P&G, convertendo mais compradores à utilização leal das suas lojas e das marcas e produtos da P&G. A P&G destina equipas com todos os recursos funcionais necessários – estudo do consumidor, financeiro, *marketing*, tecnologias de informação, logística, além das vendas – para fornecer um serviço completo e único e também apoio aos parceiros retalhistas. Esta capacidade de fazer parcerias com retalhistas para juntos criarem valor resulta em tornar "maior o bolo".

4. *Aprendizagem global e escala.* A dimensão por si e em si não produz escala; pode resultar em complexidade e tornar-se mesmo um obstáculo. A P&G pensa na escala de uma forma mais alargada e a todos os níveis – global, regional, nacional e também a nível de canal de retalhista e cliente, segmento de consumidor e categoria de produto. A escala é uma fonte de vantagem competitiva através de uma forma única de se estar organizado e da forma colaborativa através da qual as pessoas trabalham em conjunto. A escala tem vantagens consideráveis, desde a venda e distribuição, publicidade e estudo do consumidor, compra, fabrico e investigação e desenvolvimento. Além disso, o conhecimento de escala, transferindo conhecimentos através de diferentes negócios, funções e geografias, é também uma vantagem. A partilha do conhecimento é o grande impulsionador da escala quando o fazemos bem. O Crest Whitestrips, por exemplo, aprendeu a tecnologia de branqueamento com o negócio de detergentes da P&G e a tecnologia

de películas a partir do negócio do papel. E o conhecimento sobre as necessidades do consumidor de baixos rendimentos na Rússia pode ser aplicado na China, na Índia ou no Brasil.

5. *A inovação é a essência da P&G.* É o "núcleo" das forças nucleares. Durante 170 anos, novas marcas e produtos inovadores têm sido o motor de crescimento da P&G. A P&G introduz de forma consistente mais novos produtos inovadores nos cuidados com o lar e pessoais do que qualquer outro concorrente. Novos produtos e tecnologias inovadoras impulsionaram novas marcas e marcas estabelecidas para a liderança de mercado. Como a inovação de produtos e marcas tem sido e continuará a ser tão importante na indústria de produtos de consumo, a P&G está a trabalhar para inovar mais – nos seus modelos de negócios, na sua organização e nos seus métodos de gestão e sistemas de trabalho, para assegurar que a inovação continua no centro da sua estratégia e cultura. Para ter acesso a ainda mais fontes de inovação e para desenvolver a cultura da empresa, a P&G passou para uma arquitectura aberta à inovação, que encoraja as relações com inovadores externos para colaborar e trazer melhor inovação, mais barata e mais rápida para o mercado, para melhorar mais vidas de consumidores de novas formas.

Embora cada força nuclear individual seja importante e forneça uma fonte de vantagem competitiva através das suas próprias qualidades, o verdadeiro poder e a maior vantagem vêm de combinar as forças da P&G de formas que proporcionam mais valor para o consumidor, cliente e accionista. O profundo conhecimento do consumidor permite a criação de grandes marcas e liberta a inovação que controla as regras do jogo. As marcas líderes e a inovação líder permitem parcerias mais produtivas com retalhistas e fornecedores líderes. A escala pode ser desenvolvida e a vantagem competitiva conquistada através de segmentos do consumidor, um portfólio de marcas que, em conjunto, proporcionam liderança de categoria; um portfólio de tecnologias que fornece uma oportunidade para se formular produtos novos e superiores; e um portfólio de negócios que representa um crescimento significativo e rendibilidade para retalhistas e fornecedores.

A combinação das forças nucleares da P&G permite-lhe a entrada em novos mercados, categorias e segmentos – e por vezes em negócios completamente novos.

Veja o caso da entrada na área da beleza. Havia alguns argumentos interessantes sobre se era uma boa ideia, em parte porque muitos pensavam, com base na avaliação do portfólio tradicional, que não se adaptava às forças nucleares da P&G, que estavam mais adaptadas à cozinha e à sala das máquinas de lavar. Este era um argumento plausível, mas também não atingiu o cerne da questão. A combinação única das forças nucleares da P&G iria, de facto, fornecer a vantagem competitiva para vencer no mercado da beleza. Também provou ser o caso de um negócio que em 2000 parecia ser um improvável candidato ao sucesso.

UTILIZAR A COMBINAÇÃO DINÂMICA DAS FORÇAS NUCLEARES PARA INOVAR UM MODELO DE NEGÓCIOS

Alavancar a combinação das forças nucleares possibilitou à equipa de perfumes da P&G transformar um negócio pequeno e em sub-rendimento, do qual se podia facilmente ter afastado, num líder global.

A P&G entrou no negócio dos perfumes em 1992 com a aquisição da Max Factor. O negócio inclui a Hugo Boss, a Le Jardin, a Laura Biagiotti, a Otto Kern e a Ellen Betrix. Mas com o lento crescimento de dois a três por cento ao ano, margens pequenas e reduzido *cash flow*, os perfumes eram dificilmente um negócio atraente para a P&G. A equipa de perfumes precisava de inovar e de construir um negócio que apontasse para as forças da P&G de uma forma estratégica, estrutural e mais atractiva a nível financeiro. Senão, então haveria um abandono do negócio.

Esta não era uma proposta fácil, porque as forças da P&G não jogavam no modelo que prevalecia na indústria dos perfumes, caracterizado por:

- Uma atitude de que o estudo do consumidor não iria produzir conhecimentos novos e iria, de facto, destruir a "magia da moda" do negócio; os concorrentes tradicionais confiavam mais no "olho" do *designer* de moda e no "nariz" do perfumista.

- Pressão do fabricante e do retalhista *versus* influência do consumidor.

- Proliferação dispendiosa e complexa de marcas e linhas de produtos e de lançamentos anuais de novos produtos.

- Uma grande concorrência, sem barreiras verdadeiras para entrar.

- A crença de que todos os esforços deviam concentrar-se na compra inicial do consumidor, o que resulta em picos de venda nos lançamentos. As vendas caíam depois de forma constante até o produto morrer.

- Custos elevados; de facto, uma indiferença pelos custos que caracteriza muitos denominados negócios de prestígio, baseada na convicção de que todos os custos podem facilmente ser passados para o consumidor.

Em vez de se dar por satisfeita, a equipa de perfumes começou a trabalhar. Determinou que, com a combinação única das forças nucleares da P&G, iria criar vantagem competitiva e depois transformou o modelo da indústria na sua mente. Especificamente, o modelo de negócios foi inovado de diversas formas:

- Utilização de um *profundo conhecimento do consumidor* para impulsionar o negócio – começando por definir de uma forma clara e precisa o consumidor-alvo para cada marca de perfume (e até identificando subgrupos de consumidores para algumas marcas; ler Capítulo 3, "O cliente é o chefe"). As marcas de perfumes da P&G e as inovações de produtos foram impulsionadas pela influência do consumidor e não pela pressão do produtor.

- Ênfase nas *grandes marcas globais* com patrimónios de marca bem diferenciados e promessas que reflectem as aspirações dos consumidores para os quais foram concebidas.

- Concentração nuns quantos grandes lançamentos, impulsionados pela *inovação inspirada no consumidor* – com ênfase na criação de propostas abrangentes que incluíam novas fragrâncias, embalagens identificativas, *marketing* provocante e experiências agradáveis nas lojas e aquando da utilização.

- *Trabalho em conjunto com os retalhistas* para fornecer aos compradores nas suas lojas um fluxo estável de "novidades" comerciais e conceptuais e inovação, para incitar novos utilizadores a experimentar e a comprar marcas e produtos de perfume da P&G todos os anos, não apenas nas semanas a seguir ao lançamento.

- Desenvolvimento de uma estrutura organizacional e de uma cadeia de abastecimento globais e *proporcionadas pela escala* para reduzir a complexidade e permitir uma estrutura com custos significativamente mais baixos, que resulta em margens líderes na indústria.

A equipa conseguiu o modelo certo de negócios – dos conhecimentos sobre o consumidor até à inovação do produto, desde o lançamento até às novas compras. Modificou a indústria de forma permanente e alterou as velhas crenças dos seus variados jogadores. A P&G (em 2007) é a maior empresa de perfumes do mundo – com mais de 2,5 mil milhões em vendas (25 vezes a sua dimensão há apenas 15 anos). O mérito de criar esta estratégia vencedora é da equipa de liderança da P&G que gere o negócio.

A inovação que controla as regras do jogo resulta não só das inovações disruptivas, "explosivas" dos produtos, mas também da avaliação do que o seu negócio faz melhor na criação de vantagem competitiva. Renovar um modelo de negócios não é fácil; exige compromisso visível e consistente desde o início. Em primeiro lugar, quanto mais estabelecidas estiverem as normas da indústria, mais difícil é inovar em relação aos modelos de negócios. Todos têm um grande interesse em preservar o *statu quo*, mas é crucial resistir à tentação de o fazer. A seguir, mantenha 80 a 90 por cento da organização concentrada em impulsionar o actual modelo de negócios para o crescimento, enquanto reserva um pequeno segmento para criar e aprovar o novo modelo. Finalmente, rejeite falsos *trade-offs*, compromissos que se assume que têm de ser cumpridos, mas que, na realidade, apresentam questões que devem ser tratadas frontalmente. Utilize-as como um catalisador para identificar oportunidades de inovar a forma actual como a indústria faz negócios.

UTILIZAR O *DESIGN* PARA AMPLIAR O PODER DAS SUAS FORÇAS

Estava no negócio dos detergentes quando comecei a perceber o poder do *design*. Estávamos a lançar o Tide Líquido em 1984, a maior alteração no que era então a maior categoria da P&G desde que introduzíramos o Tide em pó em 1946. Tínhamos um produto melhor a uma embalagem bem desenhada. Mas descobrimos que um dos elementos mais determinantes para o nosso sucesso era a tampa. Conseguia medir a quantidade. Tinha um sistema de auto-escoamento embutido na embalagem, por isso deixava tudo limpo. Pensámos que a tampa era uma coisa pequena, mas as mulheres que utilizavam Tide Líquido consideravam quem era importante. Nem sempre apreciavam a eficácia de limpeza do Tide, porque nem sempre tinham manchas ou problemas de lavagem particularmente difíceis. Mas apreciavam aquela pequena tampa sempre que lavavam a roupa.

Não me esqueci disso.

As origens de eu ser um "crente no *design*" remontam, na verdade, ao período em que vivi no Japão, de 1972 a 1975. Dirigia as operações de retalho e serviços (o Comando Logístico) para uma comunidade de vários milhares de homens da Marinha e suas famílias. Anos mais tarde, voltei ao Japão em 1994 para liderar o negócio da P&G na Ásia. O Japão foi uma experiência incrível. Neste país o *design* é importante – não apenas o *design* excepcional de produtos, em tudo desde automóveis a electrónica e a embalagens requintadas, mas também o *design* de experiências do quotidiano.

O negócio da P&G não Japão não foi excepção. Veja três exemplos. O primeiro era uma pequena marca de tratamento da pele, adquirida com a Max Factor, chamada SK-II. Os outros dois eram marcas da P&G novas no Japão: produtos para tratamento do cabelo e para penteados da Vidal Sassoon e o detergente líquido Joy para a lavagem manual da loiça. Embora o Vidal Sassoon e o Joy tivessem negócios estabelecidos no mundo ocidental, todas as três marcas utilizaram o poder do *design* para elevar e melhorar a experiência total para as consumidoras japonesas. Cada um cativava as mulheres japonesas devido em parte à singularidade da marca, da embalagem, do produto e do *design* de outros pontos importantes para o consumo.

O SK-II proporcionava consultas nas lojas e experiência de compra únicas para acompanhar uma espantosa embalagem em *bordeaux* e prateado e um ingrediente natural único (o Pitera) em frascos simples de vidro fosco. O SK-II tornou-se o número um nas marcas de grande prestígio no Japão.

O Vidal Sassoon destacou-se do ponto de vista do *design*, com os seus penteados geométricos únicos, embalagem vermelha e qualidade de produtos de cabeleireiro. O próprio Vidal Sassoon introduziu a linha de produtos no Japão, um factor importante, uma vez que muitos cabeleireiros profissionais japoneses foram formados nas suas academias em Londres ou Los Angeles. Durante a minha estadia no Japão, Vidal Sassoon tornou-se a segunda marca no tratamento do cabelo.

O Joy era uma ode à clareza e simplicidade. Introduzimos um tamanho numa garrafa distinta com uma tampa que não vertia e fácil de abrir e fechar. O produto tinha uma cor verde única e concentrava três vezes mais numa pequena, simples e fácil de utilizar embalagem cilíndrica. Uma gota de produto limpava um tacho ou prato cheio de gordura, o principal problema na lavagem da loiça para as mulheres japonesas. Nenhuma outra marca estava a dedicar-se à limpeza da gordura. Joy passou para número um, superando dois grandes e antigos líderes de mercado numa questão de semanas, e teve a liderança de mercado durante mais de uma década.

Aprendi muito enquanto estive no Japão. Quando regressei aos EUA, estava apaixonado pela necessidade de tornar o *design* uma importante nova força para a P&G. Um bom *design* é um catalisador para criar *experiências completas* que transcendem os benefícios funcionais isolados e *satisfazem* os consumidores. É um catalisador para mudar um negócio de centrado na tecnologia ou que não compreende o produto para um que é mais centrado na experiência do consumidor.

Acreditava que o *design* podia tornar-se uma forma de controlar as regras do jogo para a P&G na indústria dos bens de consumo embalados, onde a teoria e a prática do *design* ainda não tinham sido amplamente utilizados pelos fabricantes líderes. O *design* podia criar experiências agradáveis inesperadas, que desenvolvem laços e relacionamentos mais fortes, porque são mais intuitivos e simples. Quando feito correctamente, os consumidores muitas vezes respondem com "Uau!" ou "Por que é que ainda ninguém tinha pensado nisto?" ou "Usar a marca X ou o produto/serviço Y é uma pequena, mas significativa melhoria na minha vida diária." Do ponto de vista do consumidor, o *design tem que ver com forma e função, com emoção e experiência*. Em última análise, os consumidores pagam mais para obter um melhor desempenho, melhor qualidade, mais valor, melhor *design* e melhores experiências.

O *design* era um ingrediente ausente na nossa busca para conquistar um crescimento orgânico superior. O *design* permitia às nossas equipas pensar e tomar decisões diferentes sobre ideias de produtos e novos modelos de negócios.

O verdadeiro poder do *design* é que diferencia as marcas e linhas de produtos. A embalagem laranja do Tide com um alvo em amarelo atrás das letras é um ícone de marca, um *design* gráfico que é único, adquirível e, uma vez estabelecido, um património que não pode ser desvalorizado pela concorrência.

A forma da batata Pringles, a lata e a personagem de Mr. Pringle são únicas e adquiríveis – e separam-na claramente das outras batatas fritas, incluindo o líder de mercado, Frito-Lay. Este *design* da marca e singularidade do produto permitem à Pringles liderar com o lançamento das ofertas de produto Minis, Selecção e Infusão de Arroz.

A Pampers cria uma experiência de *design* diferenciada através do seu incomparável nome de marca, imagem da embalagem com a ligação entre mãe e filho e a linha de produtos Fases do Desenvolvimento – começando com Swaddlers e terminando com as versões Easy-Ups.

No final, é o *design* no seu todo e o património da marca, as linhas específicas de produtos, a embalagem única e os elementos de execução nas lojas que criam a totalidade de experiências que agradam aos consumidores e resultam em quotas de liderança de mercado, forte crescimento orgânico das vendas, margens fortes e rendibilidade consistente.

Acreditava que a abordagem de pensar sobre o *design* podia criar novas possibilidades de inovação para a P&G. Pensar o *design* é uma metodologia para resolver problemas ou identificar novas oportunidades, utilizando ferramentas e atitudes mentais ensinadas nas escolas de *design*. Embora as escolas de *design* tenham tendência a concentrar-se no pensamento *indutivo* (baseado em factos directamente observados) e no pensamento *dedutivo* (lógica e análise, geralmente com base em experiências passadas), também enfatizam o pensamento *abdutivo* – imaginar o que podia ser possível. Esta nova abordagem do pensamento ajuda-nos a desafiar limitações assumidas e a acrescentar ideias, em vez de as desencorajar. Além disso, o *design* pode ampliar e ligar-se às forças nucleares da P&G das seguintes formas:

- Reorienta e melhora significativamente *o conhecimento sobre o consumidor* por parte da P&G. O *design* transfere o enfoque para a compreensão de quem é o consumidor e como vive a sua vida. Ajuda-nos a concentrar no comportamento e nas experiências. Exige uma abordagem mais antropológica, etnográfica e empática aos consumidores.

- O *design* permite-nos desenvolver laços mais fortes – confiança e paixão – entre os consumidores e as nossas *marcas*, criando consistentemente experiências abrangentes e agradáveis.

- O *design* muda drasticamente a forma como nos *posicionamos no mercado* perante os retalhistas e os distribuidores. Redesenhamos o primeiro momento da verdade na loja – quando o consumidor decide que marca e produto comprar. Por exemplo, o lançamento da comida para animais Iams, quando a distribuição passou das lojas especializadas em animais para o comércio a retalho generalizado; o lançamento sem estar sujeito a receita médica do Prilosec, que "pintou as lojas de roxo"; e o lançamento da lâmina Gillette Fusion, que encheu as lojas de laranja, são todos excelentes exemplos de *design* para transformar a experiência de compra dentro das lojas.

- O bom *design pode atingir escala* a nível global. SK-II, Pantene e Olay são cada um uma marca com um património e um *design* em muitos países e para muitos clientes e consumidores em todo o mundo.

- Finalmente, o *design* liberta e provoca novas fontes de *inovação* de marca, produto e modelo de negócios.

Em 2001, com o objectivo de melhorar significativamente a capacidade de *design* da P&G, pedi a Claudia Kotchka, uma consultora de produtos que tinha trabalhado na gestão de marcas e no *marketing* e que estava a chefiar o departamento de *design* de embalagens na P&G, para criar e liderar a capacidade de *design* da P&G. Dei-lhe uma linha directa para mim. Acredite, todos repararam. Durante cinco anos, contratámos cerca de 150 *designers* que se encontravam a meio da carreira. Esta era uma escolha deliberada para acrescentar novas capacidades. Criou algum choque trazer tantos *designers* a meio da carreira para a P&G. As contratações na fase intermédia da carreira são consideradas disruptivas numa cultura da P&G construída a contratar recém licenciados e a promover internamente. Além disso, os *designers* pensam de forma diferente, agem de forma diferente e tendem a ser mais intuitivos e a pensar menos de forma linear. Eram diferentes dos bioquímicos, dos engenheiros químicos e dos vendedores com competências de pensamento dedutivo e indutivo. A mistura não foi fácil, mas foi determinante. O nosso objectivo era integrar o *design* no processo de inovação desde o início.

Para além de trazermos talento de *design* novo e experiente, também recrutámos especialistas em *design* de fora da P&G. Três vezes por ano, reunimos o Conselho Consultivo de *Design*. As suas instruções são olhar para as inovações em várias fases de desenvolvimento e avaliar estratégias de *marketing*; como os seus elementos não respondem perante superiores na P&G, os seus julgamentos não são influenciados por quem está na sala e em como irão afectar a sua carreira. Vou a todos eles, mas Claudia Kotchka modera o encontro.

A P&G não é a única empresa cujos olhos estão bem abertos para o poder do *design*. Em quatro anos, a SAMSUNG duplicou a dimensão da sua organização de *design* e criou a nova posição de director do departamento de *design*, o que permite a *designers* inspirados "ir directamente ao topo" com as suas ideias novas.

O *design* pode criar valor? Sim. O Swiffer é uma experiência de *design*. Ao trabalhar com o instituto de *design* Continuum de Massachusetts, uma equipa da P&G observou mulheres a desempenharem a tarefa de limpeza mais difícil – limpar o chão. A equipa reparou na frustração das consumidoras com as vassouras e esfregonas de então, porque com as vassouras apanhava-se o lixo e depois tinha de se passar com a esfregona. O resultado: um protótipo que parecia uma "fralda num pau", com um motor que borrifava líquido para o chão. Este protótipo acabou por se tornar o Swiffer Wet Jet. Fornece, se é que isso existe, uma experiência satisfatória de limpeza do chão; pode ver o toalhete a apanhar a sujidade e depois deita fora o toalhete. O Swiffer Wet Jet foi concebido de forma a tornar a experiência de limpar mais fácil – e, por isso, aumentou de facto o consumo, porque agora as consumidoras limpam mais vezes. A resposta das consumidoras à marca Swiffer tem sido enorme; acumulou 355 milhões de dólares em 1999, o seu primeiro ano, e é agora uma marca global de 800 milhões de dólares, a caminho de se tornar uma marca de mil milhões de dólares.

O Febreze é outro caso relevante para o *design*. Quando o Febreze começou a expandir-se para o mercado dos ambientadores (ver Capítulo 3) a equipa enfrentou dois desafios. Primeiro, a categoria já estava bem estabelecida e preenchida; e segundo, a oferta do produto ambientador Febreze precisava de fornecer o benefício diferenciado de realmente captar odores *versus* disfarçá-los com perfumes como os concorrentes já estabelecidos.

A equipa decidiu abordar estes desafios com uma mentalidade de *design* – com a intenção de aprender, em vez do desejo de confirmar uma solução pré-concebida. Os grandes *designers* procuram compreender os seus utilizadores e o contexto. Não limitam as suas considerações ao que pode ser provado de forma quantificável. De facto, os *designers* são conhecidos por "ouvir com os olhos". A equipa do Febreze passou inumeráveis horas em lojas e lares a "ouvir" os consumidores. Depois de observar os consumidores a comprarem ambientadores, a equipa descobriu que a experiência de compra estava impregnada de confusão – inumeráveis caixas que tinham todas a mesma forma, mas apresentavam um arco-íris de cores. Também aprenderam sobre a insatisfação do consumidor relativamente à eficácia dos actuais produtos para realmente eliminar os odores.

Com base nestes conhecimentos, a equipa desenvolveu protótipos físicos e virtuais com os seguintes critérios de *design*: visibilidade melhorada na prateleira da loja, diferenciação da concorrência e melhor comunicação de purificação do ar *versus* disfarce dos odores. Com base no envolvimento dos consumidores ao longo do percurso, o produto final e a embalagem satisfaziam os consumidores em cada uma destas áreas e incluía um punho ergonómico que era diferente do da concorrência e mais fácil de utilizar. De facto, os consumidores gostaram tanto de Febreze Air Effects que esgotou durante o lançamento.

As inovações tecnológicas são necessárias, mas não são suficientes para criar inovações rentáveis que os consumidores comprem, experimentem, adorem e melhorem a sua vida. Os japoneses inventaram os leitores de MP3 no início dos anos de 1990. Mas os japoneses fizeram uma *invenção*, não uma *inovação*. Só quando a Apple lançou o célebre iPod é que a categoria explodiu. O iPod tinha tudo que ver com *design*, a ligação com o consumidor e a experiência – do iTunes ao botão fácil de utilizar, um conjunto de cores e inúmeros outros acessórios que se tornaram obrigatórios.

UTILIZAR O *DESIGN* COMO UM MECANISMO PARA MELHORAR A COLABORAÇÃO E A CULTURA

Também decidi aplicar o *design* à forma como os colaboradores da P&G trabalham juntos. Durante vários anos, mudámo-nos para escritórios e salas de trabalho em *open space* por todo o mundo. Porquê? Para encorajar o relacionamento, a colaboração e as conversas. Os espaços abertos encorajam a interacção humana e, acreditamos, mais criatividade e melhor resolução de problemas. Nenhuma mudança de escritório foi mais importante ou mais simbólica do que o andar executivo na sede em Cincinnati.

Os principais executivos trabalham no 11.º andar da sede da P&G construída em 1956. O que fazem é "negócios sérios" e o aspecto do lugar quando me tornei CEO claramente reflectia isso. Havia muito carvalho. Seguranças mantinham um olhar atento às entradas e saídas. Os escritórios eram escuros e a maior parte dos executivos trabalhava atrás de portas fechadas. A comunicação era através de memorandos, mesmo para a pessoa da porta ao lado. Queria abrir a P&G de todas as formas, começando pela equipa de executivos. Novamente, a experiência japonesa foi útil aqui. Quando a P&G foi reconstruída em Kobe depois do terramoto de 1995, mudámos para escritórios abertos em todo o lado – mesmo para os executivos – e gostei de como mudou a forma como trabalhávamos juntos e o impacto que teve nos resultados do negócio e da organização.

Em geral, queria integrar o *design* no processo de inovação e a remodelação dos escritórios executivos foi um marco inequívoco, altamente visível, do que queria que a P&G fosse – aberta, colaborativa, mutuamente apoiante. De volta a Cincinnati, tinha a equipa administrativa e os executivos a desenharem *juntos* a disposição e o espaço de trabalho (algo que não teria acontecido na velha P&G). Abrimos os corredores, levantámos o tecto e tirámos as paredes e as portas. Há sítios em todo o lado com sofás confortáveis e máquinas de café, onde as pessoas se podem sentar e trocar ideias. Todo o edifício tem um novo aspecto. Os escritórios dos executivos são ao lado do centro de aprendizagem, onde se realiza muita formação. Os executivos da P&G estão activamente envolvidos como formadores e organizadores. Agora, de cada vez que abrimos um novo escritório, tornamo-lo um plano aberto; a ideia é criar um ambiente físico que encoraje a criatividade, a colaboração e ligação.

E não ficámos por aqui – remodelámos outros locais da P&G onde trazemos os consumidores e os parceiros retalhistas para impulsionar a inovação. Criámos centros de inovação por todo o mundo – em Kobe, na China, em Genebra, em Singapura e em Cincinnati – que estão concebidos para representar casas verdadeiras e ambientes de lojas. Isto permite-nos repetir e inovar com os consumidores e compradores e com os parceiros de retalho o primeiro momento da verdade, para assegurar que criamos a experiência mais desejável de compra e utilização. Por exemplo, colocamos diferentes *designs* de embalagens na prateleira da loja e observamos os compradores a fazerem a sua selecção de marca e produto. Que marca preferem? Que versão do champô Pantene é melhor para eles? Estavam confusos ao tentarem encontrar o tipo certo para o seu cabelo? A embalagem tinha poder de os fazer parar? A informação da embalagem era transparente?

EXPANDIR OPORTUNIDADES NUM MUNDO A ENCOLHER

A inovação costumava ser uma via de uma única direcção, com os novos produtos ou modificações de produtos existentes a viajarem dos países grandes e desenvolvidos para o resto do mundo. Contudo, a realidade é que é uma via de dois sentidos com a oportunidade de se aprender em todo o lado. Olhe para o seu cesto das compras – há provavelmente artigos de quatro ou cinco continentes diferentes. É quase impossível passar um dia sem tocar nas realidades do mercado global – as suas camisolas ou lençóis são de algodão egípcio; a gasolina da Arábia Saudita; o telefone da Finlândia; o boné da China; o carro de Ohio, nos EUA; o iPod é dos EUA (com componentes de todo o lado); a sua casa foi construída por trabalhadores locais, muitos dos quais imigrantes. Isto não vai mudar. Para as empresas, o objectivo tem de ser reconhecer e utilizar as capacidades melhores e mais produtivas, onde quer que estejam. Não é suficiente identificar apenas as forças nucleares do negócio – também tem de trabalhar para melhorar estas forças numa base contínua, de forma a que continuem a fornecer uma vantagem. Isto significa olhar de forma oportunista através da sua organização e identificar as melhores capacidades – onde estão a proporcionar resultados que controlam as regras do jogo – e aplicá-las sem vergonha em outras partes do mundo. Isto significa não ter fronteiras. Intelectualmente, isto é óbvio. O desafio é como o fazer.

O estereótipo é que as pequenas empresas são melhores a inovar, porque são mais ágeis e têm um sentido de objectivo mais coerente. Existe um elemento de verdade nisto, mas o facto é que as grandes empresas também têm vantagens – escala, capacidade de gestão e recursos para enfrentar riscos.

Por isso, por que é que as pessoas não fazem melhor? Por duas razões: não têm um processo de crescimento em curso (um problema também em muitas empresas pequenas, onde o líder *é* o processo); e segundo, porque os níveis de gestão prolongam os tempos dos ciclos. Aqui existe um paradoxo – organização insuficiente, ou demasiada. Mas isto não é assim tão surpreendente. As grandes empresas são entidades complicadas; é possível para uma grande empresa errar na burocracia, de diferentes formas, em diferentes lugares. Mas não é impossível acertar – a Toyota fá-lo com o seu truque de aplicar os recursos certos nos pontos certos de pressão, na altura certa.

As grandes empresas têm tendência para ter operações em diferentes países. Isto dá-lhes uma vantagem inerente de inovação – se a usarem. A diversidade cultural é um grande impulsionador de ideias e inovação. No entanto, existem grandes oportunidades para se trabalhar mais globalmente, como é o caso das cadeias de abastecimento. A Pantene, por exemplo, é um dos negócios mais globais da P&G e tem sido gerida desta forma há quase duas décadas.

A Pantene tornou-se parte da P&G na aquisição de 1985 da Richardson-Vicks; na altura da compra, era pequena (em termos da P&G), com vendas anuais de 40 milhões de dólares. Alguns anos depois, o escritório de Taiwan estava à procura de uma forma de crescer no mercado local dos cuidados com o cabelo, onde a sua quota de mercado estava a enfraquecer. O gestor da marca em Taiwan decidiu reformular a Pantene como um sofisticado produto de beleza, em vez de ser apenas mais um champô. A equipa criou um novo património da marca, de "brilhar através da saúde". Para dar significado ao posicionamento e diferenciá-lo, os elementos da equipa tomaram várias medidas. Primeiro, introduziram este novo posicionamento ao mesmo tempo que lançaram uma inovação disruptiva do produto: o primeiro champô que fornecia condicionador para o cabelo ao nível do dos cabeleireiros, para utilizar em casa. Também acrescentou pró-vitaminas à fórmula do champô, para reforçar o benefício do cabelo "saudável", e reformulou a embalagem para a tornar mais cosmética, com requinte e aspecto de cabeleireiro. Finalmente, a agência de publicidade desenvolveu uma maneira provocadora de mostrar de forma dramática o novo património da marca, mostrando a agora bem conhecida "cascata de cabelo" de uma mulher a levantar e deixar cair o seu saudável, brilhante e bonito cabelo Pantene. Este gesto foi utilizado durante mais de uma década numa profusão de anúncios de televisão que passaram em todo o mundo.

Depois de algumas ligeiras modificações, a marca foi lançada e o novo e melhorado Pantene chegou à região do Pacífico, depois à América Latina, à Europa e aos EUA. "O que se fez foi transformar o Pantene de uma mercadoria num produto de beleza", diz Sonsoles Gonzalez, líder do *franchising* global da Pantene. "Foi quase uma revolução na categoria." Em meados dos anos de 1990, a Pantene era uma marca de mil milhões de dólares; actualmente está perto dos três mil milhões – e tudo começou em Taiwan. O facto de o reposicionamento de uma marca poder ser lançado com sucesso de fora da "nave mãe" em Ohio ajudou as abrir os olhos e as mentes para as possibilidades de uma inovação verdadeiramente global.

Numa altura em que os trabalhadores do conhecimento podem trabalhar a partir de qualquer lugar, as empresas estão a "perder o barco" se não fizerem uso da diversidade que existe nas várias culturas, geografias, fronteiras e fusos horários. O valor está na criatividade combinada que vem de todo e qualquer lugar. O capital intelectual é global; a empresa orientada para a inovação cria um ambiente que permite às ideias fluírem do exterior para dentro e de todo o lado.

A P&G sempre soube como criar produtos bem diferenciados, com atributos e benefícios únicos. Não tinha uma capacidade de *design* ou uma cultura de inovação abrangente que sobressaísse a criar uma agradável experiência de compra ou utilização. Uma capacidade de inovação que recorre a todas as fontes disponíveis de inovação permite ao consumidor experimentar e, num verdadeiro sentido, realmente "sentir" o *design*, não a tecnologia subjacente ao produto. A tecnologia é importante – porque sustenta os benefícios característicos do produto. Mas o *design* dá vida aos benefícios e o sentimento é muitas vezes o que faz a diferença para o consumidor. No mercado, as marcas e produtos da P&G estão à espera de ser escolhidos centenas de milhares de vezes por dia; o *design* é uma parte importante de ganhar votos dos consumidores. A ambição da P&G é tornar-se uma empresa de *design* de topo, como parte de se tornar um líder da inovação na sua indústria, porque a inovação de nível mundial sustentada por *design* de nível mundial é uma forma de controlar as regras do jogo. É uma poderosa combinação na caminhada para ser uma empresa de crescimento sustentável e consistente.

O conceito de capacidades ou forças nucleares é fácil de compreender, mas é difícil escolher as poucas forças potencialmente decisivas que podem criar uma vantagem verdadeira e sustentável. Porquê? Porque muitas empresas ficam presas na "capacidade do dia" dos consultores ou andam atrás do que os concorrentes ou indústrias estão a fazer. Seleccionar as forças nucleares exige uma profunda reflexão e escolhas objectivas sobre o que é realmente preciso para vencer na sua indústria ou mercado, e depois jogar com as suas verdadeiras forças – capacidades nucleares onde já tem vantagem competitiva ou pode adquirir ou construir vantagem competitiva. O trabalho de seleccionar forças nucleares exige uma avaliação cuidadosa, objectividade e uma disciplina pragmática. É o trabalho de líderes decididos.

Sem objectivos transparentes, estratégias seleccionadas e consenso sobre a empresa, negócio ou forças nucleares da função, o trabalho importante de fazer acontecer a inovação – organizar para a inovação e integrar processos de inovação nos outros processos diários de trabalho – não pode ou pelo menos não deve começar.

PERGUNTE-SE NA SEGUNDA-FEIRA DE MANHÃ

- Consegue identificar as forças nucleares únicas do seu negócio (não apenas desenvolver uma lista interminável) que lhe irão dar uma vantagem competitiva sustentável?

- Como é que a combinação contínua de forças cria novas oportunidades para crescimento, vence a concorrência e/ou muda o jogo no mercado?

- Está intelectual e honestamente a identificar lacunas nas forças nucleares que precisam de ser preenchidas e quando o deve fazer? Tem a abertura de mente exigida para preencher as lacunas nas forças nucleares, de modo a desafiar velhas convicções culturais?

- Para que as novas forças sejam eficazes, o que é necessário – uma mudança na estrutura da organização, uma mudança na cultura, nova liderança?

- Como é que a lente da inovação mantém a sua combinação de forças nucleares e o ajuda a fazer melhores escolhas sobre onde jogar?

- Há alguma oportunidade para incorporar o *design* como uma forma de melhorar as capacidades do seu negócio?

PARTE DOIS

FAZER A INOVAÇÃO ACONTECER

ATÉ AGORA MOSTRÁMOS PORQUÊ E COMO O CONCEITO DE "o consumidor é o chefe" tem de estar no centro de todas as decisões importantes do seu negócio. Também exemplificámos por que é que escolher os objectivos e a estratégia certa (onde jogar e como vencer) e revitalizar as forças nucleares traça o caminho para as vendas futuras e o crescimento dos lucros.

Até agora tudo bem, mas então alguma coisa acontece. A intenção e o fluxo da inovação ficam "atolados". "É apenas a forma como fazemos as coisas por aqui", é a maneira como muitos resumem os "engarrafamentos" ou muros intransponíveis entre funções característicos do seu negócio. Muitas vezes explica por que é que as expectativas de inovação não são realizadas.

O que se segue nesta secção são ferramentas para criar estruturas organizacionais que desenvolvam a capacidade de procurar activamente ideias externas e depois canalizem-nas eficazmente dentro dos funcionamentos da organização. Estas estruturas alteram a cultura e dão-lhe a capacidade de abrir a sua mente para procurar novas formas de controlar as regras do jogo.

Esta secção também descreve em pormenor a estrutura prática para *operacionalizar a inovação* – desde a criação de ideias até ao posicionamento no mercado. Este processo pode ajudá-lo a desmantelar os "silos" da organização e a tornar o fluxo de ideias contínuo.

É através desta experiência que "começa a acção". Gerir um tal processo na sua *totalidade* é um imperativo para continuar a construir a sua capacidade e aptidão pessoal para moldar e enfrentar o futuro.

Fazer a inovação acontecer não é o processo mecânico de gestão de projecto frequentemente utilizado em muitas empresas. É um processo social. Mostramos quais as ferramentas sociais que são eficazes a desenvolver ideias, a controlar o seu fluxo e a decidir quando precisam de ser abandonadas.

Muitos têm um receio inerente relativamente à inovação: é demasiado arriscada, esporádica e não compensa. Fizemos verdadeiros progressos tanto na prática como na investigação para eliminar este receio. Revelámos as origens do receio e fornecemos ferramentas para o controlar, de modo que, através da prática e da aprendizagem, pode melhorar a sua média de "pontos marcados". Por exemplo, durante um período de sete anos o rácio de sucesso de produtos da P&G aumentou de 25 para 50 por cento. Ao mesmo tempo, menos recursos foram utilizados.

Utilizámos estas ferramentas e ideias. Também as poderá utilizar na segunda-feira de manhã sem esperar por uma ordem do topo, quer seja um gestor de projectos de inovação, o gestor de uma unidade de negócio, o responsável por uma função ou o CEO.

CAPÍTULO 6

Organizar para a inovação

CONSTRUIR ESTRUTURAS POSSIBILITADORAS

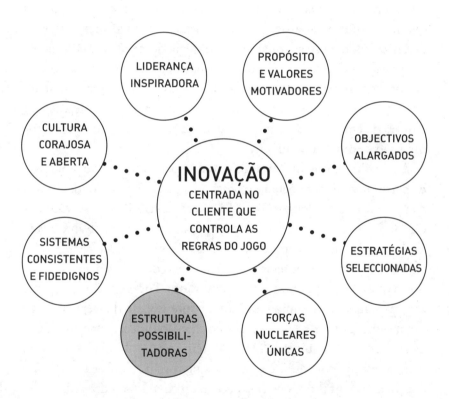

A DECISÃO DE ESTIMULAR O CRESCIMENTO ORGÂNICO AO colocar a inovação no centro do seu negócio tem impacto na forma como o estrutura e organiza. A estrutura de uma organização alinha a energia das pessoas. Pode estimular a criatividade ou constrangê-la, dependendo da organização. Pode ser orientada para dentro ou pode ser aberta a ideias novas do exterior. Neste capítulo, levamo-lo através de várias estruturas organizacionais que possibilitam a inovação em vários cenários e tipos de negócio.

Tal como não existe apenas um modelo de inovação, nenhuma estrutura organizacional irá funcionar em qualquer situação. Um "tamanho único" não funciona. Isto pode não parecer nada útil; a questão é que precisa de planear e instalar as estruturas certas na organização, para se adequarem à estratégia do negócio e ao modelo de inovação. Observámos muitas empresas a tentar a inovação através de estruturas possibilitadoras de várias formas. Onde falham muitas vezes, surpreendentemente, é que a maior parte dos colaboradores da empresa não compreendem na realidade o que estas estruturas são e como funcionam.

A combinação de iniciativas de inovação pode variar entre progressos de curto prazo e incrementais e progressos de elevado risco, de elevada compensação e de longo prazo. São necessárias diferentes estruturas organizacionais dentro da mesma empresa para responder apropriadamente aos desafios e às oportunidades de iniciativas específicas.

Muitas vezes as empresas cometem o erro de ir de um extremo ao outro quando se organizam para a inovação. Por exemplo, criar uma estrutura na qual a equipa está totalmente isolada do negócio, raramente interagindo com aqueles que são o público do negócio. Ou os elementos da equipa de inovação têm responsabilidades a tempo inteiro, muito exigentes, e espera-se que tornar a inovação capaz de controlar as regras do jogo seja parte da rotina do seu dia-a-dia.

A inovação resulta de uma "estrutura mesmo à medida". Embora seja necessário algum nível de estrutura, existe um equilíbrio que tem de ser alcançado entre estrutura e criatividade. A competência da liderança é encontrar o equilíbrio certo.

Os seis critérios que se seguem podem ser utilizados para criar e seleccionar a estrutura organizacional apropriada.

1. Se a oportunidade de inovação está inserida no núcleo do negócio, num negócio adjacente ao núcleo do negócio ou num negócio inteiramente novo.
2. O nível de risco e de oportunidade e o nível de investimento.
3. O grau até ao qual a oportunidade de negócio alavanca as forças existentes ou exige a criação e desenvolvimento de novas capacidades e forças.
4. O horizonte de tempo para o desenvolvimento da inovação.
5. O tipo de experiência e de conhecimento exigido à equipa de desenvolvimento da inovação.
6. A fase de desenvolvimento da inovação – criação de uma ideia e de um protótipo, desenvolvimento, aprovação ou comercialização.

Os seis critérios anteriores ajudam-no a reflectir sobre as seguintes questões:

- Até que ponto deve a equipa ser separada ou integrada no negócio actual (tanto do ponto de vista do *design* da organização como da localização física)?

- Os elementos da equipa devem dedicar-se ou envolver-se completamente como parte das suas tarefas do dia-a-dia? Se estiverem completamente dedicados, todos os elementos da equipa precisam de cem por cento de dedicação ou apenas alguns?

- Que experiência e especialização deve procurar fora do seu negócio e da sua empresa?

- Qual é a maneira mais eficaz de financiar a inovação para garantir que tem os recursos, a atenção e os estímulos de que precisa, ao mesmo tempo que também assegura que produz o exigido crescimento do negócio?

- Que ligações e interdependências entre diferentes estruturas organizacionais podem garantir que uma determinada inovação tem a melhor hipótese de ser comercializada com sucesso no mercado?

Colocar uma organização de inovação de qualquer tipo ou tamanho em funcionamento exige tempo. A ideia é testar e aprender que abordagem (ou abordagens) funciona melhor para uma determinada combinação de inovação no seu negócio.

Uma razão pela qual a inovação não acontece de uma forma sustentável tem que ver com a falta de estruturas possibilitadoras que financiem consistentemente diferentes tipos de inovação com diferentes tipos de mecanismos. Para além da falta ou financiamento errático, uma segunda razão é que os gestores são responsáveis por satisfazer os compromissos financeiros e operacionais diários e a inovação fica posta de lado como algo para fazer quando tiverem tempo.

Iremos descrever formas de ultrapassar estes obstáculos. Em primeiro lugar, olhamos para as estruturas que a P&G e a Hewlett-Packard criaram para financiar a inovação. Depois, olhamos para as estruturas adicionais utilizadas pela P&G e pela DuPont para encontrar e desenvolver inovações prometedoras para as unidades de negócio das suas respectivas empresas. A seguir, mostramos como aceder à totalidade do talento mundial, que, como é óbvio, é muito maior do que o existente na maior empresa. A P&G chama-lhe "Relacionar e Desenvolver" e tem sido a fonte de muitos novos produtos, alguns dos quais são agora marcas de mil milhões de dólares. E, finalmente, mostramos como multiplicar a sua capacidade de crescer através da inovação alcançada em conjunto com a concorrência, os retalhistas, os fornecedores e outros parceiros.

ESTRUTURAS PARA FINANCIAR A INOVAÇÃO
O FIE DA P&G

O Fundo para a Inovação Empresarial (FIE) da P&G é especializado em ideias de elevado risco/compensação elevada e é uma estrutura organizacional com alguma semelhança com uma empresa de investimento de capital de risco. É liderado pelo director de tecnologia e apoiado pelo CEO e pelo director financeiro. O seu principal objectivo é providenciar "capital inicial" para criar negócios totalmente novos e/ou criar grandes inovações disruptivas.

Estas ideias podem vir de qualquer organização dentro da empresa ou até mesmo fora da P&G. O FIE financia projectos impulsionados pelas equipas de inovação que existem em diferentes organizações em toda a P&G. Mas o orçamento do FIE é completamente separado do das unidades de negócio. Por isso, não sobrecarrega os lucros e perdas* das unidades de negócio, permitindo-lhes desta forma concentrar os gastos em inovações que estão mais próximas e mais específicas de uma determinada categoria e/ou marca.

Veja o caso, por exemplo, do Crest Whitestrips. Em 2000, o negócio do Crest consistia principalmente em pastas e escovas de dentes. Uma equipa das organizações empresarial e de cuidados orais explorou, com fundos do FIE, a ideia de combinar a tecnologia de película da organização de investigação e desenvolvimento da P&G e a tecnologia de branqueamento da organização de detergentes, para criar e fazer o protótipo do Crest Whitestrips, o primeiro tratamento profissional caseiro de branqueamento dos dentes. Esta equipa empresarial elaborou o conceito inicial, o *design*, o trabalho de engenharia e, quando aprovaram o protótipo inicial do produto e o seu potencial com os consumidores, entregaram a inovação em fase inicial à unidade de negócio de tratamento oral para introduzir o Crest Whitestrips no mercado.

DEPARTAMENTO DO PROGRAMA DE INOVAÇÃO DA HP

A Hewlett-Packard tem uma estrutura semelhante ao Future Works da P&G. O seu Grupo de Sistemas Pessoais (GSP) criou o Departamento do Programa de Inovação, ou DPI, para enfrentar dois problemas comuns que rodeiam a inovação: financiamento e rapidez.

A rapidez é crucial desde que a tecnologia e a concorrência tornam os computadores rapidamente obsoletos. Todd Bradley, que chefia o GSP, e o seu *executive vice president* acreditam que esses desafios são o resultado de uma separação entre as unidades de negócio e a sede do grupo GSP. As unidades de negócio queriam novos produtos inovadores, mas desenvolver produtos que representavam uma mudança significativa em relação aos que existiam seria um desafio cultural.

---

* N. T. No original, P&L.

A sede tinha receio que, se fornecessem fundos e impulsionassem o desenvolvimento, o líder das unidades de negócio podia não adoptar o projecto e não o comercializar devidamente. Para apoiar a necessidade de desenvolver inovações que resultam em produtos, Bradley e Phil McKinney, o director do departamento de tecnologia do Grupo de Sistemas Pessoais, criaram o DPI. O seu objectivo é trabalhar com as unidades de negócio para criar novos produtos e serviços que se tornariam os novos motores de crescimento para o GSP.

O DPI tem alvos específicos, processos e metodologias para dar um "empurrão" aos projectos que seriam difíceis de realizar sem uma unidade de negócio. Tem uma medida de sucesso transparente para o projecto que lança. Todos os projectos aprovados têm de alcançar uma determinada barreira – um rácio baseado na margem bruta total prevista, dividida pelas despesas da investigação e desenvolvimento associadas ao desenvolvimento do produto.

O primeiro objectivo do DPI estabelecido em 2006 era lançar um grande novo produto. Foi o Blackbird 002, um computador para jogos introduzido em Setembro de 2007 que recebeu críticas entusiásticas. O Blackbird foi o trabalho de uma equipa desenhado por colaboradores nas unidades de negócio que dedicaram o seu tempo e energia emocional ao projecto. O DPI providenciou financiamento, estímulo, protecção executiva e supervisão.

Para o DPI aceitar um projecto, primeiro este tem de passar pelo escrutínio de um conselho de avaliação, que utiliza cinco questões que criou para avaliar as perspectivas de o projecto controlar as regras do jogo. Uma dessas questões é: "Se o progresso for feito, este projecto tem o potencial para mudar fundamentalmente o cenário competitivo ou criar nova procura dos consumidores?" Mas o projecto tem também de satisfazer outra condição fundamental: a unidade de negócio tem de o patrocinar, não financeiramente, mas assumir o compromisso de o colocar no mercado quando o DPI estiver pronto para o entregar. O DPI compromete-se a fornecer recursos suficientes para o tornar realidade, desde que o projecto cumpra os critérios em cada uma das quatro fases.

Para o ano civil de 2007, o DPI tinha o objectivo de desenvolver dois novos produtos e as mesmas condições aplicavam-se: as unidades de negócio submeteram projectos com os quais se comprometeram, o conselho de avaliação do DPI decidiu quais os que se realizavam e os projectos cumpriram o rigor do processo de fases. O DPI gastou cerca de cem mil dólares em cada um dos 20 projectos para os levar ao ponto de "aprovação do cliente". Dos 20, apenas cerca de oito irão passar para a fase seguinte, para se tornarem protótipos que podem ser apresentados aos clientes. Só cerca de quatro dos oito irão passar do protótipo para o lançamento limitado e apenas dois irão ser alargados. Quando o projecto é comercializado ou quando termina, os elementos da equipa regressam aos empregos na unidade de negócio, sem repercussões negativas por terem tentado e fracassado, se foi isso que aconteceu. "Como conseguimos trabalhar com aquelas coisas revolucionárias?", perguntam alguns. A resposta de Phil McKinney, o líder do DPI, é aparecer com uma excelente ideia logo à partida. "Queremos verdadeiros defensores dos projectos, pessoas que são suficientemente apaixonadas pela sua visão para a motivarem", diz ele. "Todos os sucessos no mercado de uma nova categoria têm sido o resultado de ter um defensor apaixonado por trás dele."

O estímulo, vigilância e apoio financeiro do DPI são fundamentais para o sucesso de um projecto. McKinney controla o progresso da equipa e garante a adesão à disciplina do processo. O DPI proporciona, assim, o melhor dos dois mundos: dá aos projectos prometedores e ambiciosos a hipótese de se realizarem e protege a organização contra projectos que podem morrer por falta de patrocínio.

ESTRUTURAS PARA ORGANIZAR PARA A INOVAÇÃO
FUTURE WORKS

O Future Works da P&G é uma organização que consiste em equipas multidisciplinares, lideradas por um director-geral. O seu principal objectivo é *procurar oportunidades de inovação que criam novo consumo*, que possam ser utilizadas como a base para criar novos negócios, resultando assim em vendas e lucros extra. Ao contrário das equipas de inovação que residem nas unidades de negócio, o Future Works não está constrangido pelos paradigmas das categorias existentes. Pelo contrário, explora ideias descontínuas que podem criar uma nova categoria ou segmento, atravessam categorias existentes ou criam uma adjacência a um negócio existente. Isto inclui novos modelos de negócios e parcerias, tais como a *joint venture* da P&G com a Swiss Precision Diagnostics para dispositivos de controlo de saúde em casa. Dada a natureza disruptiva das inovações do Future Works, são principalmente financiadas via FIE.

Igualmente importante, embora o Future Works seja uma organização separada das unidades de negócio, os seus esforços de inovação não estão longe, na "terra do nunca". É identificada no início uma unidade de negócio "patrocinadora" para cada projecto do Future Works, para fornecer opiniões pragmáticas do negócio e, mais importante, assumir a responsabilidade pela fase de comercialização do projecto de inovação depois de o Future Works ter aprovado o conceito inicial e o protótipo. Este patrocínio é fundamental para assegurar que existe uma "casa" e um "patrocinador de estímulo" para a inovação disruptiva após a ideia inicial e o protótipo terem sido avaliados. Por exemplo, a exploração de diagnósticos de saúde em casa foi efectuada no Future Works; a gestão da *joint venture* pela P&G é feita totalmente pela unidade de negócio da saúde.

ESTRUTURA DE DESENVOLVIMENTO DE UM NOVO NEGÓCIO NUMA UNIDADE DE NEGÓCIO

A organização de Desenvolvimento de um Novo Negócio (DNN) em cada unidade de negócio é outra estrutura organizacional que ajuda a P&G a inovar. As organizações DNN concentram-se em criar inovação tanto disruptiva como incremental para uma categoria específica, como detergentes, lar ou tratamento da pele. As inovações levadas a cabo pelo DNN são geralmente baseadas inteiramente em novas ideias, produtos e tecnologias que são desenvolvidos dentro do negócio, como por exemplo o amaciador para a roupa Downy Single Rinse.

As inovações do DNN também podem ser parcial ou inteiramente provenientes de fontes exteriores. Por exemplo, a equipa do DNN de produtos para o lar da P&G orientou o desenvolvimento do Mr. Clean Magic Eraser, baseado num produto vendido no Japão e numa tecnologia de uma esponja de espuma produzida pelo fornecedor BASF. Os projectos do DNN são principalmente financiados por uma unidade de negócio específica. Por vezes, quando explora adjacências ou novos segmentos, alguns fundos iniciais podem ser fornecidos pelo FIE, para permitir o desenvolvimento inicial do protótipo.

As Equipas de Projecto de Inovação integradas na categoria estabelecida e nos negócios da marca concentram-se em desenvolver um conjunto de inovações incrementais e comerciais que melhor servem as necessidades dos consumidores existentes. As inovações da Olay Total Effects, da Regenerist e da Definity foram todas provenientes da equipa do negócio Olay. A maior parte das inovações sustentáveis e incrementais da P&G têm origem nas unidades de negócio, tal como deve ser; estas são as pessoas que melhor conhecem o seu negócio e os seus consumidores. Não surpreende, dada a natureza destes projectos de inovação, que sejam geralmente financiados dentro da unidade de negócio.

DESENVOLVIMENTO EXTERNO DO NEGÓCIO

Outra estrutura operacional para uma empresa com duas ou três unidades de negócio ou funções é a criação de uma "casa de corretagem" para a inovação. Em vez de cada unidade de negócio fazer a sua própria investigação externa sobre oportunidades de negócios, uma tal estrutura facilita a velocidade e interligações das unidades de negócio com *outsiders*, bem como entre diferentes unidades de negócio dentro da empresa. Na P&G é denominada Desenvolvimento Externo do Negócio (DEN). O DEN envolve-se com todas as unidades de negócio com ligações iniciais para liderar o processo de fazer acordos e para ajudar a identificar e a fechar acordos com entidades externas. Acelera o fluxo do tipo certo de ideias, procurando activamente inovações do exterior, avaliando-as, trazendo as que forem apropriadas para dentro e ligando-as às partes adequadas da organização. O DEN envia projectos relativamente de baixo risco para as unidades de negócio e encaminha inovações de alto risco para o Future Works.

Algumas empresas têm estruturas semelhantes ao DEN da P&G. Na DuPont chama-se DuPont Ventures. Existe há vários anos e tem sido reinventada e recebeu um novo objectivo – concentrar-se numa questão-chave: "O que pode vir de fontes externas através de empresas em fase inicial e financiadas por capital de risco, para nos ajudar a inovar?" Anteriormente, o investimento em capital de risco na DuPont nunca tinha desempenhado mais do que um papel marginal, descobrindo pequenas aquisições, a maior parte das quais era recusada pela empresa. Na sua nova situação, o grupo – quatro pessoas mais o director Michael Blaustein – procuram activamente no exterior oportunidades tecnológicas através de uma variedade de contactos. É também o primeiro filtro para as oportunidades que os colaboradores da DuPont encontram por acaso ou que pequenas empresas externas propõem. Os elementos da Ventures estão explicitamente encarregues de compreender aquilo em que as unidades de negócio estão a trabalhar. Todos os centros de inovação nas unidades de negócio da DuPont estão ligados a alguém da DuPont Ventures, pelo que sabem exactamente com quem falar. Isto é especialmente útil, dado que os centros de inovação da DuPont estão espalhados por todo o mundo.

O grupo Ventures está em contacto constante com os colaboradores da empresa. Como todos os elementos da equipa trabalharam nos negócios e têm um passado técnico, não precisam de colocar muitas questões para compreender os temas. Além de avaliarem as oportunidades para se fortalecerem os projectos de inovação da DuPont, também detêm a perspicácia para fazer as devidas diligências e elaborar o acordo de negócio. "Muitas vezes tentamos conseguir direitos especiais ou concessões", diz Blaustein. "Se uma empresa mais pequena está a procurar uma determinada aplicação de uma tecnologia, a DuPont pode negociar utilizar essa tecnologia para outras aplicações, ou em regiões geográficas que estão para além do alcance das empresas mais pequenas e não interferem com a missão presente do seu negócio. Tentamos pensar de uma forma criativa para fazer ligações estratégicas. Aprendemos com a experiência e a nossa capacidade para estabelecer relações melhora."

Ter estabelecido a DuPont Ventures como uma estrutura separada permite-lhe manter uma perspectiva mais alargada e de nível mais elevado. O grupo é capaz de reconhecer formas de controlar as regras do jogo que os colaboradores na unidade de negócio podem deixar escapar; esta perspectiva ajuda a assegurar que as várias tecnologias funcionam bem como portfólio, não apenas como oportunidades independentes. "No mundo dos negócios temos tendência a concentrar-nos nos problemas actuais, enquanto as pessoas da Ventures têm as 'antenas' à procura as próximas oportunidades", diz Blaustein. "E como o nosso grupo fica exposto a mais de 50 acordos por ano, estamos em posição de reconhecer quando alguma coisa é realmente especial."

ZONAS IMPORTANTES DE INOVAÇÃO

Para além das suas abordagens organizacionais mais estruturadas para a inovação, a P&G também tem zonas importantes de inovação que podem ser utilizadas para identificar e começar a desenvolver ideias. O seu objectivo é testar uma ideia através dos olhos do consumidor: o que ele realmente sente como comprador, melhorando assim as hipóteses de sucesso antes de a inovação ser lançada.

Os centros de inovação estão localizados por todo o mundo e contêm ambientes simulados de interiores de casas e lojas. As equipas de inovação utilizam estes centros para fazer parcerias com retalhistas (Carrefour e Costco, por exemplo), para identificar oportunidades que irão criar valor para o comprador assim que o produto chegue à loja e enfrente o primeiro momento da verdade. Os centros de inovação não são laboratórios com cientistas e tubos de ensaio, mas um lugar onde os compradores transmitem a sua sabedoria e os retalhistas e a P&G aprendem com isso.

O centro de inovação à entrada de Cincinnati inclui um pequeno supermercado com cinco corredores, com caixas registadoras e câmaras e microfones para observação. Pede-se aos compradores que procurem certos produtos, façam as compras normais ou comprem uma certa quantidade de produtos de corredores específicos. As equipas da P&G e de retalhistas observam os passos do comprador.

Mudar a disposição de uma loja, especificamente as secções que são adjacentes umas às outras – é uma questão importante. Muitas lojas colocam a farmácia no meio, rodeando-a frequentemente com os produtos de beleza. Ao observar e ao conversar com compradores, a equipa aprendeu que, quando os compradores estão a pensar sobre a sua saúde, melhorar a aparência pessoal é a última coisa que os preocupa. Por isso, com base na pesquisa levada a cabo no centro de inovação, a P&G identificou uma melhor distribuição das lojas, que agrupa os produtos vendidos sem receita médica (por exemplo a aspirina) ao lado dos cuidados pessoais (pasta de dentes e desodorizante) e próximo da farmácia. Pode parecer óbvio, mas não é. Na verdade, ver e ouvir os verdadeiros compradores a explicar as suas escolhas num cenário real é uma forma determinante para identificar ideias que podem ser colocadas em prática e que resultam em inovação significativa.

Outra zona popular é a Clay Street (ver Capítulo 9 para mais pormenores). É um local único, experimental, onde as equipas da P&G se isolam durante várias semanas para resolver desafios de inovações difíceis – desde reposicionar o património de uma marca a desenvolver um conjunto de inovações de produto para um novo grupo de consumidores-alvo. Na Clay Street, uma equipa de inovação produz uma série de experiências criativas e imersivas, que lhe permite descobrir oportunidades de inovação de maneiras diferentes.

Embora a P&G utilize uma variedade de abordagens para permitir a inovação, a maioria destas estruturas faz parte do trabalho diário. E em todos os casos seguem dois princípios: primeiro, encorajar e construir relações, tanto dentro como fora da empresa; e segundo, aproximar-se do consumidor como "comprador" e como utilizador de protótipos de produtos e serviços. Estas são as melhores maneiras de conseguir que uma organização se abra a potenciais novas ideias e inovações.

A eficácia destas estruturas pode ser multiplicada ao terem acesso de uma forma regular e consistente ao conjunto de ideias e talento exteriores de todo o mundo. A metodologia para conquistar isto é uma arquitectura aberta ao fluxo de ideias.

O MOTIVO PARA A ABERTURA

A arquitectura aberta é o princípio organizacional que permite a um negócio e àqueles que nele trabalham *abrir-se a novas ideias de qualquer lado em qualquer altura*. O aparecimento da Internet e as comunicações gratuitas tornam possível a qualquer empresa, grande ou pequena, aproveitar os melhores cérebros do mundo, atravessar indústrias, países e grupos etários. A P&G sabia que ia obter a sua quota-parte de ideias – mas nada mais. *Por isso queria melhorar as probabilidades, abrindo-se ao que é denominado como o "frágil início" do processo de inovação.* A P&G queria tornar-se a primeira escolha de todos, desde o excêntrico vendedor a outras multinacionais para colaboração e inovação; e queria ser a melhor a localizar, desenvolver e influenciar relacionamentos em cada canto e recanto do seu negócio.

Uma empresa fechada em si que acredita que tem todas as respostas está a desperdiçar oportunidades. Durante muito tempo, foi o caso da P&G, uma empresa orgulhosa, com um passado de orgulho. Tem sido o líder da inovação há mais de um século na indústria dos produtos de consumo. O desafio que enfrentou foi manter-se fiel à sua história inventiva, enquanto convencia os colaboradores a ficarem mais abertos às ideias exteriores. O problema era que as práticas habituais na P&G não estavam a funcionar suficientemente bem. A sua taxa de sucesso na inovação – um sistema métrico derivado da avaliação de quantos novos produtos atingem os seus objectivos financeiros – estava fixa entre 15 e 20 por cento. Não era suficientemente bom. Era, francamente, igual à média da indústria. Alguns investigadores estavam mais concentrados na própria investigação do que no modo como a inovação se ligava ao consumidor. A ideia de "o consumidor é o chefe" não estava a ser implementada na empresa. Tinha de se fazer alguma coisa diferente.

Como diz Gil Cloyd, director de tecnologia da P&G: "Passámos de um mercado com mudanças lentas, cuja dinâmica favorecia o enfoque interno e a integração vertical, para um mercado caracterizado pela mudança rápida, eliminação de fronteiras geográficas, capacidades globais notáveis, com um enfoque constante nos baixos custos. Isto favorece a desintegração vertical e um modelo empresarial de negócios muito aberto."

Dito de outra forma, estamos agora na era da empresa aberta, em rede. Isto é uma mudança radical em qualquer cultura empresarial, não apenas na forma como os colaboradores trabalham diariamente, mas também na sua mentalidade, para estarem abertos e procurar novas ideias. Para tornar este conceito operacional, o primeiro passo de qualquer líder é estabelecer objectivos mensuráveis que formam a base para a avaliação do seu desempenho.

Pouco depois de me ter tornado CEO, sabia que a única maneira de reforçar drasticamente a nossa abordagem à inovação era estabelecer um objectivo mensurável. Estabeleci um objectivo ambicioso e inédito: "Vamos formar parcerias com *outsiders* para 50 por cento das nossas inovações." Porquê 50 por cento? Parecia um objectivo ambicioso mas exequível; era específico e fácil de lembrar. (Na altura o número rondava os 15 por cento, por isso havia muito trabalho a ser feito para o atingir.) Mais importante, era mensurável e tinha metas. Era específico, algo com que os gestores se podiam facilmente relacionar e concentrar em realizar.

Conquistar este objectivo significava pôr de parte a ideia "não é inventado aqui". Agora a P&G colabora com qualquer um, em qualquer lado, em qualquer altura. A P&G gosta de parceiros *invulgares*. Irá mesmo competir com uma empresa num lado da rua e cooperar com ela no outro. Num sistema aberto de inovação, qualquer coisa que exista é jogo justo, mesmo que os concorrentes estejam sentados nela. E não há problema para os dois parceiros, porque funciona.

RELACIONAR E DESENVOLVER

Apresento o programa Relacionar e Desenvolver (R&D). A única característica do R&D é a vontade de todos na P&G estarem psicologicamente abertos e considerarem seriamente novas ideias, seja qual for a origem, construindo desta forma uma rede verdadeiramente aberta e global que pode associar-se – e ser o primeiro na fila – aos pensadores mais interessantes e aos melhores produtos para os "utilizar com orgulho de forma diferente".

A P&G abriu-se para se poder relacionar. Larry Huston, antigo *vice president* da P&G para a inovação e tecnologia, gostava de dizer: "A criatividade é realmente o processo para estabelecer relações."

O R&D é uma forma de estabelecer relacionamentos que permite à P&G manter-se ligeiramente à frente no jogo. É uma nova abordagem para localizar inovação, não uma nova estratégia. O que *não é* é uma forma de *outsourcing*. É uma maneira de receber a criatividade do mundo e permitir desta forma à P&G alavancar a criatividade para além dos limites da organização. É uma forma de relacionar unidades de negócio internas com capital intelectual do exterior.

Relacionar e Desenvolver, em termos geográficos, significa em todo o lado; em termos humanos, toda a gente. Mas uma apresentação que diz "em todo o lado, toda a gente" não é muito útil. A P&G reduziu-a, enfatizando os produtos, embalagens ou ideias técnicas que estão "muito bem cozinhadas" – precisando apenas de alguns passos para estarem completas, ou que, de alguma forma, já podem entrar no mercado. No mínimo, é preciso haver um protótipo a funcionar.

Além disso, a P&G não está tanto à procura de novas categorias de marcas, mas mais de "adjacências" – coisas que se podem encaixar numa das categorias ou portfólios de marcas existentes, em particular coisas que tenham significado para uma das dez principais necessidades que todas as unidades de negócio da P&G identificam todos os anos.

Inicialmente, muitos na P&G pensaram que era uma moda. Alguns estavam defensivos sobre o que o R&D podia significar para os seus postos de trabalho. Outros estavam receosos – seria isto uma contratação externa de serviços disfarçada? Outros estavam preocupados – os meus conhecimentos técnicos ainda são importantes? Com o tempo, perceberam as oportunidades – introduzir as inovações mais rapidamente no mercado e permitir-lhes fazer trabalho de maior valor. Mas parte do trabalho do líder é fazer os outros encarar tais afirmações de uma forma séria, para levar a cabo a execução e para que a concretização do objectivo faça parte do trabalho diário.

Para cada cem ideias encontradas no exterior, talvez uma chegue às lojas. Parece uma média muito fraca, mas considere isto: dos produtos que apresentamos no mercado, mais de 50 por cento têm sucesso.

Até agora, o programa Relacionar e Desenvolver fechou mais de 500 acordos; a média agora é de dois por semana. No total, foram lançados mais de 200 novos produtos em resultado desta rede implacável. O objectivo estabelecido em 2001 foi ultrapassado. Mais de 50 por cento das iniciativas da P&G em 2007 envolveram pelo menos um parceiro externo. Em resumo, a P&G está no bom caminho para alcançar a sua aspiração: tornar-se o parceiro de eleição no mundo. E no decorrer do processo, a P&G está a criar uma forma ágil e flexível de organizar a inovação.

O ALGODÃO NÃO ENGANA

Embora existam muitas histórias de sucesso do programa Relacionar e Desenvolver, aqui estão algumas que dão vida à ideia:

- *Compre um ingrediente comprovado: Olay Regenerist.* Como Ponce de Leon, os cientistas da P&G viajaram muito para encontrar a fonte da juventude – ou, mais precisamente, uma tecnologia anti-rugas. Numa reunião técnica, a Sederma, uma pequena empresa francesa, apresentou informação sobre um ingrediente que tinha benefícios comprovados na regeneração das células e poderes curativos. Os cientistas da P&G puseram a hipótese de, em combinação com alguns ingredientes anti-envelhecimento comprovados, ter também benefícios significativos na redução de rugas. Testes clínicos provaram esta hipótese e, então, a P&G comprou o pentapeptídeo, um ingrediente-chave da Olay, à Sederma, fez algumas pequenas modificações e lançou o Olay Regenerist, um creme anti-envelhecimento. Nos primeiros quatro anos, o Regenerist atingiu mais de 250 milhões de dólares em vendas anuais. O relacionamento continuado com a Sederma permanece como uma parceria científica inovadora, que irá produzir futuros ingredientes e benefícios para o consumidor.

- *Utilize tecnologias estabelecidas de novas formas: produtos para o cabelo.* A P&G queria melhorar a retenção de cor no cabelo para os principais tratamentos de cor. Uma oportunidade era melhorar a retenção da cor com tecnologia do condicionador. Os conhecimentos funcionais sobre silicones da britânica Dow Corning satisfaziam a necessidade. A expectativa é que três quartos dos produtos para colorir o cabelo da P&G irão acabar por utilizar alguma variação desta inovação tecnológica. Uma segunda oportunidade era criar uma forma de retocar as raízes entre as colorações. Com base na tecnologia de escovagem da Clairol para aplicar cor aos pêlos faciais dos homens, Tin Horse, uma empresa inglesa de *design*, desenvolveu uma escova para retocar as raízes para o Nice 'n Easy. Durante o primeiro ano no mercado, o Nice 'n Easy Root Touch-Up recebeu mais prémios de revistas de beleza e associações do que qualquer outra tinta para o cabelo, incluindo o reconhecimento da revista *Allure* como um "Grande Progresso na Beleza", um prémio que recompensa produtos que apresentam novas soluções para problemas do envelhecimento. O Nice 'n Easy Root Touch-Up também foi identificado pela revista *Marie Claire* como um dos 25 produtos que mudaram a vida das mulheres.

- *Observe produtos paralelos e o comportamento do consumidor: Mr. Clean Magic Eraser.* O Cleenpro era uma esponja para a limpeza do lar vendido no Japão. A equipa do Relacionar e Desenvolver reparou no Cleenpro e enviou amostras para Cincinnati para avaliação do consumidor. Após uma investigação mais aprofundada junto do consumidor, a equipa de inovação da P&G descobriu que as pessoas a utilizavam mais como borracha para apagar manchas, não como esponja para limpar. Intrigada pelas possibilidades e apoiada por mais testes ao consumidor, a equipa confirmou que a esponja removia todos os tipos de manchas das superfícies duras, como marcas das dedadas de crianças nas paredes e marcas da borracha dos sapatos do chão. Os consumidores queriam realmente este tipo de produto. De facto, uma mulher que vivia na costa ocidental dos EUA era tão entusiasta, que queria importar ela própria a esponja do Japão. Com base no forte apelo do consumidor, a P&G comprou a licença da tecnologia da esponja à BASF, a empresa química alemã que é o maior fornecedor da P&G. Esta inovação de Relacionar e Desenvolver da marca Mr. Clean passou dos testes iniciais ao consumidor para a produção em apenas sete meses.

- *Inovação licenciada à concorrência: Swiffer Duster.* No Japão, a P&G e a Unicharm concorrem lado a lado nas categorias de fraldas e produtos femininos, mas não nos cuidados do lar.

Começaram a trabalhar em conjunto para compreender o apelo do consumidor pela tecnologia "fibra enrolada" da Unicharm. Com base no seu relacionamento, a Unicharm também partilhou com a P&G a sua última inovação – um novo pano do pó. O estudo do consumidor conduzido pelas duas empresas em Atlanta, EUA, revelou uma estrondosa resposta positiva ao novo pano do pó. Reconhecendo que as duas empresas iriam beneficiar, a P&G negociou os direitos de venda fora do Japão. A P&G agarrou no produto "como seu" e chamou-lhe Swiffer Duster. Para reduzir custos e tempo de lançamento no mercado, a P&G pediu à Unicharm para utilizar as suas linhas de produção e para ajudar a dar início à produção na fábrica canadiana da P&G. A P&G até utilizou uma versão dobrada da publicidade da Unicharm. Os Swiffer Dusters são uma inovação vencedora e excederam em muito a previsão original. O sucesso foi impulsionado pela capacidade da equipa em seguir o lema "se não está partido, não o consertes", dado que reutilizaram a inovação da Unicharm "tal como estava".

Embora muitos dos sucessos do R&D acima descritos sejam conseguidos através do desenvolvimento do produto e da tecnologia, a mesma abordagem pode ser aplicada à inovação de ideias conceptuais de marca, logística e modelos inovadores de novos negócios.

OS CAÇADORES E COLECCIONADORES DE INOVAÇÃO

As três formas como a P&G operacionalizou o R&D como parte da sua cultura de inovação incluem empreendedores de tecnologia, relações com dispositivos da Internet para encontrar soluções para os problemas e fazer uso dos conhecimentos dos reformados.

Empreendedores de tecnologia. A P&G tem cerca de 850 investigadores; fora da empresa existem outros 1,5 milhões de investigadores semelhantes, com áreas pertinentes de especialização. Por que não aproveitar os seus cérebros? A P&G precisava de um processo para fazer isto acontecer de uma forma rotineira.

Esse é o papel dos empreendedores de tecnologia (ET). São a metade "relacionar" da equação para novas tecnologias. Os ET estão ligados a negócios específicos da P&G e são compensados pela inovação que impulsiona resultados no negócio. Estes cientistas de topo desenvolvem relações com investigadores, tanto nos meios académicos como nos de negócios (incluindo fornecedores e concorrentes), e depois garantem que os colaboradores da P&G nas unidades de negócio sabem da existência dessas ligações. Os ET são também "caçadores", utilizando métodos avançados de pesquisa – via *Web*, escritórios de patentes e literatura científica – para encontrar respostas para as questões.

A P&G tem centros de R&D nos EUA, na Europa, na China, na Índia, no Japão e em qualquer outra parte que coleccione e distribua questões de inovação para os pontos centrais de sistema – empresas, instituições académicas, laboratórios do governo, fornecedores, etc. De acordo com um estudo realizado por professores da Harvard Business School, cerca de 29 por cento dos problemas submetidos às redes externas do R&D ficam resolvidos no prazo de três semanas. Curiosamente, a maior parte das soluções vêm de campos não directamente relacionados com a principal área de conhecimentos dos investigadores.

Por exemplo, a P&G queria imprimir imagens e questões de cultura geral nas batatas fritas da Pringles com tinta comestível. Para o fazer, precisava de um sistema que pudesse produzir 340 milhões de pingos por minuto, sem imagens duplicadas. A escolha era entre desenvolvê-lo por si própria ou encontrá-lo no mundo exterior. Uma apresentação tecnológica – um texto de uma página a descrever o desafio técnico que precisava de solução e os parâmetros técnicos ou exigências – foi enviada para a rede interna de tecnologia da P&G. Um ET introduziu-o numa base de dados de milhares de pequenas e médias empresas. Identificou uma pequena empresa de equipamento de panificação em Bolonha, Itália, com a tecnologia que fornecia uma primeira abordagem. Identificou então vendedores externos que detinham uma tecnologia aplicável ao desenvolvimento e integração de tintas comestíveis e equipamento de impressão. Isto permitiu à equipa de inovação da Pringles fazer o que queria mais rapidamente, melhor e mais barato, com um grau mais elevado de certeza e um risco menor. De facto, as Pringles Prints passaram do conceito para o lançamento em menos de um ano (contra pelo menos dois anos se tivesse sido utilizada a tradicional forma da P&G) e a uma fracção do custo. Também resultou em crescimento de dois dígitos nas vendas da Pringles nos dois anos seguintes.

Motores de busca na Internet. Existem novas áreas de pesquisa entusiasmantes fora das áreas técnicas de força da P&G, tais como protótipos a três dimensões, algoritmos de matemática e biociências. Mas muitos dos contactos que os colaboradores da P&G estavam a fazer – por exemplo com universidades – eram esporádicos, específicos para um determinado objectivo e muitas vezes constrangidos pela excessiva confidencialidade. Em resumo, a P&G não estava a aproveitar todos os possíveis contactos que podia. Isto mudou.

Agora os contactos com os "cérebros" globais são feitas através de vários motores de busca na Internet. O NineSigma, que a P&G ajudou a criar, liga uma empresa com um problema a uma empresa que o pode resolver. A P&G também utiliza a InnoCentive, uma empresa privada, lucrativa, separada da Eli Lilly em 2001. A InnoCentive liga o que denomina como "Os que procuram"[*] (empresas com problemas) e os "Solucionadores"[**] (especialistas com soluções).

Eis como funciona. As empresas fazem um contrato com a InnoCentive para se tornarem "Os que procuram". Isto permite-lhes colocar um desafio anónimo no fórum confidencial – por exemplo, como sintetizar um determinado químico numa estrutura de custo específica. Cada desafio inclui uma descrição pormenorizada do problema, um prazo e o montante da recompensa. Os "Solucionadores" registam-se para resolver desafios. Se um "Solucionador" (também anónimo) encontrar uma solução que "O que procura" aceite, este paga a recompensa. Que pode ser significativa. Em Novembro de 2006, a Prize4Life, Inc., ofereceu um milhão de dólares de incentivo para a identificação de um

---

[*] N. T. No original, *Seekers*.
[**] N. T. No original, *Solvers*.

marcador biológico associado à doença de Lou Gehrig;* geralmente, o número é inferior a cem mil dólares. Mas é a empresa que estabelece a recompensa, por isso "O que procura" consegue garantir que o serviço apresenta razoabilidade económica, em termos de se pagar a si próprio com o tempo e esforços poupados. Com uma rede global de 110 mil "Solucionadores", de 175 países, o InnoCentive oferece às empresas uma forma de aceder a um mundo de "cérebros" numa base de confidencialidade.

Reformados. Outra abordagem que a P&G utiliza é relacionar-se com outro grupo de especialistas externos em tecnologia pertencentes a um conjunto demográfico subaproveitado: reformados da P&G e reformados de outras empresas. Estes profissionais trabalharam durante décadas nas suas especialidades e certamente não perderam as competências quando deixaram de exercer a sua actividade. A P&G criou uma empresa nova e separada, a YourEncore.com, para utilizar os conhecimentos de especialistas técnicos reformados. Não recorremos apenas a reformados da P&G, mas também de outras empresas – da Boeing, por exemplo. Da mesma forma, há muitas outras empresas que utilizam os serviços da YourEncore.

O programa Relacionar e Desenvolver tem sido um motor muito importante no sucesso do processo integrado de inovação da P&G, acelerando a construção de parcerias intelectuais e de propriedade intelectual. O R&D exige uma "info-estrutura" que guia a informação certa para as pessoas certas na altura certa, e a P&G continua a investir nele. Esta abordagem não deve em caso algum ser interpretada como a P&G não continuar a construir propriedade intelectual ao nível interno. Continua a investir em investigação e desenvolvimento e na infra-estrutura mundial de pessoas, laboratórios e edifícios. E a P&G irá continuar a proteger ferozmente as suas 38 mil patentes. Mas com esta abordagem

---

* N. T. Doença de Lou Gehrig ou Esclerose Lateral Amiotrófica (ELA) é uma doença neurodegenerativa caracterizada pela perda progressiva da função motora e da capacidade respiratória, cuja mortalidade se deve fundamentalmente à repercussão respiratória, sendo mais comum nos homens do que nas mulheres. Lou Gehrig foi um famoso jogador de basebol da equipa New York Yankees, que faleceu em 1941 com esta doença, quando tinha 38 anos.

dupla, a P&G agora tem tanto a estrutura interna para gerar a propriedade intelectual como a "info-estrutura" do R&D para gerar parcerias intelectuais.

AUMENTAR O "BOLO"

A primeira secção deste capítulo forneceu ideias para desenvolver as estruturas que possibilitam a inovação. Depois mostrámos, através do Relacionar e Desenvolver, como mudar radicalmente a forma como o seu negócio encontra e desenvolve ideias externas que converte em novos produtos e serviços para crescimento orgânico. Aqui mostramos como aumentar o crescimento das receitas trabalhando com elementos externos para ampliar a dimensão da procura de mercado, criando novas necessidades para o cliente e aumentando, assim, o tamanho do "bolo" para todos.

As estratégias e as estruturas de uma empresa e do seu negócio têm de ser criadas de forma a poderem inovar com organizações que não estão debaixo do seu controlo directo ou total, incluindo clientes, fornecedores, concorrentes e uma série de terceiros interessados.

A IBM investiu recursos no seu InnovationJam, uma sessão *on-line* de *brainstorming* utilizada várias vezes. Em 2006, a Jam foi dedicada à identificação de novas ideias. Embora a Jam fosse limitada a colaboradores (e aos membros das suas famílias), clientes e parceiros de negócios, atraiu 150 mil pessoas, de 104 países. O objectivo, segundo o *site* da empresa, era "ir mais além do que a simples invenção e concepção de ideias. Queremos identificar e criar soluções verdadeiras que fazem avançar empresas, comunidades e a sociedade de formas significativas."

Antes da Jam, a IBM construiu um *site* interactivo com *clips* de som, visitas guiadas virtuais e pequenos vídeos com informação de *background*. Dois moderadores deram início à Jam com cinco tópicos: transportes, saúde, ambiente e financeiro e comércio. A primeira fase foi um *brainstorm*; na segunda, os participantes deram opinião sobre duas entre dezenas das ideias mais promissoras. Depois da Jam, a IBM analisou as informações e decidiu investir cem milhões de dólares nas dez ideias mais promissoras (das 46 mil obtidas). Estas variavam entre sistemas de pagamento inteligente dos tratamentos de saúde, tradução em tempo real, bancos sem sucursais e a Internet a três dimensões. Algumas delas irão ser lançadas pela IBM? Quem sabe? O que é interessante é como a IBM está a procurar os seus clientes para descobrir novas direcções. Como diz o CEO Sam Palmisano: "Os modelos colaborativos de inovação exigem que confie na criatividade e inteligência dos seus colaboradores e de outros membros da sua rede de inovação. Abrimos os nossos laboratórios e dissemos ao mundo, 'Aqui estão as nossas jóias da coroa, ataquem-nas!'"

Como é óbvio, a chave para "relacionar e desenvolver", ou qualquer outra iniciativa de inovação em rede ou parceria, é que todos ficam a ganhar. O cliente tem sempre de ganhar para a inovação ter sucesso. Mas, igualmente importante, cada parceiro no empreendimento de inovação deve obter resultados e rendibilidades que são satisfatórios no global e melhores do que o que qualquer das partes podia alcançar ao fazê-lo sozinha. Esta é uma questão fundamental. O "bolo" tem de ser maior, para todos ficarem com uma fatia maior.

INOVAR COM OS CLIENTES RETALHISTAS

Outra forma importante como a P&G inova a partir do exterior é a trabalhar com clientes, nomeadamente retalhistas importantes, como a Carrefour, a Metro, a Tesco, a Wal-Mart e a Target. Ao criarem valor em conjunto através de inovações para os compradores, tanto o retalhista como a P&G constroem crescimento orgânico. As melhores inovações satisfazem desafios de negócios específicos e importantes dos retalhistas, nos quais a P&G pode acrescentar um valor único ao alavancar as suas forças nucleares e as suas marcas e produtos líderes.

A Wal-Mart representa cerca de 15 por cento das receitas da P&G a nível mundial (e 30 por cento das vendas nos EUA); a Target representa cerca de sete por cento das vendas nos EUA. A P&G precisa da Wal-Mart e da Target; a Wal-Mart e a Target precisam da P&G. O reconhecimento mútuo desta realidade mudou profundamente a forma como lidam umas com as outras. A P&G tornou-se um parceiro, não apenas um fornecedor.

Hoje, a equipa da P&G que trabalha com a Wal-Wart é multifuncional, consistindo em *marketing*, financeiro, cadeia de abastecimento/logística e especialistas em estudos de mercado. Esta mudança no modelo de negócios começou em 1987, quando a P&G e a Wal-Mart se prepararam para mudar a forma como trabalhavam em conjunto. A premissa era simples. Ao trabalharem em conjunto iriam:

- satisfazer melhor as necessidades do consumidor
- retirar custos da cadeia de abastecimento
- acelerar o crescimento das duas empresas

Esta inovação do modelo comprar/vender é designado por "Inverter a Pirâmide". Historicamente, as empresas trabalhavam e comunicavam uma com a outra através de um ponto da pirâmide – comprador com vendedor, vendedor com comprador. Inverter a pirâmide cria um fluxo de comunicação e planeamento entre as funções de cada empresa – especialista com especialista, falando uma linguagem comum com medidas e objectivos conjuntos.

A primeira área onde se focalizaram foi no fluxo de produtos e logística. No passado, o comprador Wal-Mart iria ler os dados do *scanner* e emitir uma ordem de compra electrónica para um colaborador da P&G responsável pelas encomendas. Este, por sua vez, enviava-a para o local de produção. O produto era então enviado para a respectiva instalação de distribuição da Wal-Mart. O processo funcionava, mas havia muitos "toques" humanos. Como primeiro passo, a P&G e a Wal-Mart retiraram os toques. Para um negócio que gera elevados rendimentos – isto é, coisas "que compra à medida que usa", como detergente para a roupa e papel higiénico – a P&G tem agora acesso em tempo real à informação da Wal-Mart, controlando as vendas das suas marcas e produtos e satisfazendo as encomendas directamente. Este "reabastecimento contínuo" aumentou as vendas, reduziu os custos dos dois lados da transacção e retirou cinco dias de inventário à cadeia de abastecimento.

A evolução seguinte aconteceu quando as duas empresas decidiram automatizar todas as decisões diárias de encomendas. A Wal-Mart e a P&G fizeram uma parceria para estabelecer os parâmetros do reabastecimento e as encomendas "preenchiam-se a si próprias". Outros quatro dias de inventário foram eliminados da cadeia de abastecimento.

A inovação na cadeia de abastecimento continua. É mais centrada no comprador, focaliza-se na disponibilidade existente nas prateleiras e garante que os produtos existem em armazém.

Utilizando dados em tempo real no momento da venda, oito analistas de retalho processam mais de sete milhões de combinações de artigos armazenados todos os dias, procurando oportunidades para melhorar a disponibilidade nas prateleiras. Enviam correcções sobre prateleiras disponíveis para armazenamento para a equipa operacional das lojas, maximizando desta forma a satisfação do comprador. O resultado, diz Jeff Schomburger, que lidera o relacionamento da P&G com a Wal-Mart, é que o consumidor "obtém o produto que quer, onde o quer, quando o quer". Em vez de uma cadeia de abastecimento com uma série de pequenas ligações, está a ser criada uma longa cadeia contínua.

Fazer parceria com retalhistas para compreender melhor os seus compradores é outra forma de criar procura. Através de programas específicos de *marketing* para retalhistas, tais como "Falar da Saúde da Mulher", a investigação da P&G e da Wal-Mart revelou que as mulheres estavam a alargar a sua definição de saúde para incluir bem-estar, nutrição, exercício e beleza. Foi desenvolvido um programa de *marketing* abrangente para satisfazer estas necessidades de saúde das mulheres, um comprador-alvo da Wal-Mart.

Um segundo exemplo de colaboração foi a campanha entre a Wal-Mart e a P&G para aumentar as vendas da Wal-Mart de produtos para a tosse, constipação e gripe. Quando as pessoas precisavam deles, iam à loja mais próxima e mais conveniente, não à Wal-Mart. A estratégia de *marketing* conjunto da P&G e da Wal-Mart centrou-se na prevenção por parte do consumidor e a quota da Wal-Mart em gastos nestes produtos aumentou 30 por cento.

Um terceiro programa de *marketing* para aumentar a consciência das marcas da P&G envolvia uma demonstração interactiva dos produtos Swiffer. Triplicou as vendas em relação às exibições anteriores e, como resultado, a Wal-Mart aumentou a sua quota de mercado do Swiffer em cinco pontos percentuais.

Os parceiros retalhistas são também excelentes fontes de ideias para inovação de produtos que a P&G lança no mercado. Foi a Wal-Mart que viu o pano do pó Swiffer e sugeriu que a P&G o pusesse num cabo para limpar persianas e ventoinhas de tecto. E foi também a Wal-Mart que influenciou a P&G para desenvolver o elixir oral Crest. Tinha sido ponderado durante anos, mas o compromisso forte e inicial da Wal-Mart ajudou o novo produto a gerar experimentação e compra por parte dos consumidores.

O movimento pela sustentabilidade irá criar potencial para a P&G e os seus parceiros do retalho inovarem, ao reduzirem o acondicionamento e ao desenvolverem produtos mais amigos do ambiente. Num discurso realizado a 10 de Outubro de 2007, Lee Scott, CEO da Wal-Mart, disse: "Iremos impulsionar a sustentabilidade e recompensar os fornecedores com inovações sustentáveis. Não deve haver um *trade-off* entre lucros sustentáveis e produtos sustentáveis. Todos temos pessoas criativas, inovadoras, para fazer isto acontecer." Na categoria de detergentes líquidos, por exemplo, a colaboração Wal-Mart/P&G resultou na P&G a retirar 32 mil toneladas de embalagens do ambiente e a poupar 870 milhões de litros de água todos os anos.

A parceria com a Target ilustra outra dimensão do relacionamento da P&G com importantes retalhistas estratégicos. No final dos anos de 1990, estava no topo da agenda da P&G trabalhar com a Target para melhorar os seus corredores de produtos para cuidados com o cabelo. A P&G passou vários anos a trabalhar neste caso, sem sucesso. Por uma boa razão: a principal preocupação da Target era aumentar o número de vezes que os consumidores compravam nas suas lojas. Em média, os compradores visitavam a loja apenas sete vezes por ano. Aperfeiçoar o corredor dos cuidados com o cabelo estava no fundo da sua lista de prioridades estratégicas.

A P&G acabou por perceber e decidiu tentar resolver o problema da Target. Foi feito de uma forma muito P&G, começando com uma base de dados de 27 mil compradores, depois fazendo investigação específica entre 800 "convidados" (o termo da Target para os seus compradores) e finalmente uma investigação mais profunda com mais de uma centena deles. É quase o mesmo processo que a P&G utiliza para compreender os seus próprios consumidores.

A equipa desenvolveu um perfil do convidado Target – fez o levantamento das suas atitudes e comportamentos – e descobriu que os convidados tendem a ter níveis de formação mais elevados do que a norma, são mulheres com família com rendimentos acima da média, confiantes, individualistas e têm expectativas elevadas pressionadas pelo tempo; compram por mais do que o preço. Valorizam os aspectos de poupança de tempo ao comprar na Target; também iam a lugares como a Kohl's and Bed, a Bath & Beyond e outras lojas especializadas, mas nem tanto à Wal-Mart. Um comentário típico era: "Adoro a Target, sou uma pessoa Target."

Na altura, os convidados nucleares da Target (os que gastavam mais do que 50 por cento dos seus dólares no mercado generalizado da Target) vinham às lojas em média uma vez por mês. Era bom, mas a Target imaginava que podia fazer melhor, tal como a equipa da P&G. O convidado médio tinha tendência a pensar na Target principalmente para aquelas categorias que queria ocasionalmente, como presentes, artigos de decoração interior e ofertas sazonais, mas não para artigos do dia-a-dia, como detergente para a roupa, rolos de cozinha, produtos de cuidados pessoais ou fraldas. Estes artigos de "necessidade" têm ciclos de compras mais frequentes do que as categorias facultativas, que podem muitas vezes ser adiadas.

A investigação mostrou que os melhores convidados da Target faziam compras todas as semanas. Este grupo pensava na Target em termos de "querer" e "necessitar" – a principal razão para a sua maior assiduidade. Com base nesta pesquisa, a P&G recomendou que a Target se devia concentrar nas categorias de maior frequência de compra, como uma forma de construir a mentalidade de "pensar primeiro na Target" dos seus convidados para produtos de que precisavam todos os dias. Foi formada uma equipa conjunta de colaboradores da Target e da P&G para definir a estratégia e os planos.

A investigação também revelou que os compradores entram numa loja com um período de tempo mentalmente definido; começam por fazer o que precisam primeiro. Se terminarem isto com rapidez suficiente, podem investir o tempo que sobra na procura de coisas que querem. Com este conhecimento, a equipa Target/P&G trabalhou em conjunto para tornar mais fácil aos convidados comprar as coisas de que mais necessitavam. Se funcionasse, tanto a Target como a

P&G iriam beneficiar. A Target iria aumentar as receitas e as margens, enquanto as marcas e os produtos da P&G iriam beneficiar de viagens de "necessidade" mais frequentes. As categorias de compras mais frequentes e "de necessidade" foram colocadas ao lado uma da outra e mudadas para a entrada da loja, tornando mais rápido e fácil para o comprador cuidar das suas necessidades de beleza, de saúde e de cuidados do lar.

Foi criado um "Mundo do bebé Target" que agrupava todos os produtos para bebé – que anteriormente estavam dispersos por sete localizações – numa loja para bebé. A equipa reformulou o departamento de beleza e saúde com base no estudo sobre como os convidados gostavam de comprar estas categorias. Os planos foram testados, os convidados da Target adoraram as mudanças e tanto a Target como a P&G adoraram os resultados.

Em 2005, a Target tinha aumentado uma viagem de compras por convidado médio (para oito) e tinha conseguido ainda melhor entre os melhores convidados, cuja frequência aumentou de 12 para 19 visitas. Em 2006, a Target aumentou mais uma viagem (para nove) entre todos os convidados. Como é que a equipa sabia que a inovação no interior da loja tinha funcionado? Porque as vendas no total e para as marcas e produtos da P&G aumentaram significativamente mais rápido nas lojas que tinham a disposição preferida do convidado do que naquelas que não tinham. Os intangíveis não podem ser medidos, mas não há dúvida de que a parceria da P&G com a Target se intensificou. Actualmente, a Target e a P&G trabalham em conjunto de uma forma que seria impossível nos anos de 1990, quando toda a P&G se preocupava com o que era importante para si própria.

Quando se inova com retalhistas, o enfoque deve estar no que interessa mais ao comprador. Quais são as suas necessidades e desejos não satisfeitos? Como é que a frequência das suas visitas pode aumentar ou como é que o montante que gasta na loja se pode aproximar mais ao dos melhores compradores do retalhista? Até que ponto trabalham melhor juntos os retalhistas e a P&G para criar uma experiência de compras agradável no primeiro momento da verdade? Estas inovações devem concentrar-se numa área que impulsiona as prioridades e os objectivos estratégicos do retalhista, não apenas do produtor. É importante testar, medir e acompanhar – e, uma vez comprovado, expandir.

As inovações devem ajudar os retalhistas a diferenciarem-se dos concorrentes. Do princípio ao fim, é essencial que os produtores e os retalhistas se concentrem na criação de valor conjunto, em objectivos de negócio e planos conjuntos e em responsabilidade conjunta para executar com excelência e alcançar melhores resultados financeiros e de negócio, ao mesmo tempo que encantam o comprador no decorrer do processo.

Inovar com parceiros retalhistas pode assumir diversas formas e dimensões, incluindo a inovação que é baseada numa ideia que não envolve novos produtos ou tecnologia. Por exemplo, ao trabalhar com a Metro, o retalhista internacional com sede na Alemanha, a P&G aplicou a escala do seu portfólio de marcas para motivar a lealdade do comprador à Metro e a lealdade à marca P&G. A Metro e a P&G criaram a campanha "Adoro a Metro" nas lojas. Incluía uma série de marcas da P&G para atrair pequenos compradores e donos de negócios para as suas necessidades diárias de negócio.

O retalhista global Carrefour trabalhou com a P&G para lidar com famílias com filhos e tornar a experiência de compras da família mais fácil e mais agradável. A equipa conjunta criou e executou um plano que incluía agrupar marcas da P&G em locais ao longo da loja e fornecer informação para as mães e diversão para as crianças.

Produtores e clientes retalhistas podem também trabalhar juntos para desenvolver inovação comercial que apoia causas sociais. No Reino Unido, o programa "Tickled Pink" da ASDA aumenta a consciência sobre o cancro da mama e angaria fundos para esta importante causa. As marcas de cuidados para o lar da P&G, além de transmitirem o seu apoio a fazer-se o bem, também constroem lealdade e partilha entre as utilizadoras femininas. Nos EUA, a P&G tem uma parceria com as farmácias CVS em mercados-chave para apoiar as causas dos paraolímpicos e da campanha "Todas as Crianças Podem" da CVS. Este programa inclui patrocínios aos programas locais paraolímpicos e promoções nas lojas para aumentar a consciência e o apoio à causa e impulsionar a compra das marcas da P&G.

Inovar com os clientes retalhistas não cria apenas valor para ambos os parceiros comerciais, mas também aumenta e fortalece a lealdade à marca e à loja. Além disso, as melhores inovações aumentam a diferenciação tanto para os produtores como para os clientes retalhistas e melhoram os respectivos patrimónios das marcas.

INOVAR COM FORNECEDORES

Os fornecedores são outra rica e muitas vezes subutilizada fonte de ideias de inovação. A P&G compreendeu que os seus fornecedores possuem uma equipa de investigação e desenvolvimento de 50 mil pessoas talentosas localizadas em todo o globo e desejosas de trabalhar com ela. A maior parte dos negócios mantém os seus fornecedores à distância, por motivos concorrenciais; relações adversas são comuns. Os fornecedores querem preços mais elevados; os clientes, mais baixos. É uma receita para o conflito e para a negociação sem fim. A P&G mudou as práticas do passado, criando uma plataforma segura de tecnologias de informação para partilhar conhecimentos de tecnologia. A resposta a esta rede registada tem sido tremenda: a P&G registou um aumento de 30 por cento nos projectos de inovação elaborados em conjunto com os investigadores dos seus fornecedores.

Por exemplo, em Ludwigshafen, Alemanha, os cientistas da P&G e da BASF trabalham juntos como uma equipa homogénea para desenvolver progressos na tecnologia de polímero utilizada nos detergentes para a roupa da P&G, como o Tide e o Ariel.

Inovar com os fornecedores é não apenas uma oportunidade, mas praticamente uma necessidade nas indústrias motivadas pela tecnologia, que têm longos prazos de introdução no mercado e exigem grandes investimentos. A inovação pode acontecer mais rapidamente e com menor risco. Quando, por exemplo, uma unidade de negócio da Cisco Systems precisa de desenvolver um circuito integrado único para uma aplicação específica, o investimento prévio pode ser de centenas de milhares de dólares, com a rendibilidade a materializar-se ao longo de vários anos. Ao não fazê-lo sozinha, mas trabalhando com fornecedores, o circuito pode ser desenvolvido mais rapidamente e com menor risco para a Cisco. Este processo de inovação em conjunto exige uma relação de grande alcance, de confiança e de longo prazo entre os responsáveis pelo desenvolvimento no fornecedor e os que desenvolvem o produto nas unidades de negócio da Cisco.

Angel Mendez, *senior vice president* para a cadeia de abastecimento da Cisco, tornou a sua organização a ponte para a inovação conjunta. Transformou a função tradicional de uma cadeia de abastecimento. Não é apenas produção, logística e entrega aos custos mais baixos e com menos inventários, mas fazer da inovação com os fornecedores um veículo para aumentar o crescimento orgânico da Cisco, através da descoberta de tecnologias emergentes em todo o mundo.

Mendez formou comercialmente tecnólogos que se integram nas equipas de produto das unidades de negócio da Cisco. Têm uma forma sistemática de procurar tecnologias e oportunidades relacionadas, ligando-as com as unidades de negócio numa base de rotina. Como resultado, os tecnólogos sabem no que as unidades de negócio estão a trabalhar e quais são as suas necessidades actuais e futuras. Simultaneamente, procuram fornecedores com novas tecnologias que as unidades de negócio possam utilizar para desenvolver os seus produtos. Os gestores das unidades de negócio podem então ver novas oportunidades não imaginadas anteriormente. Assim, os gestores não se limitam a enviar o produto para as unidades de negócio, inovando activamente em conjunto com elas para criar novas oportunidades de negócio. Tal como os empreendedores de tecnologia da P&G, os tecnólogos da Cisco criam ligações entre as unidades de negócio e os fornecedores. Os benefícios deste novo relacionamento entre a Cisco e os fornecedores incluem um investimento menor em novos produtos para crescimento das receitas e uma vantagem sobre a concorrência.

INOVAR COM OS CONCORRENTES

Quando se trata de colocar a inovação no mercado, a P&G fará quase tudo – incluindo parcerias com concorrentes. Um exemplo é uma tecnologia e um protótipo promissor chamado Impress. É um invólucro de plástico para comida com minúsculas pregas revestidas de película adesiva que selam as superfícies em vez de apenas as cobrir, evitando o amontoado incómodo tão característico dos produtos da concorrência. Nos testes de mercado, os consumidores adoraram. O primeiro pensamento, naturalmente, foi inventar uma nova marca e construir um novo processo de fabrico. Isto, contudo, iria demorar muito e ser demasiado dispendioso. A segunda abordagem era comprar uma empresa relacionada e adaptar o seu fabrico. A P&G viu a sua oferta de aquisição ser superada duas vezes e uma terceira empresa não quis vender.

A equipa de inovação que trabalhava neste projecto repensou a sua abordagem e tomou um caminho diferente. A categoria de embalagem de comida era nova para a P&G e era fortemente defendida por concorrentes com longa experiência. "Em última análise, limitámo-nos à economia prática", conta Jeff Weedman, *vice president* da P&G para o desenvolvimento de negócios externos. "Como podemos obter a melhor rendibilidade para o nosso investimento de inovação? E como, em última análise, queríamos manter uma participação no negócio, também tínhamos de considerar: Quem pode colocar os produtos no mercado mais rapidamente?"

O que anteriormente fora impensável na P&G aconteceu: uma *joint venture* com a Clorox, o fabricante dos produtos para o lar Glad e um concorrente importante da P&G durante décadas. A P&G ficou com uma participação de 20 por cento no negócio, ao contribuir com tecnologia registada e capital. Além disso, a P&G colocou dois gestores na equipa operacional da Glad e os colaboradores da P&G constituíam quase metade da equipa de investigação e desenvolvimento da Glad. Foi colocado um *vice president* da P&G no conselho de administração da *joint venture*. A P&G concordou canalizar todas as inovações relacionadas para a Glad. A Glad fez tudo o resto. O resultado foi as embalagens Glad Press'n Seal e Glad ForceFlex (sacos do lixo mais fortes e extensíveis). Actualmente, a Glad é uma marca de mil milhões de dólares, uma subida em relação aos anteriores 650 milhões de dólares. Embora tecnicamente a Glad seja uma marca de mil milhões de dólares para a Clorox, a P&G orgulha-se de que foram as inovações que vieram da *joint venture* que a catapultaram para este nível de vendas. É chamada a marca de 24 mil milhões de dólares da P&G.

INOVAR COM CLIENTES NÃO RETALHISTAS

As empresas industriais, como a 3M, investem tempo e dinheiro a fazer investigação que pode resultar em verdadeiros progressos tecnológicos. Acontece muitas vezes que a tecnologia não tem uma ligação clara com as necessidades do cliente. Só depois de desenvolvida, começam a procurar uma aplicação.

Nas fases iniciais da investigação, geralmente precisam de "estar sozinhos" no laboratório, mas se, no momento apropriado no desenvolvimento da tecnologia, empresas como a 3M começassem a trabalhar com clientes, então as aplicações podiam potencialmente ser desenvolvidas mais rapidamente e com maior eficácia. É como, de facto, a 3M Optical Systems tem sido capaz de ajudar os seus clientes (empresas como a HP, a Samsung, a Sony e a Sharp) a concorrer no mercado em rápida mudança dos produtos electrónicos de consumo.

A Optical Systems desenvolveu a sua abordagem de inovação com os clientes nos seus primeiros anos, quando havia apenas uma dezena de pessoas numa pequena equipa de desenvolvimento do negócio que procuravam uma grande oportunidade de mercado para um tipo de película que a 3M tinha desenvolvido. A película, melhor descrita como tendo muitas micropersianas pouco espaçadas, como miniestores verticais, podia direccionar e manipular a luz de várias maneiras. A equipa e o seu líder, Andy Wong, tinham a certeza de que tinha potencial de mercado. A questão era: para que mercado?

Ansiosa por encontrar uma grande oportunidade de mercado, a equipa visitou empresa atrás de empresa, em indústria atrás de indústria, ouvindo os desafios de negócio e de tecnologia que esses potenciais clientes descreviam. Quase todos na equipa 3M, dos engenheiros ao gestor de fabrico, falaram directamente com os clientes. Regressavam e resolviam os problemas, depois reuniam-se com as pessoas nas instalações do cliente com ideias de como a 3M podia ajudar. À medida que a equipa explicava como funcionava a tecnologia, as ideias começaram a fluir entre as duas empresas.

Na indústria automóvel a equipa explorou se a película 3M podia controlar a luz no compartimento do passageiro para não distrair o condutor. Podia tornar o painel de instrumentos mais luminoso sem criar brilho no pára-brisas? Esta exploração ajudou a 3M a descobrir algumas pequenas oportunidades de mercado. A grande oportunidade surgiu quando a equipa explorou as possibilidades na indústria em crescimento dos computadores portáteis e descobriu que as suas películas podiam ser utilizadas para melhorar a luminosidade e a eficiência do ecrã do computador portátil. A altura não podia ter sido melhor: quando o negócio dos computadores se desenvolveu nos anos de 1990, o mesmo aconteceu com a Optical Systems. Em 1998, as suas películas estavam padronizadas na indústria dos computadores e as receitas explodiram.

A 3M Optical Systems tem agora uma enorme rede de clientes com os quais elabora a resolução conjunta de problemas e não são apenas vendedores a falar com agentes de compra. Os colaboradores da área da tecnologia e os da produção da 3M falam directamente com uma série de pessoas nas instalações do cliente – e com muita frequência. Como Jeff Melby, o director de negócios e antigo director técnico da Optical Systems, diz: "Ninguém aqui diz: 'Ei, espere aí, você é um engenheiro químico, não pode andar a falar com clientes!'" Trocar ideias com os clientes é uma actividade diária até para Marc Miller, director de produção da Optical Systems. Foi como a Optical Systems descobriu que muitos dos seus clientes utilizavam diferentes películas 3M, cada uma com uma película protectora anexa. Os clientes gastavam muito tempo a remover a película protectora, o que é complicado, porque até mesmo a mais minúscula partícula de pó irá arruinar a película. Miller e a sua equipa perguntaram aos clientes: "E se nós pudéssemos fornecer duas ou três destas películas já separadas?" Os clientes estavam interessados e a equipa começou a trabalhar para descobrir como o fazer.

Ao estarem perseverantemente alerta para as oportunidades e sempre na ofensiva para satisfazer as necessidades do cliente e do consumidor, a Optical Systems continua a diferenciar-se em relação à concorrência e assegura um fluxo estável de novas receitas.

Embora a maior parte deste capítulo se tenha concentrado em abrir-se e trazer ideias do exterior, não negligencie o óbvio: a sua organização interna de investigação e desenvolvimento. AskMe é uma característica da intranet da P&G. Se um colaborador da P&G tiver um problema, pode enviar uma pergunta a dez mil colegas técnicos, para solicitar a sua experiência e pensamentos em como abordar um desafio específico de inovação.

Estabelecer centros de investigação em diferentes localizações é outra forma de aplicar o talento de todo o mundo na sua própria empresa – e nesta altura muitas empresas estão a fazê-lo. Um estudo realizado pelo Boston Consulting Group descobriu que dos novos centros de investigação e desenvolvimento que estão a ser planeados, 75 por cento são na China e na Índia. Embora o mundo desenvolvido (principalmente a América do Norte, a Europa Ocidental e o Japão) ainda represente a grande maioria da investigação e desenvolvimento, as despesas estão a crescer muito mais rapidamente no mundo em desenvolvimento. A Toyota apoia um centro de construção de um pequeno camião na Tailândia; a John Deere um centro de tecnologia na Índia. Mais de metade das infra-estruturas de investigação da IBM situam-se fora dos EUA – uma na Europa, três na Ásia e uma em Israel. E 80 por cento das 150 infra-estruturas da Siemens estão fora da Alemanha.

Tais centros são, como é óbvio, apenas um elo na cadeia de inovação; contudo, as tendências são sugestivas. Ao mobilizarem investigação e desenvolvimento global 24 horas por dia, sete dias por semana, as empresas podem criar melhores produtos e trazê-los para o mercado mais rapidamente. Mas isto não é suficiente; a questão é usar as diferentes capacidades dos colaboradores à volta do mundo para decidir onde concentrar as suas energias e escolher que estratégias seguir. Uma abordagem é o modelo de contrato: comprar "cérebros" e com eles rapidez e eficiência de custos. Um estudo da Booz Allen Hamilton previu que as despesas globais actuais em engenharia com sede no estrangeiro são de 15 mil milhões de dólares; este número pode aumentar para 225 mil milhões de dólares em 2020, com a maior parte do crescimento a ter origem nos mercados emergentes da Índia, da China e da Rússia.

A complexidade do trabalho a ser produzido está também a aumentar; embora o preço seja claramente uma parte da equação, esta tendência tem também que ver com competência e tempo de entrega. A P&G, por exemplo, tem contratos com a Axiom, um parceiro indiano, para fornecer *design* e engenharia auxiliada por computador a custos mais baixos. A P&G está também a trabalhar com laboratórios governamentais indianos para identificar activos botânicos de elevada eficácia e tecnologias para utilizar nos produtos de beleza, para bebé e tratamento oral. Esta é uma especialização que a P&G não tem.

Outra estratégia é construir redes com forças complementares. Veja o caso das instalações de investigação da Microsoft em Pequim. Fundada em 1998, a Microsoft Research Asia transpira uma certa calma pseudocaliforniana – tem mesas de matraquilhos e cadeiras de massagens – mais é mais conhecida como um turbilhão a sugar talento de toda a Ásia para criar soluções globais. Os fanáticos da tecnologia estabelecidos aqui fazem algum trabalho direccionado para problemas especificamente regionais, tais como sistemas de discurso para os oradores chineses; contudo, são sobretudo uma "colecção de cérebros" que atacam problemas difíceis.

A Microsoft calcula que o laboratório de Pequim seja responsável por mais de cem inovações que foram inseridas em produtos como o Office XP, o Office System 2003, o Windows XP, o Windows Server 2003, o Windows XP Media Center Edition, o Windows XP Tablet PC Edition, a Xbox, o Windows Live, o Windows Vista e o Office 2007. O laboratório também está a desenvolver conhecimentos em animação por computador e artes digitais que toda a empresa utiliza.

Fazer isto funcionar exige um elevado grau de integração interna. A Whirlpool acelerou o seu processo de inovação, desenvolvendo uma plataforma de *software* que permite aos seus engenheiros trabalhar a mesma informação técnica. "O maior benefício", assinala a IBM num *case study* do projecto, "é a flexibilidade para rapidamente se utilizar novas capacidades numa base mundial, para se aproveitar oportunidades e manter vantagens competitivas no mercado global."

Organizar para a inovação não é fácil. Um mesmo tamanho não serve a todas as circunstâncias de inovação. Quando decidir como organizar, pense num número de critérios e variáveis. E esteja disposto a experimentar estruturas de organização até encontrar uma que funcione melhor para a sua empresa, negócio, função ou projecto. Encontrar a estrutura certa de organização pode fazer uma grande diferença na eficácia, eficiência e no próprio sucesso do esforço de inovação.

Abrir-se ao exterior e fazer parcerias para a inovação pode resultar em sucesso e pode funcionar ao nível da empresa, negócio, função ou projecto, como foi o caso com o programa Relacionar e Desenvolver da P&G. Os centros de inovação e as equipas conjuntas de inovação podem envolver produtivamente clientes e fornecedores. A rede em sentido mais lato, através de comunidades na *Web* como o NineSigma e o YourEncore, ou através de comunidades de interesses ou práticas comuns, pode identificar oportunidades e resolver problemas de inovação. Relacionar e colaborar são fases cruciais para o processo de inovação. Assim que a estrutura da organização estiver decidida, então as pessoas podem concentrar-se em levar uma ideia até à sua completa execução comercial e ao definitivo sucesso financeiro e empresarial.

PERGUNTE-SE NA SEGUNDA-FEIRA DE MANHÃ

- Está familiarizado com diferentes estruturas organizacionais para permitir e apoiar diferentes tipos de equipas de inovação?

- Está a multiplicar as suas capacidades internas através da inovação aberta ou de um programa do tipo "relacionar e desenvolver"? Está a utilizar esta abordagem não apenas para inovação de produtos/tecnologia, mas também para outras como inovação comercial/conceptual, cadeia de abastecimento/logística, novos modelos de negócio?

- Estabeleceu um objectivo específico para medir a eficácia do seu programa "relacionar e desenvolver" e está a avaliar o seu progresso?

- Está a atribuir a responsabilidade pelo programa "relacionar e desenvolver", seleccionando a pessoa certa para "ir até ao fim" e fazendo depois as alterações necessárias na metodologia para o executar?

- Está a certificar-se de que não está a reinventar a roda? Antes de dar luz verde a uma nova ideia de inovação, está a investigar se mais ninguém na empresa está a fazer alguma coisa relacionada com ela e a procurar através de uma rede de "relacionar e desenvolver" para ver se está a ser feito no exterior?

- Modificou apropriadamente o seu programa de reconhecimento e compensação para destacar os colaboradores que se aplicam no projecto e utilizam parceiros externos para a inovação?

- Preparou os seus colaboradores para procurarem activamente ideias e conhecimentos? Vão à procura de novas ideias quando vão a exposições comerciais, reuniões de associações e convenções e partilham as suas descobertas de uma forma útil e construtiva quando regressam? Estão a alavancar as suas redes sociais fora da empresa para novas ideias? Criaram uma rede com base na Internet, começando pelos fornecedores, consultores a que recorreu ou a que pode vir a recorrer e académicos ou investigadores que estarão desejosos de participar?

CAPÍTULO 7

Integrar a inovação na sua rotina

DA GERAÇÃO DE IDEIAS AO LANÇAMENTO NO MERCADO

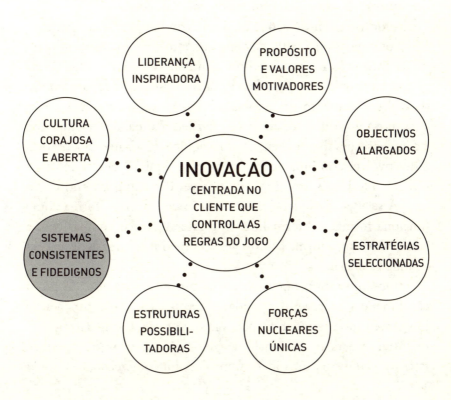

ENQUANTO LÊ ESTE LIVRO PODE ESTAR A PENSAR: "HÁ ALGUMAS boas ideias aqui… para outros. Na minha loja, mal conseguimos gerir o dia-a-dia. Como é que devo fazer tudo isto?"

Para começar, embora não seja fácil, pode ser feito através de um processo de fluxo contínuo de inovação, para converter ideias em ofertas lucrativas. A inovação não acontece simplesmente. Exige prática deliberada, consistência, ritmo, disciplina e aprendizagem contínua com o sucesso e o fracasso. Fazer bem a inovação significa desenvolver uma forma repetível, expansível e consistente de converter ideias em resultados. Exige um grau de padronização, de forma que outros possam imitar o modelo e melhorá-lo.

E tudo isto tem de acontecer ininterruptamente. Não pode ser feito aos poucos ou a saltar de departamento em departamento; tem de ser integrado na corrente dominante de tomadas de decisão da gestão, em particular as escolhas estratégicas sobre onde jogar, objectivos de crescimento de receitas, objectivos de melhoria das margens, nova prioridade de recursos e avaliação anual do desempenho e compensações. É semelhante a uma equipa de basquetebol praticar e desenvolver continuamente trabalho de equipa, dado que quase todas as ideias são impulsionadas através das equipas multifuncionais. A selecção do líder e a composição da equipa, a forma como funciona formal e informalmente, a interacção das equipas com a gestão superior, a forma como a gestão superior conduz as avaliações – é tudo essencial.

Vamos mostrar primeiro como o processo rotineiro de inovação funciona ao nível das unidades de negócio e das funções na Honeywell International. Depois vamos apresentar uma ferramenta importante para operacionalizar a inovação: a estrutura de cinco fases para converter uma ideia num vencedor comercial.

A INOVAÇÃO NA HONEYWELL

Quando Dave Cote se tornou CEO da Honeywell em Fevereiro de 2002, o seu desafio era criar crescimento orgânico das receitas para impulsionar o crescimento dos lucros. Concluiu que os processos para impulsionar o crescimento das receitas deviam ser tão rigorosos como um processo de produção ou cadeia de abastecimento e teria de ajudar a tornar sustentável o crescimento orgânico das receitas.

Cote estabeleceu os objectivos gerais da empresa e pediu aos líderes de cada unidade de negócio que desenvolvessem os seus próprios objectivos de crescimento de receitas e de lucros, que depois discutiu com eles. Não queria estabelecer os objectivos específicos sem a sua opinião, porque queria ter a certeza de que concordavam com os planos. Contudo, deixou claro que tinham de ser agressivos. "Pedi a cada negócio para explicar os seus objectivos de crescimento de receitas. Sabia que se os objectivos fossem agressivos e os atingissem, estariam a fazer as coisas certas no desenvolvimento de novos produtos", explica. Os objectivos estabeleceram uma agenda clara para o líder de cada negócio: descobrir onde encontrar novas formas de crescimento, definir os mercados que querem perseguir, aprender sobre esses clientes, criar novas ofertas rentáveis para eles e colocá-las rapidamente no mercado. A inovação tornou-se a tarefa de cada líder de negócio, não o domínio exclusivo dos seus directores de tecnologia.

Cote sabia que estabelecer objectivos e emitir uma ordem não iria garantir resultados. A Honeywell tinha de desenvolver a infra-estrutura e as ferramentas para fazer a inovação – e o crescimento – acontecer. No lado do *marketing*, tinha de reforçar as suas capacidades para segmentar mercados e extrair conhecimentos dos clientes. Os colaboradores no negócio das Soluções de Automatização e Controlo (SAC) da Honeywell, por exemplo, pensavam que faziam um bom trabalho a ouvir os clientes, mas em muitos casos estavam a ouvir "a voz da última venda que perdemos", o que significa que os vendedores lhes podiam dizer muito especificamente o que um cliente tinha querido e que a Honeywell não tinha fornecido. Mas não tinham metodologia para avaliar se aquele ingrediente em falta era algo que a empresa devia perseguir. A venda perdida era uma grande oportunidade de *marketing* a longo prazo que podia significar centenas de milhares de dólares em receitas futuras, ou apenas uma oportunidade única perdida? Consequentemente, trabalhava-se em muitos projectos de tecnologia com pouca informação sobre a verdadeira natureza e dimensão relevante da oportunidade de mercado que representavam.

Cote entregou a Rhonda Germany o desafio de construir a capacidade de *marketing* da Honeywell. Como directora do planeamento estratégico e desenvolvimento do negócio, Germany definiu um programa de formação, no qual um conjunto de colaboradores do *marketing*, de engenharia e das vendas e serviços das quatro principais áreas de negócio da Honeywell – Aeroespacial, Sistemas de Transporte, Materiais Especializados e Soluções de Automatização e Controlo – se reuniam num ambiente tipo *workshop* uma semana de cada vez, para colocar o rigor do *marketing* por detrás das ideias dos técnicos. Começaram a ter uma noção de como pensar como alguém do *marketing*, aprendendo técnicas para segmentar o mercado e ouvir a voz do cliente. Embora a transformação para se tornarem mais centrados no cliente não estivesse completa após apenas uma sessão, foi um ponto de viragem, dado que começaram a perceber que saber mais sobre os clientes trazia novas ideias e a melhores decisões sobre o que fazer com a tecnologia.

MOVIMENTAR O FLUXO DE IDEIAS

Colaboradores de todos os departamentos da Honeywell levaram a mensagem a sério, mas no SAC a concentração na segmentação de clientes e o *marketing* impulsionado pela informação foram quase uma revelação. Ao verem as suas receitas a diminuir, os líderes do SAC *tinham* de fazer alguma coisa. Trazer para a tomada de decisão um maior conhecimento de como e porquê os seus clientes compram abriu novos horizontes.

Dan Sheflin, *vice president* de tecnologia para o SAC, teve uma ideia para um *workshop* sobre inovação que iria juntar elementos de diferentes partes da empresa para discutirem aquilo em que estavam a trabalhar e para verem como coincidia com as oportunidades de mercado. Sheflin sabia que a tecnologia sem fios era importante para muitos clientes do SAC; também sabia que estava a ser desenvolvido muito trabalho sobre este tema na Honeywell. Convidou 50 colaboradores envolvidos no desenvolvimento da tecnologia sem fios ou que conhecessem as necessidades do cliente para se reunirem durante um dia e meio.

O formato era simples: primeiro, elementos do *marketing* falavam do que observavam no mercado e quais consideravam ser as oportunidades. Depois, os tecnólogos passavam seis horas a descrever os seus projectos. Como é muitas vezes o caso, muitos dos engenheiros desconheciam aquilo em que os colegas noutras secções da empresa estavam a trabalhar. O diálogo que se seguiu foi entusiasmante, dado que os engenheiros e os colaboradores do *marketing* trocaram ideias e começaram a fazer *brainstorming* sobre formas de utilizar a tecnologia que estava a ser desenvolvida em diferentes negócios para ir ao encontro das necessidades do cliente.

Por exemplo, as equipas de controlo ambiental da combustão olhavam para os elementos dos sistemas de segurança e diziam: "Não sabia que estavam a fazer isso." E os colaboradores do negócio dos sistemas de segurança diziam: "Já construímos 20 milhões destes produtos. Podemos mostrar-vos como se resolve esse problema." Os engenheiros de termóstatos diziam: "Por que motivo temos de criar o nosso se podemos utilizar o vosso dispositivo sem fios?" E durante uma das sessões interactivas, um disse: "Sabem, a tecnologia sem fios pode ser uma alteração de jogo significativa para o espaço industrial. A Honeywell fornece os controlos para 70 por cento das infra-estruturas determinantes do planeta. Já estamos a servir esses clientes. Alguns deles medem as suas fábricas em quilómetros quadrados. Há uma verdadeira necessidade da tecnologia sem fios nessas grandes instalações. Ainda ontem estava com um cliente a seguir um tipo que andava com um bloco de notas e a entrar e sair do seu camião. A tecnologia sem fios nestas instalações seria espectacular."

O grupo dividiu-se em equipas mais pequenas para reunir conceitos de produtos com estimativas aproximadas de potenciais receitas e recursos necessários e uma descrição da proposta de valor. O objectivo era tornar as ideias mais concretas e ligá-las à oportunidade de mercado, para ser mais fácil avaliar quais eram mais apelativas.

No final do *workshop*, era claro que a oportunidade para a tecnologia sem fios era imensa e que o SAC devia ter uma equipa de engenheiros a elaborar uma plataforma sem fios, ou suporte de tecnologia comum, que todas as seis unidades de negócio pudessem utilizar como a base para as suas próprias aplicações. Utilizar a tecnologia sem fios para os sistemas ajudarem instalações industriais a funcionar era claramente uma enorme oportunidade e o líder desse negócio, que estava a participar no *workshop*, estava mais do que feliz por ser responsável por ele. O primeiro produto do sistema industrial sem fios foi lançado em 2004 e um sistema completo foi lançado em 2007, com uma aceitação estrondosa por parte dos clientes industriais.

O SAC continuou rapidamente com *workshops* de inovação ajustados em torno de outras plataformas de tecnologia (acabaram por identificar quatro). Os *workshops*, agora rotineiros, abordam uma série de oportunidades. Mas têm sempre o mesmo objectivo básico: reunir colaboradores da tecnologia e do *marketing*, juntamente com especialistas da indústria e clientes, para passarem de uma vaga ideia global sobre uma oportunidade para uma definição mais clara de verdadeiros projectos com números associados. Então, os líderes dos negócios podem pegar nos projectos e tomar decisões sobre se os iriam continuar ou não. Provou ser um grande progresso na forma de resolver os maiores problemas culturais que as empresas têm com a inovação – pôr o *marketing* e a tecnologia a trabalhar em conjunto na criação de um fluxo contínuo de ideias de forma a convertê-las em ofertas comerciais.

Um exemplo aconteceu na unidade de negócio das Soluções para Edifícios, quando se concentrou nos cartões de segurança que os colaboradores passam quando entram no local de trabalho. Os elementos da unidade de negócio das Soluções para Edifícios, que vende anualmente centenas de sistemas de controlo de acesso, sabiam que era possível utilizar *chips* inteligentes em novos cartões plásticos de identificação, mas pensavam que o custo extra iria afastar os clientes. Ter pessoas com perspectivas e conhecimentos diferentes na mesma sala a debater a questão conduziu a um "aha!". O grupo descobriu que com a tecnologia dos *chips* inteligentes havia uma forma de reduzir em muito os custos de instalação do sistema de segurança, que iria mais do que compensar a despesa de colocar *chips* nos cartões. "Era uma ideia complicada, que não teríamos descoberto com a forma habitual de gerir o negócio", diz Daryll Fogal, director de tecnologia do negócio de Soluções para Edifícios. "Foi necessária uma combinação de vária informação, diferentes tipos de conhecimentos técnicos e estímulo do exterior."

Há muitas outras fontes de ideias para além do *workshop*. O SAC utiliza uma ferramenta *on-line* para as recolher. Qualquer um pode introduzir uma ideia no Portal da Inovação e está alguém do outro lado que garante que é canalizada para a pessoa certa. Mas depende do líder do negócio transformar uma ideia num projecto que percorrerá as restantes fases de desenvolvimento: planeamento e especificação, desenvolvimento, validação e entrega e assistência. Os líderes de negócios estão abertos a novas ideias, porque têm objectivos de crescimento e de novos produtos para atingir, mas nem sempre as aproveitam, porque também têm objectivos de rendibilidade. Por vezes existe demasiada incerteza para fazer o investimento necessário para trazer uma ideia inexplorada para o mercado. A maior parte dos produtos da Honeywell têm uma grande componente de engenharia e exigem muita verificação e validação, o que consome uma grande parte dos recursos de desenvolvimento. Como diz Sheflin: "A inovação é difícil, porque, por definição, aqueles que gerem o negócio têm um enfoque muito operacional. Tem de lhes trazer alguma coisa que seja suficientemente pormenorizada para acreditarem que irão fazer dinheiro com ela." Fogal conta que a questão que ouve repetidamente por parte dos responsáveis das unidades de negócio é: "Isto irá compensar?"

SELECCIONAR E APROVAR IDEIAS

Por vezes um conceito precisa apenas de um pouco mais de aperfeiçoamento ou de estudo de mercado para apelar a um gestor com responsabilidade pelos lucros e perdas[*]. No passado, alguns projectos de inovação paravam porque não havia recursos suficientes para desenvolver bons planos de negócios para vender aos líderes de lucros e perdas. Como diz Sheflin, "dinheiro é gasolina" e frequentemente não existe dinheiro suficiente para desenvolver planos de negócios consistentes. Mas os projectos do SAC podem agora ser financiados por uma ou duas fontes criadas para impulsionar as oportunidades para além desse limiar: a Comissão de Crescimento da Honeywell ou o Fundo de Risco do SAC. (A Comissão de Crescimento é semelhante ao Fundo para a Inovação Empresarial da

---
[*] N. T. No original, *P&L*.

P&G que financia novos negócios em várias categorias, como o Swiffer e o Crest Whitestrips. O Fundo de Risco é semelhante aos grupos de Desenvolvimento de um Novo Negócio da P&G, que residem em categorias específicas de unidades de negócio.)

A Comissão de Crescimento da Honeywell tem 20 milhões de dólares reservados ao nível empresarial para financiar projectos transversais a diversas divisões da Honeywell, tais como colocar controlos da divisão de Soluções de Automatização e Controlo nos turbocompressores do negócio de Sistemas de Transporte. O Fundo de Risco do SAC tem cerca de 1,5 milhões de dólares, que dispensa em subsídios de cerca de cem mil dólares para ajudar colaboradores numa divisão a passarem de "tenho esta ideia sobre a rede sem fios numa instalação industrial" para "tenho uma ideia e falámos com uma centena de clientes, fizemos a segmentação, a avaliação de rendibilidade e pensamos que a rede sem fios numa instalação industrial é um negócio de cem milhões de dólares". Quando os líderes da unidade de negócio percebem algo assim, ficam dispostos a gastar algum dinheiro e a torná-lo parte do seu plano de negócios.

Quando o líder de uma unidade de negócio assume a "propriedade" de uma ideia que emerge de um dos *workshops*, compromete toda a sua equipa de liderança, o Conselho de Acção da Produção (CAP). O CAP inclui o presidente da unidade de negócio e os colaboradores de vendas, financeiros, tecnologia e *marketing*. Assim que o CAP tiver decidido que um projecto é promissor, o presidente inclui-o no orçamento e faz projecções sobre lucros e as receitas. Uma equipa nuclear é então escolhida para desenvolver e levar o projecto para o mercado. Pode ser tão pequena como duas pessoas – geralmente um engenheiro e um colaborador do *marketing* – ou tantas como 20 e incluir colaboradores da gestão da cadeia de abastecimento, investigação e desenvolvimento, vendas e operações.

No seu nível mais básico, o processo de inovação é universal: começa-se por gerar algumas ideias (esta muitas vezes é a parte mais fácil, embora a qualidade e a diversidade de ideias possa variar); selecciona-se aquelas que parecem mais promissoras e que melhor se adequam aos objectivos e estratégias da empresa; acompanha-se essas ideias ou, como dizem alguns, desenvolve-se essas ideias para produtos; e leva-se para o mercado, não apenas até ao ponto em que se introduz o produto ou serviço, mas até ao ponto em que se conquista o pico da quota de mercado lucrativa ou a adopção mais alargada. No decorrer do percurso, acaba-se com os projectos que já não se mostram prometedores, para libertar colaboradores com conhecimentos. Muitas empresas criaram uma versão do processo de fases de desenvolvimento do produto, através do qual verificam o progresso dos projectos de inovação ao longo das fases de desenvolvimento e lançamento no mercado. O vocabulário não é importante. O número exacto de fases também não é crucial. O que é importante é como se adere ao processo, simultaneamente estimulando criatividade e mantendo a disciplina nas fases críticas. Há inevitavelmente uma luta psicológica entre defender um projecto para ultrapassar obstáculos e querer acabar com um que não está a transpor as suas barreiras e irá consumir recursos. Há também o risco de a procura de mercado se alterar antes de o projecto estar completamente pronto. O negócio SAC da Honeywell descobriu que os CAP são uma forma eficaz de equilibrar essas tensões e de reduzir esses riscos.

APOIAR IDEIAS

A ferramenta *on-line* que ajuda a manter os projectos do CAP no caminho certo foi desenvolvida em 2003, quando um pequeno grupo de técnicos concluiu que o *software* comercial não lhes fornecia as informações de que precisavam. Juntaram-se e criaram o seu próprio *software* por cerca de 40 mil dólares. Continuaram a melhorá-lo e o *Velocity Portfolio Manager* (VPM) tornou-se uma ferramenta fundamental para tornar o desenvolvimento de novos produtos mais rápido e mais eficiente. É transparente: toda a sua informação está *on-line* e disponível a qualquer elemento do CAP. E uma das suas principais virtudes é que liga os projectos individuais a projecções de receitas e de rendibilidade.

Os conteúdos do *Velocity Portfolio Manager* contêm informações essenciais como:

- Informações básicas sobre cada projecto: quem o lidera; as tecnologias envolvidas; os segmentos de mercado que quer atingir; se a ideia é "especializada" ou "plataforma"; o que precisa de ser feito para a fazer avançar – garantir, por exemplo, que as promessas aos clientes estão a ser cumpridas.

- Uma lista de todos os projectos de inovação que estão em curso e o montante total de receitas que se prevê que alcancem no próximo ano e nos cinco seguintes, permitindo assim a um líder de uma unidade de negócio ver como todo o seu conjunto de projectos se liga ao seu orçamento e plano de negócios e verificar se e quando há escassez de receitas. Podem ser tomadas decisões sobre acelerar projectos para satisfazer lacunas nas receitas e nos lucros.

A ferramenta fornece uma visão global de todo o portfólio de projectos, de modo que se pode dar prioridade e afectar recursos em conformidade. Roger Fradin, director do CAP, pode analisar o portfólio de projectos de todas as unidades de negócio. Quando há interrupções, o problema é geralmente causado por não haver engenheiros suficientes. Portanto, a equipa de liderança pode decidir acabar com alguns projectos que estão a avançar dentro do prazo, mas que são menos prometedores estratégica ou financeiramente, para libertar engenheiros. No passado, o CAP geralmente tinha um engenheiro a trabalhar em cinco projectos; agora é mais provável que tenham cinco a trabalhar exclusivamente num projecto. Escusado será dizer, os projectos são desenvolvidos mais rapidamente.

A ferramenta traz automaticamente para o topo da lista determinados projectos que precisam de atenção: aqueles que vão proporcionar receitas significativas, os que estão atrasados ou os que estão a entrar na fase final. Um projecto que aparece em primeiro lugar com símbolos relativos a estas três questões ao lado irá de certeza chamar a atenção do líder e dinamizar um debate.

As equipas nucleares introduzem informações no VPM e utilizam-no como guia; essa informação é combinada com outros factos relevantes para se tomar decisões sobre se um projecto deve continuar para a fase seguinte ou acabar. As receitas e lucros previstos são analisados em cada fase, porque podem mudar por várias razões, enquanto o projecto avança. Em 2006, por exemplo, um elevado aumento no custo do cobre forçou um CAP a reconsiderar se o seu projecto continuaria a ser rentável. As equipas nucleares também têm de garantir que o financiamento incremental está disponível para continuar e podem por vezes ter de o defender junto do CAP. Outro projecto no portfólio pode estar a competir por fundos e o

CAP terá de decidir. A maior parte dos negócios têm problemas em interromper projectos; o negócio de Soluções de Automatização e Controlo (SAC) tornou-se muito bom nisso.

Uma parte importante do que as equipas nucleares fazem é "socializar" um projecto, um termo utilizado para reconhecer que acompanhar um projecto é uma actividade social. Os elementos da equipa nuclear estão em contacto permanente uns com os outros e com aqueles que estão a trabalhar no projecto, para garantir que as preocupações de todos estão a ser resolvidas e para evitar serem atacados nas reuniões mensais do CAP. Espera-se que as pessoas se relacionem para além dos limites funcionais e falem com frequência. O CAP assegura que todos estão em contacto. A forma como isto se desenrola pode ser observada no modo como os laboratórios de investigação e desenvolvimento e as unidades de negócio trabalham agora em conjunto.

Os laboratórios estão mais ligados aos negócios do que nunca. Costumava ser uma queixa comum dos negócios da Honeywell que se esperava que eles apoiassem os laboratórios financeiramente, mas a investigação estava muitas vezes desligada das necessidades dos clientes. Esta forma de pensar desapareceu completamente. "Já não ouvimos os negócios a dizer que querem o seu dinheiro de volta", refere Sheflin. Não é um exagero dizer que houve uma revolução cultural na Honeywell.

Há cerca de seis anos atrás, uma grande operação de investigação da Honeywell estava repartida por quatro laboratórios, um para cada um dos quatro negócios. Impulsionado por um implacável enfoque nos custos de desenvolvimento e na rapidez de entrada no mercado, os negócios começaram a recorrer aos laboratórios para apoio de dois tipos: como um centro de informação sobre soluções que podem existir fora da Honeywell e para plataformas comuns que os negócios podem utilizar. Uma plataforma SAC recentemente identificada tem um *design* com base no utilizador, uma necessidade que teve origem directamente numa melhor compreensão dos clientes. No SAC, as pessoas descobriram que o *design* e a facilidade de utilização eram tão importantes para os clientes como o funcionamento do produto. Os laboratórios trabalharam nisso e as unidades de negócio fizeram uso dele, encontrando muitas vezes novas formas de inovar que podem reavivar áreas de produto estagnadas.

Os termóstatos, por exemplo, fazem praticamente o mesmo que sempre fizeram – regulam o seu sistema de aquecimento e arrefecimento para o manter quente no Inverno e fresco no Verão – e tornaram-se um produto difícil de vender. Ao torná-los mais fáceis de utilizar, mais fáceis de instalar e mais bonitos de ter na parede, foram geradas 27 novas versões de termóstatos e houve uma revitalização do mercado. Os vendedores estavam entusiasmados por vendê-los novamente. A plataforma com *design* baseado no utilizador também contribuiu para novos produtos para o mercado da prevenção de incêndios, como um painel de controlo concebido para ajudar os bombeiros que chegam ao local de incêndio num prédio. O painel de controlo mostra onde os produtos químicos estão armazenados e que partes do edifício são afectados, de uma forma que é intuitivamente clara – uma ajuda fundamental para os que chegam primeiro e têm de tomar decisões determinantes em menos de cinco minutos.

Não há muito tempo, havia um "Muro de Berlim" que impedia as funções e as unidades de negócio da Honeywell de colaborarem. Agora as pessoas têm o processo, as ferramentas e até as expectativas de o tornarem parte da forma normal como fazem os seus trabalhos. Os laboratórios estão mais ligados aos negócios, os negócios estão mais ligados uns aos outros, as várias funções do negócio estão também ligadas e todos os esforços estão mais perto das verdadeiras necessidades do cliente. A introdução do conhecimento de *marketing* e a concentração no cliente, a elaboração de mecanismos para providenciar financiamento e a criação de *workshops* de inovação asseguram um fluxo estável de ideias relevantes.

A orçamentação e a afectação de recursos dependem das projecções de receitas e margens futuras. A disciplina de critérios fixos em cada fase do processo, equipas multifuncionais para orientarem os projectos de inovação, a ferramenta *on-line* para observar os projectos de inovação individualmente e como portfólio são importantes para fazer a ligação.

Os comportamentos também mudaram e as avaliações reforçam-nos, especialmente quando os líderes de negócio e de função os revêem durante o funcionamento, orçamento e avaliações de estratégia. Por exemplo, todos os projectos do SAC são medidos pela rapidez – quando o desenvolvimento começa, quando deve terminar e quando realmente acaba. A ferramenta VPM torna mais fácil fazê-lo sem muito esforço extra. As discussões sobre os planos anuais de operações incluem sempre a rapidez e o número de introduções de novos produtos e avalia a sua rendibilidade. Quinze por cento da compensação dos directores de tecnologia está ligada à realização de objectivos quanto ao número de dias que levam a introduzir novos produtos e plataformas. Não há ambiguidade sobre o que se devia estar a tentar alcançar e existem ferramentas para os ajudar a conseguir.

ENTRADA NO MERCADO

Como os colaboradores da produção e do *marketing* fazem parte do SAC, começam o seu trabalho mais cedo e os produtos passam mais rápida e suavemente na fase de comercialização. Assim que um produto for definido e tiver um plano de negócios e um prazo estipulados, a produção começa a imaginar como produzi-lo. No passado, a produção começava lentamente, resolvendo as dificuldades durante os seis meses a um ano que se seguiam ao lançamento de um novo produto. Agora a Honeywell tem uma "nova oficina de desenvolvimento", uma linha de produção idêntica à sua linha de produção regular, que é dedicada a novos produtos. A engenharia e as operações utilizam-na para resolver as falhas na produção antes do lançamento de um produto, de forma a poderem alcançar o seu objectivo de resultados de 95 por cento no lançamento e 99 por cento três meses mais tarde. O processo da nova oficina de desenvolvimento também cria abastecimento antes do lançamento, por isso quando as vendas e o *marketing* estiverem a falar com os clientes sobre o novo produto, podem prometer expedir grandes volumes numa questão de dias e, desta forma, criar impulso. É um completo contraste com as rupturas de *stock* que costumavam acontecer quando novos produtos eram lançados.

 A capacidade de satisfazer encomendas anda lado a lado com uma nova abordagem de *marketing* elaborada para criar *buzz* quando um novo produto é lançado. A Honeywell organiza espectáculos de um dia inteiro, a que os distribuidores pagam para assistir utilizando o bónus de pontos que acumularam por vender produtos Honeywell. Os espectáculos fornecem divertimento juntamente com demonstrações de novos produtos importantes da Honeywell. No Outono de 2007, por exemplo, num evento em St. Louis, os elementos da audiência foram chamados para competir num concurso em palco, demonstrando como era fácil instalar e configurar o novo sistema da Honeywell para controlar múltiplas zonas de aquecimento e arrefecimento numa casa. Cerca de 500 pessoas estiveram presentes. Os espectáculos levam os espectadores a ver como o novo produto é diferenciado e dá-lhes energia para se sentirem confortáveis com ele. As novas abordagens de *marketing* e a capacidade de entregar grandes volumes motivaram rapidamente uma enorme adesão às vendas iniciais.

O que o negócio SAC da Honeywell montou foi um processo completo de inovação que é integrado no negócio. Tem processos para gerar e moldar ideias, para as seleccionar tendo por base, em grande medida, as oportunidades de mercado e para fazer uso do conhecimento combinado da Honeywell para as lançar no mercado. E possui ferramentas e incentivos para o fazer rapidamente. Mas desenvolver projectos de inovação não está isolado das actividades normais do negócio. Cada projecto, independentemente da sua fase de desenvolvimento, está ligado a receitas e lucros a curto, médio e longo prazo, e está reflectido nos planos operacionais e orçamentos. Ideias que forem demasiado frágeis para resistir aos rigores de uma avaliação orçamental são protegidas, mas mesmo elas estão sujeitas à disciplina da atribuição de prioridades e são avaliadas em relação a outras oportunidades. E a necessidade de crescimento a partir da inovação é construída com programas de compensação. Avaliações das operações, avaliações do orçamento e mesmo avaliações de talento têm inovação integrada.

A ESTRUTURA DE CINCO FASES

A história do SAC da Honeywell ilustra o valor de um processo disciplinado para gerar ideias e lançá-las no mercado ou acabar com elas. Sem a disciplina de um sistema que molda, revê e reformula completamente uma ideia através de múltiplas interacções, um projecto raramente alcança todo o seu potencial. Então surge um tipo de profecia auto-sustentada. As pessoas consideram a inovação por aquilo que é: incompleta. Como resultado, o apoio necessário para obter a máxima quota de mercado rapidamente não se materializa. Isto dá aos concorrentes a oportunidade de aparecerem e conquistarem lucros.

Um processo disciplinado para cumprir interacções melhora as probabilidades de sucesso. Isto não significa fazer uma ideia passar através de um lento processo burocrático. De facto, algumas das empresas mais bem sucedidas nas indústrias de rápida mudança são as mais disciplinadas a apoiar e a comercializar as suas ideias.

A conversão de ideias em lucros é uma questão de pragmatismo. E requer um bem oleado, mas flexível, processo social que conduz a ideia, passo a passo, para o mercado (ou para esquecimento, se for onde pertence.)

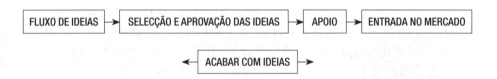

Em muitas empresas, a inovação é um processo linear sequencial – começando com a investigação e desenvolvimento e passando de departamento em departamento. A Estrutura de Cinco Fases, por outro lado, pratica o princípio da simultaneidade, com diferentes unidades a trabalhar em paralelo. Seguem-se, em forma de tópicos, os problemas e questões-chave que fazem parte de cada fase.

FLUXO DE IDEIAS

- As ideias surgem de duas fontes: são desenvolvidas internamente a partir do próprio negócio; ou vêm de fontes externas – clientes, fornecedores, parceiros e *joint ventures*. As ideias das fontes externas podem ser procuradas na base regular que vimos para o programa da P&G Relacionar e Desenvolver. Outras empresas com estruturas semelhantes para procurar ideias do exterior incluem a DuPont, o Grupo LEGO e a Nokia.

- Estas ideias podem variar entre incrementais e disruptivas: a reinvenção de um modelo de negócios (como a Apple com o iPod e o iPhone); total reformulação da cadeia de valor do negócio através do utilizador final (como a Nokia no mercado indiano); mudar a estrutura de custos, bem como a produtividade do capital, ou seja, obter uma melhoria de cinco a seis por cento da produtividade do capital através da inovação em processos operacionais, como acontece na DuPont.

- É necessário um mecanismo transparente dentro do negócio para receber e trabalhar as ideias, tanto de fontes internas como externas. O desafio é ter estas ideias a viajar dentro da organização para os lugares certos, para terem atenção suficiente.

- Os gestores intermédios não devem esperar por uma ordem para aparecerem e terem uma visão do fluxo das ideias em movimento. Devem criar activamente as estruturas para assegurar que as ideias fluem. Isto irá expandir a capacidade do líder, bem como a dos restantes elementos dentro da organização.

SELECÇÃO E APROVAÇÃO DAS IDEIAS

- Tem de haver um mecanismo social claramente definido para seleccionar ideias que devam receber aprovação, após a qual é feito um grande esforço para apoiar a ideia escolhida até ao resultado final.

- O mecanismo tem de operar numa base disciplinada, com ritmo. Tem de haver uma estrutura para os colaboradores se tornarem parte do mecanismo e melhorar a forma como as decisões são tomadas.

- A composição e liderança deste mecanismo social tem de ser explicitamente considerada e cuidadosamente escolhida.

- Os critérios que o mecanismo utiliza têm de ser claros e estar ligados às escolhas estratégicas de onde jogar e aos desejados objectivos de crescimento das receitas. Tem de haver um equilíbrio das ideias escolhidas entre incrementais e disruptivas, de risco reduzido e de elevado risco e internas e externas.

- O mecanismo tem de manter o conceito de "o cliente é o chefe" no centro e utilizar os fracassos de forma produtiva, desenvolvendo protótipos e observando a reacção dos clientes a eles. Se um protótipo fracassar, deve tentar rapidamente outro modelo.

APOIO

- O processo de conduzir uma ideia seleccionada e que recebeu aprovação à materialização exige que um "dono" seja responsável pelo seu sucesso ou fracasso – geralmente um gestor de uma unidade de negócio – como parte dos seus objectivos (em particular crescimento das receitas, margens brutas, prevenção da erosão de preços e/ou controlo do estabelecimento de preços *premium*), orçamento e desempenho.

- O "dono" é responsável pelo financiamento; avançar ou desistir da ideia; seleccionar tanto o líder como os elementos da equipa de inovação; afectar recursos, alterar as prioridades quando necessário; fazer avaliações da produção da equipa, utilizando metas para avaliar as várias fases; e compensar pelo sucesso e como lidam com o fracasso.

- É preciso decidir-se se a ideia exige uma equipa dedicada a tempo inteiro para a apoiar até à materialização total.

- É preciso estabelecer-se os critérios para a selecção do líder e dos elementos que compõem a equipa. O líder e os elementos da equipa possuem as competências necessárias para trabalhar a ideia ao longo de todo o processo ou será preciso fazer-se correcções a meio do percurso? (Por exemplo, alguém competente na criação de ideias pode não deter as competências adequadas para a comercialização.)

- A equipa precisa de trabalhar em conjunto para moldar a ideia, para provar se o conceito funciona ou não no mercado ("prova de conceito"). O líder da equipa não precisa de ser um especialista em tecnologia ou em *marketing*. A sua função é liderar a equipa no seu trabalho diário na tarefa, mantendo-a dentro dos objectivos, lidando com os altos e baixos emocionais, e ajudando a equipa a ser criativa e prática.

- O líder da equipa (1) articula antecipada e frequentemente os obstáculos mais difíceis de ultrapassar, não adia e resolve as questões difíceis; (2) procura ajuda externa e interna para lidar com os obstáculos; (3) estabelece metas em concordância com o gestor da unidade de negócio e tem a disciplina de cumprir as metas (o chamado processo *stage and gate** em muitas empresas); e (4) continua a fazer avançar o projecto elaborando a sua comercialização, expansão, preço de venda, margens e a metodologia apropriada para conquistar objectivos de crescimento das receitas.

ENTRADA NO MERCADO

- O processo de passar da fase de apoio para o verdadeiro mercado não é sequencial, mas sobreposto. Os gestores responsáveis por levar uma ideia para o mercado estão empenhados durante o processo de apoio, para que os *trade-offs* e a afectação de recursos sejam feitos tendo em mente o aumento da importância do projecto, os custos e a chegada ao consumidor.

- O financiamento, até este ponto, não foi grande. Com as decisões de entrada no mercado, são feitos maiores investimentos e surgem riscos mais elevados e compensações quando, por exemplo, são desenvolvidas instalações de produção, campanhas de *marketing* e publicidade e novos canais de distribuição.

---

* N. T. Este processo fornece uma orientação conceptual e operacional para se passar das ideias ao lançamento. Divide o esforço em várias etapas (*stages*) separadas por pontos de decisão sobre gestão (*gates*).

- Passar uma ideia apoiada, sem que haja qualquer comunicação, da equipa de inovação para os colaboradores na produção, no *design*, nas vendas e no *marketing* para que a produzam e levem aos clientes irá, em muitos casos, garantir o fracasso. A produção, por exemplo, pode descobrir que o produto não pode ser feito ao custo necessário e de acordo com as variações aceitáveis. Os colaboradores no *marketing* podem dizer que o *design* não apela aos consumidores. Se tivessem feito parte do processo, questões como estas teriam provavelmente sido levantadas e resolvidas, tornando a comercialização final um processo integrado de forma mais suave, não um com "lombas e buracos". O gestor da unidade de negócio assegura que o consumidor é o chefe ao fazer aos *trade-offs* certos entre a equipa de inovação, o que o *marketing* pede e o que é comercialmente exequível para atingir objectivos financeiros, garantindo que o consumidor irá adquirir o produto e voltar a repetir a compra. Tudo isto tem de acontecer sem comprometer a integridade da oferta. É uma capacidade fundamental de um líder para tornar a inovação um processo eficaz do princípio ao fim.

ACABAR COM IDEIAS

- Nem todas as ideias têm sucesso. É a natureza da inovação. À medida que o processo de apoio avançar e as metas forem avaliadas, o gestor da unidade de negócio e os líderes das equipas têm de ter conversas intelectualmente honestas sobre se devem avançar; se deve ser atribuída uma prioridade mais elevada e possivelmente mais recursos; dar ao projecto uma prioridade mais baixa, possivelmente retirando recursos; ou acabar com o projecto. A competência necessária é reapreciar os obstáculos mais críticos e reavaliar o processo social de lidar com eles.

- As principais causas do fracasso incluem a escolha errada do líder da equipa, uma equipa fraca, não procurar fontes externas para ideias ou ajuda, não praticar rigorosamente o conceito de que o cliente é o chefe, mau sentido de oportunidade ou apenas uma equipa disfuncional. De acordo com uma estimativa, um terço dos recursos de inovação são desperdiçados porque os gestores da unidade de negócio deixam o compromisso emotivo manter um projecto e não acabam com ele na altura certa. Contudo, tal como existe um risco em financiar ideias, também existe um risco em parar uma ideia e acabar o financiamento, possivelmente perdendo assim uma oportunidade.

TRABALHAR EM CONJUNTO PARA DESENVOLVER A IDEIA

Embora a Estrutura de Cinco Fases seja um processo disciplinado, segui-lo é metade da história. O verdadeiro desenvolvimento que conduz com sucesso ao primeiro momento da verdade é feito através da interacção humana entre os especialistas, elementos da equipa e o seu líder.

O erro que muitos cometem é gerir cada uma das fases de forma mecânica através das tradicionais avaliações operacionais, que podem estar envoltas numa atmosfera de "pressão" – muito mais produtivos são a discussão e o debate *orgânicos*, apoiando e explorando questões relacionadas com o cumprimento de objectivos e que se tornam *então* decisivas. Controlar os aspectos humanos e as dinâmicas sociais em cada uma das fases faz toda a diferença para lançar com sucesso as inovações no mercado. E o mesmo se aplica, se não mais ainda, quando se avança de uma fase para outra, quando diferentes pessoas entram no processo e o diálogo construtivo e a continuidade da comunicação podem ser quebrados.

Especialmente no processo de apoio, a equipa aprende sobre como lidar com obstáculos que envolvem o consumidor, o mercado e a tecnologia. Como resultado, o plano original muda muitas vezes. Não há nada de errado nisso. É trabalho do chefe dizer sim, não ou continuar a explorar. O importante é controlar a equipa, resolver problemas, trazer ajuda, enquadrar a questão de forma que se adapte à estratégia global.

Isto tem de ser feito formalmente, mas a maior parte dos gestores seniores que são bons a apoiar também encontram momentos para a interacção informal. Não é preciso muito – cinco minutos aqui e ali para perguntar: Como está? O que se está a passar? *O objectivo não é controlar, mas comunicar.*

O líder de inovação precisa de informação, mas nem todas chegam de uma forma que pode ser avaliada. É importante tentar desenvolver um procedimento que mostre aos outros que está disponível para ouvi-los. Caminhe pelos corredores; mantenha as portas abertas; vá até à máquina do café; inicie conversas; pegue no telefone; tire os auscultadores no ginásio da empresa.

O apoio é, portanto, tanto sistemático como esporádico. Inspira-se tanto nas competências do negócio como nas capacidades pessoais altamente desenvolvidas. E é absolutamente essencial para construir uma cultura de inovação. O apoio da inovação ocorre em dois níveis – a ideia e a equipa – ao mesmo tempo. Exige criatividade e imaginação. É uma questão de testar hipóteses e considerar variáveis e antecipar-se. Apoiar a inovação significa lidar com desafios desconhecidos e com a incerteza; não é a altura para se analisar uma folha de cálculo ou avaliar a rendibilidade do investimento.

E, no entanto, não é feito sem disciplina. Apoio significa tomar decisões, não apenas uma mas muitas vezes – sobre fazer mais experiências; sobre mudar o líder ou a composição da equipa; sobre atribuir mais recursos (ou não). A disciplina é importante, mas demasiada ênfase nos números ou nas avaliações pode reprimir a criatividade ou o entusiasmo. A criatividade não termina com a geração de ideias. A competência necessária é analisar em profundidade.

O processo de apoio encontra-se no cerne da competência de organizar interacções humanas que é exigida de uma cultura de inovação. O apoio exige disciplina e tenacidade; o importante é ser-se capaz de ligar ideias de pessoas em diferentes disciplinas – e também pô-las em perspectiva.

A forma como a equipa funciona numa unidade social e mantém a disciplina do processo do princípio ao fim tem uma relação directa no seu resultado. Contudo, a eficácia do resultado da equipa pode ser melhorada ou reduzida de acordo com a maneira como o gestor de uma unidade de negócio e o seu grupo de gestão se relacionam com o líder e os elementos da equipa. O mecanismo central para tal interacção é constituído por avaliações vigorosas à medida que a equipa progride. A estrutura das avaliações – o apoio do gestor da unidade de negócio e do seu grupo, o seu poder de decisão e a orientação que fornecem – é o nosso próximo tema.

UTILIZAR AS AVALIAÇÕES DE INOVAÇÃO PARA MANTER A TENDÊNCIA VENCEDORA

As avaliações de inovação permitem dos indivíduos certos alinhar e fortalecer as estratégias de inovação de um negócio. As estratégias realçam o plano de jogo para vencer com clientes nas próximas temporadas no mercado. Estas discussões permitem à equipa identificar que jogadas e jogadores estão a trabalhar bem e a ganhar, quais precisam de ser melhorados para proporcionar vantagem e quais não estão a funcionar e devem ser retirados do plano. As avaliações de inovação podem ser feitas para uma unidade de negócio completa (por exemplo, na P&G, a categoria dos detergentes), para uma marca ou linha de produtos (por exemplo o detergente para a roupa Tide) ou para um projecto de inovação específico (desenvolver e introduzir tamanhos compactos de Tide). A avaliação de um desempenho olha para trás; a avaliação de inovação olha nas duas direcções.

Na P&G, parece que as avaliações de inovação estão sempre a acontecer. Cada unidade de negócio tem uma pelo menos a nível trimestral; e todos os anos apresentam o seu programa de inovação à gestão superior. O CEO lê todas estas avaliações – o que mostra como a inovação é essencial para sustentar o crescimento orgânico na P&G.

Como qualquer equipa, é importante que todos tenham um conhecimento comum dos planos, um conhecimento de quais são as forças e que lacunas têm de ser preenchidas. Contudo, ao contrário de uma equipa desportiva, a atenção de uma avaliação de inovação é o prazo mais longo – digamos três a cinco anos ou mais. Gerir um programa de inovação é como conduzir um transatlântico. Muitos dos programas de inovação exigem recursos vastos e horizontes de tempo mais longos, que não podem ser redireccionados de um dia para o outro.

A próxima secção fornece os "aspectos práticos" para fazer avaliações de inovação no seu negócio de uma forma eficaz.

OS ELEMENTOS DE UMA AVALIAÇÃO DE INOVAÇÃO

Há um importante pré-requisito antes de começar qualquer avaliação de inovação – a equipa do negócio tem de ter já completado a reflexão em duas áreas: definir claramente os objectivos de crescimento do negócio para um mínimo de três a cinco anos; e ter claramente definido as escolhas de "onde jogar" ou estratégias de negócios (ver Capítulo 4). Só depois de estas áreas terem sido pormenorizadas, será eficaz uma avaliação de inovação. Porque os objectivos e as estratégias de negócio estabelecem e integram um programa de inovação no negócio. A P&G aprendeu que, sem este contexto, a avaliação se transformava numa discussão entre pessoas com muitas ideias que não estavam interligadas e que teriam tendência a ser motivadas pela tecnologia, não centradas no consumidor nem ligadas ao negócio.

Depois de estarem clarificados os objectivos e as estratégias essenciais do negócio, uma avaliação de inovação eficaz aborda três pontos principais:

1. *Qual a resistência do meu portfólio de inovação? Irá alcançar os meus objectivos de crescimento do negócio de três a cinco anos?* O líder tem de determinar se o plano fornece fases de inovação suficientes que irão alcançar o exigido crescimento do negócio. É preciso formar-se opiniões sobre se há o equilíbrio certo de risco no portfólio de inovação. Isto pode ser avaliado primeiro ao compreender se tem uma grande ideia. Analise a informação que mostra como os clientes (o chefe) reagem à ideia. As evidências são ricas em informação ou baseiam-se em opiniões e experiências pessoais? Compreenda até que ponto a equipa sabe como fazer o produto numa determinada fase do projecto. As inovações que já estão em curso, como é óbvio, têm um maior grau de certeza. Avalie a eficiência da protecção de informações próprias, percebendo quais as patentes que foram registadas. Determine como os planos impulsionam as suas tecnologias e forças nucleares para melhorar as hipóteses de sucesso e identificar que tipos de ajuda podem ser necessários de fora da unidade de negócio. Assegure-se de que os planos de inovação são concretos, não apenas para os próximos anos, mas também para três a cinco anos.

2. *Qual a força do meu plano de inovação em comparação com a concorrência chave?* Responder a esta questão exige *benchmarking*. Forçar as equipas a olhar externamente para o que está a acontecer no mercado permite-lhes garantir que estão a abordar a inovação de uma forma que cria vantagem. Faça uma avaliação das escolhas de onde jogar e como vencer dos principais concorrentes. Compreenda em que áreas estão a registar patentes que podem ter impacto na liberdade da equipa para inovar.

3. *O meu programa de inovação é atractivo do ponto de vista financeiro e de rendibilidade?* A inovação que cria valor para o cliente cria diferenciação em relação à concorrência e cria valor para o negócio e para a empresa. Nunca deve resultar em diluição das margens. Como é óbvio, com um portfólio de inovação há sempre uma variedade de margens de lucro. Pode a inovação ser comercializada com uma estrutura de custos que permite o equilíbrio certo entre o aumento das margens, ao mesmo tempo que fornece ao cliente um bom valor? O portfólio de inovação como um todo fornece uma boa rendibilidade do investimento? Isto avalia a atracção do potencial investimento exigido para a comercialização.

O SEU PAPEL ENQUANTO *COACH* DA INOVAÇÃO

Como em qualquer desporto, o *coach* principal desempenha um papel importante. É determinante que o líder (também conhecido como "*coach*") aborde uma avaliação de inovação com uma mentalidade muito diferente daquela quando revê orçamentos ou planos operacionais. As avaliações de inovação são discussões que envolvem um grau mais elevado de incerteza do que a abordagem mais analítica necessária para rever uma previsão de orçamento. Igualmente importante, se aplicar a mentalidade apropriada irá influenciar de facto a cultura e a forma como a organização encara e aborda a inovação.

Resumindo, o líder deve fazer três coisas:

- *Ser honesto.* É importante que o líder forneça a sua apreciação global imparcial do programa de inovação em relação às três questões acima descritas, para ajudar a equipa a enfrentar a realidade. Um executivo sénior é capaz de ver onde estão as lacunas e lidar com elas. Há áreas do programa que parecem excessivamente optimistas? A equipa conhece o consumidor ou cliente-alvo? A equipa subestimou de alguma forma a concorrência? O programa está demasiado concentrado em pequenas inovações incrementais em vez de em oportunidades disruptivas que controlam as regras do jogo? A equipa dispõe dos recursos de que precisa – humanos e financeiros? Há alguns projectos que devam ser interrompidos ou acelerados? O líder e a equipa não devem tentar resolver os problemas na reunião, mas chegar a uma conclusão acerca dos passos específicos necessários.

- *Ser prestável.* Com base na experiência do líder e na visão global, tanto do interior como do exterior da empresa, este pode fornecer à equipa uma perspectiva única e o acesso a recursos. O líder deve ter um sentido de responsabilidade para transformar as grandes ideias maiores, em vez de assentir com a cabeça ao longo da avaliação. Colocar questões como "Teve em consideração esta abordagem?" ou comentar que "isto lembra-me uma experiência semelhante no negócio X ou indústria Y", abre a mente da equipa a considerar novas possibilidades para a inovação. O líder também ajuda a equipa a identificar e a abordar questões difíceis. Pode ser direccionar a equipa para se ligar com outro grupo a fim de ultrapassar desafios semelhantes. Ou a ajuda pode exigir que se compreenda e cumpra necessidades específicas de recursos (por exemplo acesso a recursos com competências não disponíveis na equipa, aumento do financiamento, etc.)

- *Encorajar uma discussão livre, mas franca.* Isto não é um interrogatório, mas um diálogo; a ideia não é mandar parar as pessoas, mas fazer avançar as ideias. O tom deve ser interrogativo, mas construtivo. A questão não é encontrar erros, mas descobrir formas de avançar. Esta abordagem também demonstra que o líder reconhece que nem tudo corre conforme planeado. Esta dinâmica permite à equipa ficar entusiasmada com a inovação e aumenta a sua capacidade para procurar maiores oportunidades de inovação que podem envolver mais riscos. Se a avaliação parecer mais uma discussão de "ganhar ou perder", a equipa irá começar a abordar a inovação de uma forma mais conservadora. Pergunte: "Quais são os obstáculos?"; "O que poderia fazer se tivesse mais recursos?"; "Que outras alternativas considerou?"; "De que tipo de ajuda precisa – quer do exterior quer do interior do negócio?"

Na GE, por exemplo, Jeff Immelt deixa bem claro aos que preparam apresentações que não quer uma estimativa, mas ver como a equipa está a moldar a ideia. Quer um verdadeiro protótipo, se não fisicamente durante a avaliação, então virtualmente no ecrã do computador. Ele então examina e avança as áreas-limite, utilizando a perspectiva abrangente que desenvolveu a partir das operações da GE em todo o mundo e de reuniões com clientes de diversas indústrias. Avançar os limites permite aos participantes na avaliação observarem a situação através de uma nova lente. Têm a imaginação "ligada" e muitas vezes reformulam as suas ideias. Ao mesmo tempo, pode conseguir que a equipa veja os aspectos mais críticos, questões e obstáculos que precisam de ser enfrentados para o projecto ser bem sucedido.

É função do líder dizer sim, não ou continuar a explorar. Como *coach* durante a sessão de avaliação, encoraja determinados comportamentos, levanta o moral e transmite prioridades. Ao explorar e ao ir para o laboratório, o líder não se limita a mostrar interesse, mas também encoraja os outros e aprofunda o seu próprio conhecimento. Em projectos de elevado risco, isto pode fazer uma grande diferença. Talvez a coisa mais importante que o líder pode fazer é assegurar que o conceito de "o consumidor é o chefe" se mantém no centro da tomada de decisões.

APLICAR *COACHING* NA SUA PRIMEIRA FEIRA DAS CIÊNCIAS

A audiência de uma avaliação de inovação deve ser abrangente o suficiente para incluir elementos-chave da equipa, mas suficientemente pequena para permitir uma conversa franca e produtiva. A audiência também depende do âmbito da avaliação. Nas avaliações de inovação das unidades de negócio da P&G, o director de tecnologia, o director financeiro e o director da cadeia de abastecimento estão presentes. Além disso, os líderes-chave da unidade de negócio e os elementos multifuncionais da equipa de inovação também estão presentes.

A P&G elabora cartazes – sim, cartazes – como uma forma de conduzir as avaliações de inovação. Esta abordagem dificilmente seria menos tecnológica. Dá a sensação de uma feira de ciências da escola. Cada equipa cria um único cartaz que apresenta apenas a ideia e a tecnologia principais para a inovação, dados relevantes do estudo do consumidor, o potencial do negócio, prazos e metas-chave e os principais problemas que a equipa está a enfrentar. Porquê cartazes? Porque estas avaliações estão muitas vezes cheias de cientistas e os cartazes obrigam os cientistas a falar em termos que os gestores seniores conseguem compreender. Se os gestores conseguirem compreender, também o conseguirão as unidades de negócio e, por fim, os consumidores. Também fomentam a concentração e a simplicidade – para reduzir a inovação a um simples conjunto de ideias. Os cartazes são colocados em suportes à volta da sala, por isso o grupo está de pé e aproxima-se de um cartaz para ter um debate profundo. Um ou dois elementos da equipa analisam os dados e acrescentam os seus próprios comentários. Muitas vezes, a discussão também envolve uma demonstração – em que se pode tocar e utilizar um produto ou elemento-chave de tecnologia. O líder pode iniciar um diálogo com a equipa, para ajudar a avaliar a suficiência dos planos de inovação e identificar onde pode ser acrescentado maior valor. Durante algumas horas, o grupo consegue analisar cerca de uma dúzia de projectos de inovação.

A analogia com a feira de ciências pode soar como um campeonato para crianças, mas é na realidade muito apropriada. As conversas sobre o cartaz são utilizadas como momentos de *coaching*, para informar os participantes sobre quais são as prioridades e como pensa a equipa de gestão sénior. E só por andar à volta da sala e a assimilar tudo, a equipa sénior consegue fazer ligações que vão além dos projectos específicos, vendo algo na Tecnologia A que pode ser aplicado no Negócio B ou um processo que está a funcionar num sítio e que devia ser repetido a nível global. É um processo flexível, mas com sentido de direcção e inspiração.

INTEGRAR A INOVAÇÃO NA CORRENTE DOMINANTE DE TOMADA DE DECISÕES

A orçamentação é uma influência importante em todas as tomadas de decisão e comportamentos. O que nunca está longe do pensamento do gestor da unidade de negócio, quando avalia projectos de inovação, são os objectivos – como o crescimento das receitas e a melhoria das margens através da diferenciação motivada pela inovação – que têm de ser alcançados e o que precisa de ser feito nos projectos de inovação para ajudar a atingir esses objectivos. A inovação resulta em que os gestores dêem primazia aos projectos de inovação baseados "nas necessidades dos clientes" e não "na pressão do fabricante". Ou seja, de forma a atingirem objectivos alargados, que só podem ser satisfeitos através de projectos de inovação, dedicam tempo e energia a procurar activamente ideias de inovação, como foi o caso da Honeywell. Participam na aprovação destes projectos, acrescentando-lhes activamente valor e gerem os riscos. Portanto, eles constroem e gerem orçamentos de forma diferente.

Pelo contrário, o projecto com base "na pressão do fabricante" não possui um processo sistemático de unir o processo à corrente dominante da tomada de decisões. Numa abordagem de pressão, o criador de uma ideia tenta encontrar um patrocinador para a financiar e fazer avançar. Se e quando a ideia tiver sucesso, um tal indivíduo torna-se um herói pela sua tenacidade e perseverança. Essencialmente, foi o que aconteceu com os blocos Post-it da 3M. Não nos interprete mal. O acaso pode resultar em progressos, mas são imprevisíveis e esporádicos. O nosso ponto-chave aqui e neste livro é que a inovação pode resultar em crescimento orgânico sustentável apenas através de um processo sistemático. Construir e operacionalizar os seus orçamentos anuais a longo prazo exige que os gestores da unidade de negócio incluam activamente no seu pensamento e comportamento a gestão do processo de inovação, através da uma avaliação rigorosa e de uma revisão das prioridades quando necessário.

Quer seja uma sapataria, uma divisão empresarial ou toda uma empresa, cada organização tem um orçamento ou um plano anual de operações. Toda a retórica da inovação, de grandes estratégias e grandes visões culmina de facto num orçamento. É aqui que as ideias recebem os recursos de que precisam para se tornarem realidade. O orçamento é como a gestão faz escolhas entre curto e longo prazo, reduzido e elevado risco, produtividade e crescimento.

A orçamentação é onde são atribuídos aos indivíduos e aos departamentos compromissos específicos para um período de tempo, como rendimentos trimestrais para uma empresa ou X percentagem de crescimento das receitas para uma divisão. Na P&G, cada unidade de negócio tem de identificar todos os programas de inovação de uma determinada dimensão no contexto do orçamento e do plano de negócios. Se o Negócio A estiver a prever mil milhões de dólares em vendas, tem de identificar sete a dez inovações que são bases de apoio primordiais. O negócio também tem de acompanhar em que fase do processo se encontra cada inovação – no lançamento, no desenvolvimento ou a ser aprovado. É acompanhado durante um período de três a cinco anos.

Os líderes de sucesso construíram a sua reputação principalmente ao obterem lucros. Não há dúvidas: estes números são importantes. Mas também é importante *como* são conseguidos, algo que um número sozinho não pode medir. É possível, por exemplo, alcançar um objectivo adiando despesas e/ou manutenção, reduzindo projectos de crescimento ou equilibrando tudo pelo mesmo montante. Tudo isto são estratégias comuns; nenhuma, contudo, é particularmente saudável para o desempenho da empresa em geral ou para a inovação em particular. Se quiser avaliar o centro de gravidade de um negócio, observe como o orçamento é construído, administrado e avaliado.

Os orçamentos para uma unidade de negócio costumam ser extensivos e pormenorizados. Geralmente, há uma ou duas linhas para receitas e centenas para custos. A maior parte não representa inovação. O dinheiro está lá algures, enterrado nas linhas, mas não se consegue ver. Um orçamento como este, que não identifica de onde provêm as receitas, revela uma mentalidade de obsessão com os custos. Isto é a morte da criação de uma cultura inovadora.

A melhor abordagem é agregar custos por projecto de inovação – ligando o custo de cada um com previsões de receitas e melhoria das margens brutas. Isto não deve ser difícil. Quase todos os projectos de inovação são calculados; as equipas sabem com quanto têm de trabalhar e quais são as expectativas. Integrar isto no orçamento deve ser simples. Mas os efeitos de o fazer são profundos, construindo uma estrutura relacionada com a inovação, que permite aos gestores saber o que têm de fazer. Torna a inovação parte da corrente dominante da tomada de decisões, integrando-a no comportamento de gestão que impulsiona a inovação diariamente. O orçamento de inovação de uma empresa não pode existir, se as unidades que o constituem não tiverem informação; por isso um bom efeito é que um *orçamento centrado na inovação* leva os gestores a pensarem nestes termos e depois a passá-los para a corrente. Por outro lado, leva os diferentes departamentos – *marketing*, produção, operações, etc. – a cooperar para partilhar informações e apresentar estimativas de desempenho futuro. Como a certeza destes números aumenta à medida que o horizonte temporal diminui, os números têm de ser actualizados à medida que o projecto avança.

Um orçamento básico do dinheiro que entra e sai num determinado ano é uma contabilidade simples. Um orçamento de inovação é ambicioso. Então o que acontece quando ocorrem coisas e há a necessidade a curto prazo de alcançar os objectivos de lucros? Nesse caso, os líderes têm três opções: gastar mais dinheiro mais cedo no ano para obter rendimentos mais elevados mais tarde no ano; cortar nas despesas dos projectos de inovação e alcançar objectivos de lucros; ou fazer melhorias de produtividade mais agressivas e libertar fundos para continuar os projectos de inovação. A primeira e a terceira opção assumem que o líder tem alguma margem de manobra. Se os tempos estiverem mesmo apertados, difíceis e cortar despesas dos projectos de inovação for mesmo necessário, não corte pequenos pedaços de todos eles. É melhor cortar os projectos com o pior rácio de custos/rendimentos previstos e manter o financiamento dos restantes. É mais provável que isto mantenha o impulso. A matriz 3 x 3 descrita no capítulo seguinte deverá ser útil nesta situação infeliz.

O ORÇAMENTO CENTRADO NA INOVAÇÃO

Um orçamento de inovação define não só o que uma empresa espera ganhar em receitas provenientes da inovação – desde agora e durante os próximos cinco anos –, mas como planeia pagar esses esforços. Ao tornar a inovação uma parte visível do orçamento, disponível para todos verem, a liderança está a dizer, em alto e bom som: "Esta empresa é séria." Como em qualquer outro tipo de orçamento, um que inclui inovação tem de ser auditado e depois revisto. Se há uma linha para cem milhões de dólares em crescimento das receitas das inovações na Unidade de Negócio X e no ano seguinte se obtve apenas 50 milhões de dólares, a diferença tem de ser notada e resolvida. De outra forma, é apenas tinta gasta – e uma apresentação desonesta da realidade.

Um orçamento centrado na inovação que é transparente para todos é um estímulo. Fomenta confiança de que a gestão está a fazer os *trade-offs* entre o curto e longo prazo e a construir o futuro do negócio. Comunicar repetidamente a existência do orçamento de inovação e a estrutura do conjunto dos projectos de inovação inspira os colaboradores a competir pelos recursos que irão construir o futuro. Assim, os melhores talentos são atraídos e mantidos por períodos maiores de tempo. E, embora haja um desfasamento de tempo, os investidores colocam um valor maior na empresa, porque a verdadeira inovação é um factor de diferenciação. Também transmite confiança aos investidores.

PERGUNTE-SE NA SEGUNDA-FEIRA DE MANHÃ

- Tem um ciclo rigoroso e regular para o planeamento e a estratégia do negócio? A estratégia de inovação está ligada à estratégia do negócio?

- Tem um processo para determinar se tem lacunas de receitas e como podem ser preenchidas através do processo de inovação completo?

- Possui uma definição clara e pormenorizada das suas necessidades, de forma que a procura de ideias, tanto interna como externa, possa estar concentrada? Atribuiu prioridades a estas necessidades?

- Qual é o processo social fidedigno para seleccionar e aprovar uma ideia e que critérios são utilizados?

- Qual é o processo para seleccionar o líder e os elementos da equipa que irão apoiar a ideia até à realidade, fazendo-a passar pelas várias fases?

- Tem metas e ferramentas de avaliação semelhantes à ferramenta *on-line*?

- Como são analisadas as ideias através dos protótipos, da experimentação e do processo de lançamento no mercado?

- Até que ponto é boa e consistente a ligação da inovação à corrente dominante de tomadas de decisão de gestão, especialmente o processo de orçamentação?

- Tem um orçamento de inovação que é explícito e transparente?

- Como é que as iniciativas de inovação se ligam à disciplina de orçamentação da sua unidade? Os orçamentos são alterados quando as condições mudam?

- Quando os projectos não estão a cumprir os prazos ou o orçamento, até que ponto é forte a sua alteração de prioridades e afectação de recursos?

- Está a utilizar ferramentas como a estrutura de cinco fases de uma forma orgânica, enfatizando os aspectos humanos e as dinâmicas sociais do processo de inovação? Compreende como este lado humano da inovação pode ter enormes implicações no resultado de um projecto de inovação?

CAPÍTULO 8

Gerir os riscos da inovação

A inovação é arriscada?

Claro que é, mas também o é construir uma fábrica ou criar uma campanha de publicidade e *marketing* para o lançamento de um produto. A diferença é que normalmente existe mais experiência a gerir os riscos operacionais, de *marketing* e financeiros. O risco financeiro é compreendido como nunca foi. O risco relativo à moeda e à mercadoria pode ser limitado. Nada disto existe para a inovação, razão pela qual tantos a receiam – ou pelo menos receiam vincular a sua carreira a ela.

Acreditamos que a inovação não é realmente muito diferente de qualquer outro processo de negócio. Como a P&G demonstrou nos últimos anos, o resultado do processo de inovação aumentou de uma taxa de sucesso de 15/20 por cento para 50/60 por cento; isto significa mais receitas da inovação a uma taxa mais baixa de investimento. O Grupo LEGO, como iremos mostrar mais adiante neste capítulo, tem um registo semelhante.

Os riscos inerentes à inovação são geríveis e podem ser reduzidos à medida que se aprende com a sua experiência. Contudo, a inovação é diferente porque está muito mais dependente de factores humanos não quantificáveis. Os consumidores podem não lhe dizer o que querem ou o que fazem realmente; não é que estejam a mentir, de facto não sabem. É provavelmente o caso do Fit, um produto natural para lavar frutas e vegetais que a P&G lançou há alguns anos. Pensava-se que era um bom conceito, que satisfazia os desejos por limpeza e ingredientes naturais; o produto, a embalagem e o nome da marca foram todos testados. Os consumidores disseram repetidamente e com aparente entusiasmo que queriam o produto, que gostavam dele e que iriam utilizá-lo.

Quando o Fit entrou no mercado, foi um fiasco. Três vezes. Aconteceu porque a P&G não arranjou tempo para compreender como comunicar aos consumidores a alteração de comportamento necessária para se utilizar o produto. Os velhos hábitos demoram a desaparecer. Depois de perder qualquer coisa como 50 milhões de dólares, foi vendido a um grupo de investidores de capital de risco; talvez consigam ter sucesso. A P&G assumiu um risco e falhou, dispendiosamente.

Uma taxa de sucesso perfeita não é possível, ou sequer desejável, quando se trata de inovação. Além de se assumir riscos ser parte do divertimento de fazer negócios, um registo de inovação que não tenha fracassos é provavelmente muito aborrecido. Uma taxa de sucesso de 50 a 60 por cento é o quanto a P&G quer atingir; muito mais alta seria um sinal de jogar demasiado pelo seguro. Não é possível eliminar todos os riscos da inovação; é possível atenuá-los e melhorar com o tempo. O jogo do perdedor é ser-se tão receoso que nunca se começa. E para os que pensam que podem simplesmente comprar a inovação de que precisam, devem pensar melhor.

Acredite ou não, há realmente um museu em Ithaca, no Estado de Nova Iorque, chamado *Museum of Failed Products**, que é a casa de mais de 65 mil marcas e produtos diferentes que fracassaram no mercado – da manteiga de amendoim a desodorizantes e cigarros. Robert McMath, conservador do museu, tem-se mantido ocupado a coleccionar produtos fracassados durante quase quatro décadas.

O QUE PROVOCA O RISCO DA INOVAÇÃO?

A inovação comporta mais riscos do que precisa como resultado dos fracos mecanismos sociais – os hiatos entre "silos" que separam ideias e a falta ou reduzida utilização dos mecanismos de ligação que impede que se interliguem essas ideias.

Um hiato separa os colaboradores da área da tecnologia, que produzem e moldam as ideias, dos do *marketing*, que fazem a segmentação e estudam o comportamento do consumidor. Existe um segundo entre aqueles que produzem os protótipos finais de uma inovação e os da comercialização, que têm de os levar para o primeiro momento da verdade. Eliminar estes hiatos e criar *interacção simultânea entre especialistas* para se fazer os *trade-offs* certos – através de um processo de inovação integrado a funcionar suavemente – reduz o risco e expande a oportunidade.

Cabe ao líder da unidade de negócio compreender as razões para o hiato e manter os colaboradores do *marketing*, da tecnologia e da comercialização em sintonia. As equipas e os analistas têm de estar psicologicamente preparados para enfrentar a realidade quando um projecto de inovação não conseguir cumprir as metas. Na maior parte dos empreendimentos tecnológicos, os colaboradores de tecnologia,

---
* N. T. "Museu dos Produtos Falhados".

devido à sua área de especialização limitada, são levados a defender a sua causa e a obter financiamento. A razão é tanto simples como prática: o fracasso em conseguir financiamento para um projecto pode ter um enorme efeito adverso na carreira.

Estes problemas podem ser ultrapassados se os líderes da unidade de negócio e os líderes da equipa desenvolverem as competências e a força de vontade para fazer os *trade-offs* certos e para terem interacções e diálogos honestos, criativos e práticos. Ao fazê-lo, começam a seguir o caminho certo para ultrapassar as tradicionais invejas e lealdades entre aqueles que mantêm as ideias vivas muito tempo depois da data em que deveriam ter sido abandonadas.

Muitos acreditam que a inovação fracassa porque os progressos tecnológicos não puderam ser efectuados ou porque o produto seria demasiado dispendioso de produzir e, portanto, não seria acessível ao cliente. De acordo com nossa observação, na maior parte dos casos estas não são os principais motivos para o fracasso. Deve-se mais vezes à interacção ineficaz entre especialistas, elementos e líderes da equipa, podendo ser solucionada através de mecanismos sociais bem concebidos e de liderança eficaz. Aqui estão algumas das principais razões para o fracasso da inovação:

- São destacados os líderes errados para projectos de inovação disruptivos e incrementais. Um projecto de inovação disruptivo liderado por alguém com uma forma de pensar incremental, ou vice-versa, irá fracassar muitas vezes.

- O conceito de que "o consumidor é o chefe" não é um elemento essencial desde o protótipo da ideia até à comercialização. Demasiadas vezes, passa-se da ideia para um protótipo em funcionamento com um enfoque na tecnologia; depois é passado para outro "silo" para o segundo processo, denominado comercialização, onde são introduzidas as considerações de mercado.

- Os líderes são nomeados com base no seu domínio de conhecimentos e não na sua capacidade para inspirar, dirigir e liderar um grupo de pensadores dinâmico e imaginativo para resultados produtivos.

- Apesar de uma liderança competente numa equipa que trabalha num projecto de inovação, as dinâmicas da equipa são disfuncionais ou corrosivas, porque certas personalidades são incapazes de trabalhar em conjunto.

- Verdadeiras considerações de comercialização, como *design*, exigências dos retalhistas, preços de venda, factores de custo, escassez de materiais necessários para produção e capacidade operacional, não são incluídos no funcionamento do protótipo.

- A gestão superior interfere no funcionamento da equipa nas suas costas ou recusa colaborar quando são necessários recursos especializados para implementar o progresso necessário para avançar.

- Os gestores da unidade de negócio não detêm competências para realizar avaliações sobre projectos de inovação, competências que diferem das que são necessárias para realizar avaliações operacionais. Estas competências incluem capacidade de decisão para abandonar projectos antecipadamente; disponibilidade para rever as prioridades quando os projectos não atingem as metas; insistência para definir cedo num projecto os pontos de fracasso; não deixar que as equipas evitem lidar com os problemas até fases adiantadas do projecto; lidar com os elementos ou um líder de equipa que não estão a corresponder à medida que o projecto avança.

- Existem demasiadas ideias e demasiados projectos em elaboração, relativamente às competências de gestão e profissionais e recursos financeiros. Por exemplo, os produtos são desenvolvidos sem a necessária capacidade de posicionamento no mercado ou disponibilidade de financiamento.

- Ausência de critérios claramente definidos para o sucesso e/ou passar arbitrariamente pelas fases sem satisfazer os critérios.

- Não identificar/resolver os problemas difíceis certos ou mais importantes tão cedo quanto possível no processo de inovação.

- Ligação fraca ou inexistente entre o projecto de inovação e os objectivos de receitas.

Embora todos os pontos anteriores possam estar sob o controlo da gestão, os três problemas que se seguem estão fora desse controlo e também conduzem ao fracasso. A gestão precisa de reconhecê-los antecipadamente e de encontrar uma solução ou reduzir as suas perdas.

- Factores externos incontroláveis, como a recessão, volatilidade da moeda ou ascensão de um concorrente inesperado, tornam uma inovação economicamente inviável.

- O progresso necessário não acontece. O protótipo pode funcionar e o cliente gostar, mas um progresso no processo de produção, como satisfazer variações especiais e gradação para corresponder a exigências de custos, não acontece. As empresas vencem quando um novo desenvolvimento técnico e a capacidade de fazer o produto de uma forma rentável ocorrem em simultâneo.

- Um concorrente imita a sua ideia. Outras empresas podem neutralizar a sua capacidade de diferenciação de um produto copiando o seu *design* físico, posicionamento e distribuição. Algumas empresas irão mesmo roubar as suas patentes.

Lembre-se que *minimizar* o risco irá quase de certeza reprimir a inovação. Com isto em mente, apresentamos oito formas para o líder de inovação antecipar os riscos da inovação e liderar a equipa superando-os.

1. Conhecer o seu cliente.
2. Criar protótipos.
3. Efectuar rigorosos testes de consumo.
4. Gerir o portfólio dos projectos de inovação.
5. Estar aberto à experimentação.
6. Identificar antecipadamente os problemas mais difíceis.
7. Aprender com o passado.
8. Utilizar métodos para avaliar a inovação.

CONHECER O SEU CLIENTE

Manter o cliente no centro de tudo exige que os elementos da equipa de inovação tenham a sincronização e a perícia de uma companhia de bailado, para que não tropecem uns nos outros.

Um risco frequentemente subestimado é que os consumidores e os responsáveis pelo desenvolvimento encaram os novos produtos de uma forma diferente. Os responsáveis pelo desenvolvimento podem tornar-se demasiado concentrados no produto e afirmar que, de facto, este é um novo brinquedo realmente engraçado. Os consumidores frequentemente respondem com um bocejo. "Porquê preocuparem-se? O que temos é suficientemente bom." Para as empresas, a chave é identificar onde cada inovação se encontra na escala e investir em conformidade, tanto em termos de tempo como de dinheiro.

Quanto mais clara, precisa e exacta for a definição da necessidade do consumidor – e a sua incorporação em todo o processo de inovação – mais elevada será a taxa de sucesso. Demasiadas vezes, a tecnologia ou a paixão levaram para o mercado uma ideia que os consumidores não queriam – considere o relançamento do Ford Thunderbird ou a desaparecida, e não lamentada, C2 (uma Coca-Cola de baixas calorias) nos EUA.

Conhecer o consumidor é uma forma de detectar os erros antecipadamente. A P&G tinha uma excelente ideia para um novo produto: o Tide com um toque de Downy. Descobriu a química – não foi fácil – e depois testou o conceito. Teve uma boa recepção e a P&G avançou e concebeu a embalagem – azul do Downy, com o logotipo característico do Tide e uma tampa laranja, combinando os elementos visuais mais fortes das duas marcas. Confiantes de que era um modelo apelativo, levámos compradoras para o laboratório em forma de loja e pedimos-lhes que comprassem produtos para o lar. De facto, pegaram na embalagem – o primeiro momento da verdade. Um bom começo. Então, vendo o azul característico, voltaram a pousá-la. Em 20 compradoras, todas as 20 pensaram que era um amaciador de roupa que a Tide estava a patrocinar – e estavam à procura de um detergente para a roupa. Foi mais do que suficiente para dizer "não". Ir para o mercado com aquele *design* significava que o Tide com Downy iria ser um fiasco. Ao passar tempo a aprender com as "chefes", meses e milhões foram poupados, enquanto se aumentou a probabilidade de sucesso. Quando o Tide com Downy foi realmente lançado – numa embalagem laranja com uma tampa azul Downy – funcionou.

Estas experiências com o comportamento do consumidor são ainda um conceito relativamente novo; parece senso comum, mas é uma prática pouco habitual. Ignorá-las cria riscos desnecessários. Os grupos de estudo, claro, são usados há décadas; podem ser úteis para obter uma ideia global sobre o que os consumidores querem ou não.

A Gillette, por exemplo, teve uma experiência fascinante com um grupo de consumidores quando a empresa estava a considerar o lançamento do que se tornou a Mach3, um sistema de barbear com três lâminas. Num mau alinhamento clássico, a equipa da tecnologia estava eufórica – aquilo barbeia muito bem, relatou. Os colaboradores do *marketing* não estavam assim tão entusiasmados – depois do triunfo da Sensor, adicionar apenas uma lâmina não parecia grande coisa. E podiam prová-lo; numa experiência inicial com o consumidor, os homens riram-se literalmente do protótipo rudimentar (que tinha a alcunha de "Frankenstein" por causa dos parafusos salientes). Ridicularizaram a grande ideia arrojada das três lâminas: "É só isto que conseguem fazer?"

Mary Ann Pesce, que geria o projecto, percebeu que não sabiam o suficiente sobre o cliente. Então fez algo pouco habitual: analisou as transcrições das cassetes. E o que descobriu surpreendeu-a. Alguns dos "textuais", como são chamados, eram bastante líricos: "Como patinar num lençol fresco de gelo", disse um. "Desliza como uma faca aquecida através da manteiga", disse outro. Ela percebeu que a Gillette se tinha enganado, enfatizando a tecnologia das três lâminas, pela qual ninguém (para além dos tipos do laboratório) se interessava. Assim que a Gillette reorientou a mensagem em torno do desempenho – o barbear mais agradável de sempre, com menos irritação – tudo se compôs. "O momento-chave foi quando deixámos de estar obcecados pelas tecnologias e pensámos no que fazia", conta Pesce. "Foi ouvir os tipos, com a minha cara pressionada contra um espelho unidireccional durante a maior parte do ano, que fez a diferença."

Isto é um exemplo da utilização perspicaz da imersão no consumidor. Mesmo assim, não existe um substituto no que diz respeito a caminhar com os compradores através de uma loja, como a P&G

fez com o Tide com Downy, ou observá-los a utilizar um protótipo. Quando se trata de fazer um lançamento, os consumidores são os factores de decisão.

CRIAR PROTÓTIPOS

Criar protótipos é uma prática necessária no processo de inovação. Transmite a ideia de que o caminho vai ser difícil e que chegar a becos sem saída é não só aceitável, como esperado. A essência da criação de protótipos é tentar e tentar novamente, repetir e voltar a repetir. A chave é não procurar a perfeição num único passo, mas através de tentativas e erros, para obter um pouco de aperfeiçoamento ao longo do caminho. Aprenda; aproxime-se; aprenda mais; aproxime-se um pouco mais. E construa continuamente com os conhecimentos do utilizador.

James Dyson contou 5.127 repetições do aspirador sem saco a que deu o seu nome antes de ficar satisfeito, vendendo o seu primeiro aparelho em 1986. Isto quer dizer que Dyson fracassou 5.126 vezes? Claro que não. Um projecto não é um fracasso até ser abandonado. Até então, qualquer desapontamento é tentativa e erro. Cada repetição produz conhecimento. Captar estes conhecimentos aumenta a força acumulada para a inovação ter sucesso. Criar protótipos é o processo para encontrar erros e para acrescentar valor, por isso não se preocupe com a perfeição; nesta fase, a rapidez é mais importante do que os acabamentos.

A chave é obter ideias de uma forma tangível; quanto mais as pessoas se sentirem confortáveis nestas demonstrações, mais ideias irão gerar, que é o objectivo. Para os serviços o equivalente a criar protótipos é fazer testes experimentais. O Bank of America, por exemplo, utilizou determinadas sucursais em Atlanta para testar inovações de serviço. A McDonald's tem um estúdio para experiências com clientes — basicamente, um armazém com pretensões — para poder ver em primeira mão como os clientes reagem a uma nova experiência. "Qualquer um que desenvolva novos produtos e nova tecnologia", disse Dyson certa vez, "precisa de uma característica acima de todas as outras: esperança." Criar protótipos continuamente dá forma à esperança.

O primeiro passo, então, é saber quais as questões que precisam de ser respondidas: para quem, a que preço e custo, e em que quantidade. Com o Mr. Clean MagicReach, a P&G queria uma ferramenta de limpeza de classe mundial, mas não estava interessada numa que custasse 500 dólares, mas numa que tivesse o preço a retalho de cerca de 12,99 dólares.

Durante a criação de protótipos, a equipa, por razões técnicas ou de *marketing*, pode descobrir um público-alvo diferente. Tem de estar aberta a isso, sem desistir da ideia original ao primeiro problema que surja.

Em segundo lugar, tem de existir uma noção muito clara sobre onde está a diferenciação da concorrência. *Se não houver diferenciação, não existe inovação.*

Em terceiro lugar, tem de mostrar o protótipo a pessoas verdadeiras e ouvir o que elas dizem. É da natureza humana que o fabricante de um produto adorável, mesmo numa fase muito inicial, tenha orgulho nele e queira que seja aceite. Pode existir uma influência subtil no consumidor por parte de quem faz o teste, que procura a aprovação da ideia.

FAÇA RIGOROSOS TESTES DE CONSUMO

Aprender sobre necessidades e hábitos do cliente é importante, mas não é suficiente. Colocar os clientes numa simulação de compra e utilização do produto pré-mercado, quer pessoalmente quer virtualmente, é uma fonte de conhecimento. Ajuda-o a decidir se comercializa, se é a altura certa, se a oferta precisa de mais alterações ou se não avança de todo.

Digamos que a P&G está a testar um novo tipo de amaciador para a roupa. A equipa pode descrever dez tipos diferentes e perguntar quais as probabilidades de o consumidor preferir comprar o seu em relação a todos os outros – sim, não ou talvez. E se o preço mudasse? Gosta deste benefício? A P&G faz sempre isto em relação aos outros produtos no mercado. Ao fazer estes testes, pode observar onde está em relação à concorrência. Se o resultado for melhor do que o da maior parte da concorrência, é geralmente um motivo suficiente para continuar.

A P&G também pode isolar o que está a motivar a intenção de compra – o nome do produto, o preço, o gosto, a embalagem, o que for. Os consumidores não são questionados se gostam do produto; isso não nos dá uma resposta útil. Em vez disso, são questionados se definitivamente, provavelmente, é indiferente, provavelmente não ou definitivamente não compravam o produto. Participar no jogo, nem que seja de forma metafórica, possibilita respostas melhores. Para analisar em mais profundidade, são utilizados testes de transacção, examinando os consumidores numa loja simulada até ao máximo de 26 semanas. Até a eficácia da embalagem pode ser avaliada, analisando como e onde os olhos dos compradores olham para os produtos na prateleira da loja. Reunindo tudo, estes testes ajudam a P&G a aperfeiçoar a oferta do produto; a não ir para o mercado com um produto que não seja significativamente melhor do que o da concorrência.

A Marico, uma empresa indiana de produtos de consumo, tem a segunda maior rede de distribuição/retalho daquele país. Através do seu método com três abordagens possíveis para conhecer o consumidor, tem sido capaz de criar novos segmentos adjacentes para crescimento e está a superar os seus muito grandes concorrentes multinacionais. A sua profunda exploração do comportamento do consumidor melhorou a sua taxa de sucesso:

- Em primeiro lugar, depois de decidir que categoria e segmento quer perseguir, observa o consumidor em causa.

- Em segundo lugar, a Marico observa os consumidores escolhidos a comprar vários produtos em diferentes segmentos. Observar o mesmo consumidor a comprar em diferentes segmentos ajuda a Marico a ter um maior conhecimento sobre o comportamento do consumidor. Por exemplo, um consumidor abastado a comprar um perfume caro pode também comprar uma dispendiosa caneta Montblanc, reforçando assim a sua imagem pessoal. Esta informação é útil para a Marico, ao obter mais conhecimentos sobre este segmento de consumidor.

- Em terceiro lugar, em países como a Índia, há terceiros que influenciam os comportamentos de compra e as escolhas que os consumidores fazem. A Marico observa estes terceiros em acção e obtém informação adicional. Por exemplo, os barbeiros têm uma grande influência no que diz respeito aos produtos para cuidados do cabelo.

Ao integrar múltiplas formas de olhar para o consumidor no desenvolvimento e na comercialização dos produtos, a Marico compreende melhor os hábitos dos consumidores e os padrões de compra repetida. "O consumidor é o chefe" é, portanto, um conceito inerente à forma como a Marico opera. Está a vencer, porque, ao contrário de muitos dos seus concorrentes, não está a lançar produtos com base nos seus interesses, mas nas necessidades dos consumidores.

GERIR O PORTFÓLIO DOS PROJECTOS DE INOVAÇÃO

Os líderes das unidades de negócio precisam de rever continuadamente as prioridades e de reequilibrar o portfólio dos projectos de inovação para voltar a afectar recursos, nomeadamente abandonar alguns projectos quando for apropriado. Aqui estão as questões a colocar:

- Existe um número suficiente de projectos para alcançar os objectivos financeiros e de negócio, ou há uma lacuna?

- Tem um bom equilíbrio entre os projectos no portfólio, no que diz respeito a curto/longo prazo e reduzido/elevado risco?

- Tem um projecto com futuro? Quando um projecto não está a cumprir o prazo e o orçamento, e é geralmente o que acontece, há três decisões a tomar: fornecer mais financiamento; adiá-lo; abandoná-lo. Na maior parte dos casos, é atribuído um pequeno financiamento incremental, muitas vezes canalizado de outros projectos.

Coloque os seus projectos de inovação numa matriz de 3 x 3, como a que está apresentada em baixo. O risco e a compensação estão na linha vertical; o tempo na horizontal.

O resultado é um rectângulo com nove casas. A definição de *elevado risco* depende do contexto. Se perder a aposta significar perder tudo, é um risco grande; ou seja, se o projecto não se materializar, todo o negócio fica em perigo. Apostas de risco reduzido são aquelas que pode perder – e, de facto, pode esperar perder algumas e ser capaz de encolher os ombros.

Faça as seguintes perguntas sobre a inovação em preparação que colocar na matriz:

- Que tipo de equilíbrio precisa para alcançar os seus objectivos? Este portfólio tem o potencial para os realizar? A P&G observa um horizonte temporal de pelo menos cinco anos. Ao comparar o quanto as inovações projectadas no portfólio devem produzir com os objectivos de receitas e de criação de valor, pode verificar se existe uma "lacuna na inovação", absoluta ou relacionada com objectivos específicos, como chegar aos consumidores de baixos rendimentos nos mercados em desenvolvimento. Num ano a P&G estava entre um e dois por cento aquém. Não eram boas notícias, mas havia opções – acelerar o prazo para os projectos já em preparação, elevando-os na escala ou acrescentando outros.

HORIZONTE TEMPORAL

	Curto Prazo 1–2 Anos	Médio Prazo 3–5 Anos	Longo Prazo 6+ Anos
Reduzido Risco / Compensação Reduzida			
Médio Risco / Média Compensação			
Elevado Risco / Compensação Elevada			

- Irá proporcionar inovação aos impulsionadores de receitas e margens mais importantes, como as maiores marcas da P&G? Se não, então ficarão vulneráveis aos ataques da concorrência. Por exemplo, não era bom para a P&G se toda a inovação na categoria das fraldas viesse da Luvs e a Pampers estivesse estagnada.

- Qual é o equilíbrio entre inovação disruptiva e incremental? Se o portfólio estiver muito inclinado para as inovações disruptivas, pode ter problemas se algumas não funcionarem.

- O portfólio tem o equilíbrio certo de tempo? Se o portfólio estiver demasiado sobrecarregado durante um ou dois anos, pode perder o impulso.

- A combinação entre projectos de elevado e de reduzido risco corresponde à capacidade do negócio para suportar o risco?

- Está a colocar a combinação certa e o nível certo de recursos e pessoas em cada uma destas iniciativas de inovação? Ou está a "salpicar o deserto com uma colher de chá"? As pessoas e os recursos necessários para os projectos de elevado risco/elevada compensação são qualitativamente diferentes dos que são necessários para os que são de reduzido risco/reduzida compensação.

Um portfólio de inovação não é diferente de um portfólio financeiro – pense na diversificação e no equilíbrio.

ESTAR ABERTO À EXPERIMENTAÇÃO

A experimentação é uma parte integrante do processo de inovação. Um exemplo para tornar a experimentação uma rotina é a criação por parte da P&G de um laboratório externo para dar atenção intensiva a uma ideia específica, para permitir às pessoas testá-la antes de avançar. É o Ginásio da Inovação, que gere actividades que são semelhantes às da Clay Street (ver Capítulo 9), mas para períodos mais curtos – geralmente três dias ou menos. A P&G trabalhou com a IDEO, adoptando os seus princípios para criar este ginásio com três mil metros quadrados, alojado em dois edifícios de armazéns nos arredores de Cincinnati. Entre os princípios estão: criar um espaço especialmente para o efeito; ter muito espaço na parede para esboços, cartazes e actos aleatórios de inovação; encher o espaço com muitas ferramentas criativas, como brinquedos e papel colorido; e fornecer às equipas um facilitador qualificado para os guiar através do processo de inovação.

John Cheng, gestor do Ginásio da Inovação, acredita que a P&G era demasiado lenta nos anos de 1980. Estudos de mercado que englobavam vários anos eram normais, um ritmo lúgubre que agora parece quase divertido. Nos anos de 1990, era muito confuso, enviava-se demasiadas ideias (nem todas de grande qualidade) para o sistema de desenvolvimento do produto. "No início dos anos 2000, percebemos que precisávamos de processos e sistemas para desenvolvimento de ideias", conta Cheng. "E como é que o Ginásio ajuda? Se correctamente concebido, o processo reúne numa sala a maior parte dos *stakeholders* e daqueles que tomam as decisões. As coisas acontecem rapidamente e, se os resultados forem fracos, os participantes sentem-se confiantes de que é altura de seguir em frente."

Uma unidade contacta o Ginásio com um problema que quer explorar intensivamente; a unidade paga os serviços do Ginásio, a um preço menor do que se contratasse no exterior, mas o suficiente para garantir que as instalações cobrem o seu custo e produz valor. O problema pode ter que ver com a embalagem, por exemplo, com o aperfeiçoamento de uma ideia ou com escolher cinco entre 20 ideias. A equipa de produtos para o lar, por exemplo, queria pensar num novo produto para limpar o chão; depois de dois dias em *workshops* e a fazer protótipos, pensaram que tinham a resposta. O único problema é que parecia uma cópia de um produto de um concorrente; perceberam que não ia funcionar e voltaram a repensar todas as suas pressuposições – um processo que em última análise resultou numa extensão da linha Swiffer.

Antes de uma equipa entrar no Ginásio, reúne-se com um dos facilitadores, que projecta uma sessão para corresponder aos resultados desejados. Então a equipa procura fontes de inspiração, muitas vezes na forma de consumidores, clientes e concorrentes. Ao entrarem no Ginásio, as equipas partilham a sua inspiração. Depois, lideradas por um facilitador, utilizam quadros brancos para começar a expor as suas ideias. Estas são agrupadas por temas. A equipa então "pontua" a ideias, votando as que parecem mais pertinentes para o problema em questão. Depois dividem-se em grupos mais pequenos e vão para um espaço maior, utilizado para fazer protótipos. Está equipado com materiais para desenvolver protótipos e inclui tudo, desde roupas a *hula hoops*. De seguida, os consumidores são trazidos para observarem os protótipos e os conceitos e os grupos recebem *feedback* imediato. Toda a equipa volta a reunir-se e os grupos questionam-se uns aos outros. Neste momento, descreve Brice Westring, gestor de operações do Ginásio, "as equipas compreendem rapidamente que o que parecia uma proposta vencedora no papel pode ser um fiasco." Antes de o Ginásio ser criado, era necessário um ano ou mais para uma equipa compreender que tinha uma má proposta. Agora pode ficar a sabê-lo numa questão de dias. A boa notícia é que há quase sempre uma ou duas excelentes ideias que saem deste processo e que são o impulso para um excelente produto, como uma extensão da linha Swiffer ou o gel de banho Olay Ribbons.

Há duas vantagens em fazer este tipo de experimentação fora das unidades de negócio. Em primeiro lugar, os sete elementos da equipa que gere o local, colaboradores de longa data da P&G, têm competências excepcionais para o processo, porque já observaram centenas de grupos e detêm um amplo conhecimento da empresa. Elaboraram, através da experimentação, de *benchmarking* e da experiência, diferentes módulos para satisfazer as necessidades de uma série de desafios de inovação, desde efectuar testes, inovação do produto e de embalagens e *franchise* de estratégias de inovação. Se há uma curva de aprendizagem para construir a excelência na produção, também existe uma para construir excelência na inovação.

Em segundo lugar, estar a alguns quilómetros de distância do ambiente do dia-a-dia pode ajudar a "libertar" os colaboradores e torná-los menos propensos a serem interrompidos. "Se cria ideias no mesmo espaço em que trabalha", conclui Westring, "irão aparecer com as mesmas soluções." O Ginásio ajuda a P&G a identificar boas (e más) ideias antecipadamente, poupando tempo e recursos.

A P&G também aumentou significativamente a sua utilização de engenharia auxiliada por computador (EAC)*, modelos computacionais e simulação para testar ideias. Costumava utilizar a EAC para melhorar a produção e a manufactura; agora está a aplicar a EAC a tudo em que consegue pensar – fórmulas, força dos materiais, selecção das matérias-primas. A ideia é "explorar digitalmente e validar fisicamente", como explica um dos engenheiros da P&G.

Deslocar mais investigação e desenvolvimento para o mundo virtual reduz tempos de desenvolvimento em meses e talvez anos. Existe também uma dimensão positiva nisto, melhorando a criatividade e permitindo à P&G explorar mais opções. Mas uma das suas funções mais importantes é essencialmente negativa: permite à P&G falhar muito mais rapidamente.

Uma das principais características do Centro de Inovação Beckett Ridge é a Parede Virtual. É uma parede com 2,5x5 metros, no qual podem ser mostradas imagens de 24 projectores. A P&G adaptou a ideia depois de uma visita à DreamWorks; queria fazer alguma coisa com imagens digitais, mas isto, como é óbvio, dificilmente era a sua especialidade. Ao trabalhar com a Universidade de Aachen – novamente o Relacionar e Desenvolver – a P&G obteve uma coisa parecida com o que as empresas petrolíferas utilizam para imagens sísmicas. O que tinha de ser feito com ela, contudo, era projectar a disposição dos produtos – de prateleiras a categorias, a uma loja completa.

Também possui vídeo que permite a ligação a centros de tecnologia remotos em todo o mundo, de forma que se podem colocar questões. Uns toques nos botões e as prateleiras podem ser realinhadas. A equipa da P&G pode fazer os compradores passar por muito mais repetições do que se tivesse de os conduzir de loja em loja, assumindo que conseguiriam sequer encontrar o que queriam. Quinze minutos na parede podem substituir meses de hesitações. As ideias falhadas são abandonadas muito mais rapidamente; as boas são aceleradas.

Um dia, a P&G trouxe executivos da Iams, a divisão de comida para animais de estimação, para avaliarem algumas embalagens. A equipa fez o habitual – projectou corredores de comida para animais

---

* **N. T.** No original, CAE – *Computer Aided Engineering*.

de estimação de diferentes lojas e trouxe compradores para fazerem as suas escolhas. Não foi preciso muito tempo para os colaboradores da Iams perceberem que o seu conceito não estava a funcionar: os compradores escolhiam sempre a concorrência. Este tipo de compreensão teria sido muito dispendiosa se a equipa tivesse efectuado o lançamento e esperado que o produto falhasse, antes de perceber a necessidade de o mudar.

O centro de visionamento da P&G leva a Parede Virtual para outra dimensão. É uma parede com painéis com 2,5 metros de altura e nove de comprimento; os painéis podem ser movidos para criar uma gruta com três paredes. Através dela, a P&G pode projectar as dez lojas de topo dos seus retalhistas mais importantes. Com óculos, luvas e um dispositivo de realidade virtual, é possível navegar através dos corredores (ou acima deles), testando novos conceitos e ambientes de loja, passando os olhos pelas más ideias no caminho para encontrar a ideia certa.

IDENTIFICAR ANTECIPADAMENTE OS PROBLEMAS MAIS DIFÍCEIS

Ted Williams disse um dia que uma batida no basebol era o acto único mais difícil do desporto – e no seu melhor ano falhou seis em cada dez vezes. Tal como parar um mau lançamento, abandonar ideias é um elemento essencial para aumentar a média de "batidas" da empresa. A taxa de fracassos para novos produtos começa em 40 por cento e pode chegar a 90 por cento, dependendo de quem está a fazer os estudos e como. Abandonar rapidamente projectos que não irão ter sucesso no mercado ajuda a concentrar tempo e energia, e liberta os escassos recursos de especialistas e capital para aqueles que têm uma melhor hipótese.

Hesitamos em abandonar projectos por duas razões. Primeiro, ansiedade. Estou a abandonar algo que pode ser grande? Há sempre alguns exemplos de como alguém insistiu durante anos na sua busca e finalmente teve sucesso. Mas a persistência por si só não explica o sucesso. Em quase todos os casos, o projecto foi bem sucedido porque foi reformulado, houve um progresso tecnológico externo que o facilitou ou a altura tornou-se propícia. Em segundo lugar, o líder não quer desafiar ou dizer "não" a alguém com um excelente registo, que é apaixonado por um projecto.

Assim que a equipa tiver identificado um possível produto, a tendência natural é querer que tenha sucesso. Isto cria uma influência a favor de avançar, em vez de um reconhecimento realista sobre se devia. E a equipa pode inclinar mais a avaliação abordando primeiro os problemas fáceis e deixando os difíceis para mais tarde. A P&G inverteu esta sequência. As equipas têm de identificar os denominados "problemas mais difíceis" – aqueles que têm de ser resolvidos para a inovação ter sucesso. Têm de tentar resolver primeiro os problemas mais difíceis, para retirar os maiores obstáculos antecipadamente. A P&G chama a isto "fazer primeiro as últimas experiências". Esta é uma melhor prática importante, porque não só conserva e concentra os escassos recursos humanos e financeiros, como também força o líder e a equipa de inovação a enfrentar a natureza daquele desafio da inovação em particular.

Nas marcas e produtos de cuidados para o lar e cuidados pessoais, a P&G encontra um conjunto amplo de "problemas mais difíceis". Uma série de perguntas pode fazê-los emergir.

- Há mercado? Irão (suficientes) consumidores comprar e utilizar a nova marca ou produto inovador?

- O novo produto ou tecnologia é exequível? Pode realmente produzi-lo em quantidades comerciais?

- A nova inovação será acessível? Tem um bom valor para o consumidor ou é melhor do que a alternativa? Pode baixar o custo do capital e/ou o custo dos bens?

- Para ter sucesso, terá de haver uma mudança nos hábitos do consumidor? Consegue mudá-los?

- Para ter sucesso, terá de criar novos canais de distribuição? Consegue fazer isso?

É necessário alguém com autoridade e distância emocional para aceitar as respostas e abandonar um projecto. Quase nunca há capital suficiente para financiar tudo; um gestor sénior está em melhor posição para avaliar o portfólio e atribuir prioridades de quem recebe quanto. Sem dúvida, projectos menos importantes, menos prometedores, irão acabar por ser abandonados.

A selecção tem de ser um processo contínuo – um mínimo de quatro vezes por ano, para que tudo possa fluir. Abandonar um projecto pode ser devastador para o moral dos elementos da equipa, que têm tendência a defender que a solução está ao virar da esquina. É por isso que é importante que todos saibam que um fracasso específico não é um julgamento geral sobre as suas capacidades. E lembre-se, atribuir recursos a uma ideia sem esperanças também atinge o moral.

"Se quiser ter sucesso, duplique a sua taxa de fracassos", avisou Tom Watson da IBM. "Fracasse muitas vezes para ter sucesso mais cedo", é o lema da IDEO. É um conselho difícil de aceitar. Nenhuma empresa, e certamente nenhum gestor que aspira ao próximo degrau da evolução, quer ser responsável por um fracasso. Mas existe o fracasso inteligente ou o fracasso que funciona. Contudo, as empresas não irão encontrar criativos se tiverem tendência para punir ou desencorajar o fracasso. A cultura de uma empresa é uma coisa viva; não irá respirar se os colaboradores estiverem a suster a respiração com medo.

APRENDER COM O PASSADO

As conversas entusiásticas na sala do café são algo positivo, mas uma empresa realmente inovadora tem de ser um pouco mais organizada do que isto. Não pode existir uma cultura de inovação se cada projecto for um evento excepcional, único em si próprio e isolado do resto da empresa. O conhecimento é demasiado importante para ser escondido. As empresas precisam de fazer esforços conscientes para construir redes sociais que difundem o conhecimento e a experiência, utilizando ferramentas como a intranet. Jeff Immelt da GE usa estas transmissões via Internet durante todo o dia, para discutir o que está e não está a funcionar com os oito projectos Progresso da

Imaginação da empresa. Os que estão a trabalhar nesses projectos fazem parte da transmissão pela Internet. Com ela, Immelt chega a todos os colaboradores da empresa com a aprendizagem que está a ocorrer e a mensagem de que a liderança valoriza tanto o sucesso como o fracasso. É transparente e honesto em relação a este último. Todos ficam a conhecer o seu ponto de vista, sem o filtro de camadas intermédias da gestão.

Depois de cada projecto de inovação – bem sucedido ou não – o líder da equipa deve ser solicitado a escrever, e o grupo de selecção a rever, uma autópsia (ou, se este termo for demasiado deprimente, uma avaliação pós-acção) do que correu mal (ou bem) e como. Há décadas que a Toyota o faz; chama-lhes *hansei*, ou reflexão, e tem reuniões de *hansei* depois de cada grande iniciativa. A Toyota não só explora por que motivo alguma coisa teve sucesso, mas também o que podia ter sido feito melhor. Se uma equipa tiver tido sucesso muito para além das expectativas, por exemplo, é-lhe pedido para descobrir por que é que não previu antes o seu potencial. Os fracassos, naturalmente, recebem um interrogatório pormenorizado.

Nestas avaliações, trabalhe ao contrário, dos processos para as decisões, suposições, recursos e qualidade da equipa; só então deve ser considerada a culpabilidade das pessoas e dos seus julgamentos.

Nesta análise precisa de avaliar: foi negligência dos indivíduos, temperamento, falta de inclusão ou imaginação, ou um orgulho de "sabemos tudo" que levou ao fracasso? Há falhas que devem ser resolvidas e por vezes punidas. Por outro lado, se estes não foram os problemas, a equipa e o líder aprenderam alguma coisa com a experiência que irá permitir-lhes fazer melhor da próxima vez?

As avaliações pós-acção devem ser narrativas, com ênfase na causa e efeito. Devem ser curtas (o tamanho é muitas vezes uma forma de encobrimento). Depois devem ser tornadas acessíveis para consulta. A utilidade desta base de dados para uma comissão de avaliação de inovação, por exemplo, deve ser óbvia.

O risco da avaliação pós-acção é claro; é uma oportunidade de ouro atribuir culpas e para o auto-enaltecimento. Mas não é uma razão para renunciar a ela. Até um determinado ponto, tem de confiar na sua equipa; ter outros elementos da equipa a ver o relatório e existir um líder de negócio a quem pede para o assinar, pode ajudar a assegurar honestidade intelectual e comportamento decente. Além disso, o tom do relatório deve ser analítico, não pessoal. A disciplina é importante. Para grandes sucessos, descubra como o fez; para os fracassos, descubra como evitar fazê-los novamente.

Isto é uma questão complicada, mas se o exército dos EUA consegue fazer avaliações pós-acção – e fá-las desde a Segunda Guerra Mundial – é difícil argumentar que é demasiado complicado uma empresa fazê-las. Aprender com o passado é fundamental para melhorar com o tempo – e, por isso, um elo importante no processo de inovação contínua. De um modo geral, este relatório pós-inovação (ou RPI) deve ser elaborado quando o projecto for abandonado (mais tarde) ou quando alcançar (ou não conseguir atingir) a primeira meta estabelecida para ele.

O que deve incluir no relatório?

- Uma descrição do resultado do projecto, com referência aos seus objectivos.

- Uma avaliação das principais causas responsáveis pelo resultado. Fizemos a investigação certa? Tínhamos a equipa certa? A tecnologia certa? Recursos suficientes? Escolhemos os objectivos certos e não os abandonámos?

- Uma definição dos efeitos inesperados.

- Uma consideração do que podia ter sido feito de forma diferente para se obter um melhor resultado.

- Uma explicação das lições aprendidas.

Lembre-se: Não é pessoal; é negócio. Desencoraje a menção de indivíduos pelos nomes, noutra forma que não positiva.

A compilação desta base de dados tem de ser sistemática, com um método comum para registar eventos; tem também de ser abrangente e incluir tanto os sucessos como os fracassos. Ao fazer disto uma rotina, uma empresa pode torná-la muito menos desagradável. Uma boa base de dados bem sucedida não é uma que esteja a abarrotar de histórias de sucesso, mas uma que seja intelectualmente honesta. A empresa que não aprende com o passado pode ou não repeti-lo – mas porquê correr o risco?

As organizações gostam muito de aprender com o sucesso, mas o fracasso é muitas vezes muito mais instrutivo. Com Jack Welch, a GE tinha uma regra em que nas reuniões trimestrais da gestão todos tinham de trazer uma ideia que podia ser reaplicada noutros negócios. Parecia um conceito excelente para as reuniões da P&G e não havia certamente problema em conseguir que os *presidents* trouxessem algo que tivesse sucesso. Mas estas reuniões estavam a ficar um pouco aborrecidas. Como disse Tolstoi, todas as famílias felizes são parecidas; as famílias infelizes têm as suas próprias histórias. Precisávamos de ouvir algumas dessas histórias. Mesmo depois de lhes ser pedido para trazerem uma história de algo que tivesse fracassado, queriam trazer mais um sucesso. É a natureza humana e tem de se resistir a ela se se quiser criar um processo social que enfrente a realidade de que, bem, são coisas que acontecem.

O fracasso não é o oposto do sucesso enquanto parte de um processo de inovação bem sucedido, se se aprender com ele. A Toyota sabe isto. O seu Toyopet Crown, um *sedan* dos anos de 1950, tinha sido um êxito no Japão; por isso, quando a Toyota viu uma oportunidade nos EUA, enviou com confiança o Crown para o estrangeiro. O Crown chegou à Califórnia em 1956, com o objectivo de se tornar o segundo carro de eleição para as famílias norte-americanas. Em vez disso, tornou-se uma anedota; o Crown era demasiado estreito para os corpos norte-americanos maiores e estremecia a velocidades de auto-estrada. A Toyota saiu do mercado dos EUA e não regressou durante oito anos.

De acordo com todos os padrões, o Toyopet foi um fracasso, até mesmo uma humilhação. Duvidamos que os gestores envolvidos na sua exportação estivessem orgulhosos de si próprios ou tivessem recebido algum prémio. Mas o que interessa mais é como a Toyota reagiu. Analisou o que correu mal e aprendeu com isso. "Aquele fracasso evidente", escreve Matthew May em *The Elegant Solution*, "tornou-se uma força motriz por detrás do recente respeito da Toyota pelos sistemas. Os líderes da Toyota juraram nunca mais conceber e comercializar outro produto no vazio."

Uma empresa, uma equipa, um líder ou um indivíduo que consegue aceitar e aprender a partir do fracasso será mais criativo – e feliz – do que aquele que evita riscos para acautelar que algo corra mal, porque alguma coisa vai sempre correr mal. Em todas as inovações da P&G desde 2000, houve pelo menos um problema técnico. Ninguém na unidade de cuidados femininos se vai esquecer de ter tido de "arrastar" colaboradores no fim-de-semana do *Memorial Day** para empacotar à mão o Tampax Pearl, porque a máquina de embalamento avariou e uma mudança de última hora no preço significava que eram precisas mais milhares de amostras.

Enquanto no caso do Tampax Pearl a P&G foi capaz de fazer as intervenções certas de última hora para salvar o lançamento da inovação, também lançou um número de inovações que acabaram por fracassar no mercado. Contudo, cada uma ensinou novas lições que ajudaram a desenvolver opiniões experientes, que podem ser aplicadas em novos projectos de inovação.

Aceitar a inevitabilidade do fracasso não significa que os líderes devam sentar-se e esperar por ele. Muito pelo contrário. Um dos motivos é que alguns fracassos não podem ser tolerados – um produto alimentar contaminado, por exemplo, ou um motor a jacto defeituoso. As fábricas têm de ser seguras; a contabilidade precisa. É tarefa da gestão assegurar que todos sabem onde o fracasso pode e não pode ser aceite.

No domínio do aceitável, os benefícios emergem apenas quando o fracasso é reconhecido cedo e não tarde e quando as razões para ele ter acontecido são aprendidas, absorvidas e transmitidas. Embora possa parecer contra-intuitivo, um processo de inovação que engloba o fracasso requer mais gestão e não menos. Uma das razões para um processo de fluxo do princípio ao fim (ver Capítulo 7) é garantir que os projectos recebem a atenção certa na altera adequada. Executar um tal processo por vezes significa executar – no seu outro sentido – projectos que não funcionam bem. Para aqueles que investiram os seus melhores esforços, pode parecer um fracasso; de facto, é o processo a trabalhar da forma que deve ser.

---

* N. T. Feriado norte-americano dedicado aos soldados mortos em combate, comemorado na última segunda-feira de Maio.

Os grandes líderes de inovação são capazes de falar abertamente sobre o fracasso de uma inovação. Por exemplo, Howard Schultz, fundador e CEO da Starbucks, mantém no seu escritório uma cópia da condenada à partida (e da qual não se sente falta) revista *Joe*. Esta tentativa de estender a marca Starbucks ao mundo editorial falhou redondamente e não foi, segundo todos os registos, uma grande perda para a literatura. Mas Schultz tem-na lá para todos verem. Que tipo de impressão pensa que causa, quando alguém entra no seu escritório com uma nova ideia para apresentar ou um erro para confessar?

Jeff Immelt até escreveu um artigo para a *BusinessWeek* em Julho de 2006, chamado "O Meu Erro Favorito".* O seu erro, que custou cerca de 20 milhões de dólares, foi avançar em 1992 com um inadequado produto de plástico chamado Nuvel. "Deixei a necessidade de rapidez ultrapassar a necessidade de concretizar estudos de mercado e testes suficientes", foi o seu diagnóstico. E a sua cura: "Fez-me aprender sobre ouvir melhor. Sou agora mais disciplinado com as questões importantes do que era então."

A Google quase se gaba de gastar dinheiro em coisas que nunca irão funcionar; aqui está um excerto do seu prospecto para a Oferta Pública Inicial de Venda e Subscrição de Acções de Abril de 2004.

> Não iremos evitar os projectos de elevado risco, projectos que potenciem grandes compensações, devido à pressão dos lucros a curto prazo. Algumas das nossas apostas no passado tiveram um sucesso extraordinário, outras não. Como encaramos a procura de tais projectos como a chave para o nosso sucesso a longo prazo, vamos continuar a procurá-los. Por exemplo, financiaríamos projectos que têm dez por cento de hipóteses, se colocarmos apostas mais pequenas em áreas que parecem muito especulativas ou até estranhas. À medida que o rácio de compensação em relação aos riscos aumentar, iremos aceitar projectos ainda mais fora das nossas áreas normais, especialmente quando o investimento inicial for reduzido. (...) A maior parte dos projectos arriscados fracassam, muitas vezes ensinando-nos algo. Outros têm sucesso e tornam-se negócios atraentes.

---

* **N. T.** No original, "My Favourite Mistake".

OS 11 MAIORES "FRACASSOS" DE INOVAÇÃO DE A. G. LAFLEY

MARCA	EXPERIÊNCIA NO MERCADO	APRENDIZAGEM IMPORTANTE
1. Fit Lavagem de Frutos e Vegetais	Ainda no mercado, detido por outra empresa	Exigia uma mudança significativa nos hábitos dos consumidores
2. Dryel At-Home Kit para Limpeza a Seco	Ainda no mercado, detido por outra empresa (para audiências de nicho)	Exigia uma mudança significativa nos hábitos dos consumidores
3. Oxydol Detergente para a Roupa	Ainda no mercado, detido por outra empresa	Ideia má/pequena
4. Lemon Dash Detergente para a Roupa	Mais de 75 milhões de dólares em vendas a retalho para a P&G, descontinuado	Boa ideia. Não havia diferença em comparação com outros detergentes
5. Bold 3 Detergente para a Roupa	Descontinuado	Ideia pequena
6. Solo Detergente para a Roupa	Descontinuado	Ideia pequena
7. Olay Cosméticos	Cem milhões de dólares em vendas a retalho para a P&G, descontinuado	Não se fez os testes certos ao consumidor antes do lançamento
8. Physique Tratamento para o Cabelo	Cem milhões de dólares num ano de vendas a retalho, descontinuado	Não apresentava diferenciação de marca em comparação com a concorrência
9. Vidal Sassoon Tratamento para o Cabelo	Mais de 50 milhões de dólares em vendas a retalho, descontinuado nos EUA, negócio ainda forte na Ásia	Não se fez os testes certos ao consumidor antes do lançamento
10. Torengo Aperitivos Salgados	Descontinuado	Mercado competitivo e fechado
11. Tempo Lenços de Papel	Descontinuado	Ideia pequena

As empresas que realmente querem mostrar o seu compromisso para com a inovação e coragem em relação fracasso, podem promover alguém cujo projecto falhou – e fazer a promoção de uma forma totalmente transparente. Aqui é necessário demonstrar que a compensação é fundamentada na avaliação da liderança de como o projecto foi bem feito com base em até que ponto poderia ter sido bem feito. Os bons líderes de inovação são difíceis de encontrar; precisam de ser preservados, protegidos e promovidos. A única razão para castigar alguém porque um projecto de inovação fracassou é negligência e preguiça. As acções, como as promoções, falam mais alto do que qualquer transmissão via Internet da administração sobre como a empresa está comprometida em compensar os riscos.

Os colaboradores talentosos dos cuidados femininos, uma das estrelas da P&G, têm muito que celebrar. Mas nos últimos anos, Melanie Healey apresenta como parte dos Prémios dos Cuidados Femininos o Prémio do Fracasso, para a "equipa ou indivíduo que permitiu à empresa aprender significativamente com um fracasso e, como consequência, possibilita a um futuro projecto ou equipa avançar muito mais rapidamente e/ou melhor." O destinatário – nas circunstâncias hesita-se em dizer "vencedor" – dificilmente podia ser mais exposto. É esta realmente a melhor forma de gerir um negócio?

Sim – com ênfase. É fácil (e necessário) celebrar o sucesso. E embora possa parecer pouco natural fazer o mesmo com o fracasso, uma empresa que esteja interessada na inovação tem de se habituar à ideia de que nem tudo vai funcionar. A revista *Fortune* apresentou recentemente a história de uma gestora da Google que percebeu que tinha cometido um erro de muitos milhões de dólares. Contou ao CEO Eric Schmidt – e foi dispensada com uma pancadinha nas costas: É melhor tentar e fracassar, disse-lhe, do que não tentar. (Mas, por favor, não vamos fazer disto um hábito!) "Alguém tem de estar na equipa que falha", explica Gail Fogg, directora de *marketing* dos cuidados femininos globais, "e têm de perceber que não vão ter as cabeças cortadas."

Uma história que circulou na P&G durante anos – e que pode ser mesmo verdade – é sobre um grande projecto que falhou completamente. O líder do projecto sentiu-se tão mal que ofereceu demitir-se.

"Recuso aceitar a sua demissão", disse-lhe o chefe. "Acabei de gastar muito dinheiro na sua educação." Uma coisa que a P&G aprendeu com o tempo é que é melhor e mais barato falhar mais cedo. Num processo de inovação que decorre normalmente, é isso o que acontece – e estes são os tipos de fracassos que são dignos de prémios.

Tal como a criação de novas ideias é um processo constante, é benéfico que se encare o seu abandono da mesma forma. O mercado pode mudar a meio; ideias excelentes podem banalizar-se; ideias más podem transformar-se em vencedoras porque as condições se alteram. É aqui que a autoconfiança e a flexibilidade se tornam determinantes. Na inovação, a morte não é sempre final; estas decisões têm de ser continuamente avaliadas.

UTILIZAR MÉTRICAS PARA AVALIAR A INOVAÇÃO

Os processos de negócios, como as vendas, a produção e a logística, têm métodos bem estabelecidos. As razões são óbvias. O que é avaliado é realizado; e o que é avaliado pode ser melhorado. Segundo a sabedoria convencional, a inovação, ao contrário de outros processos, não pode ser avaliada. Mas, de facto, pode. Precisa de ferramentas adequadas e de *know-how* sobre as várias fases nas quais o progresso da inovação pode e deve ser avaliado. A nossa experiência e investigação têm demonstrado que algumas empresas fizeram progressos a avaliar a produtividade e a eficácia do processo de inovação.

As métricas mais adequadas ajudam a reunir diferentes partes da organização, como tecnologia e *marketing*, a preparar os alicerces da afectação de recursos e a formar a base para compensações e promoções. Por exemplo, o objectivo para conseguir lucros de inovação de mais cinco por cento de crescimento orgânico no próximo ano fiscal fornece motivação, contexto e rigor para todos trabalharem em conjunto para o alcançar. Na P&G, os benefícios de uma avaliação transparente foram para lá da melhoria das margens e do aumento da taxa de crescimento das receitas e incluíram benefícios perceptíveis, tangíveis, tais como o reforço de algumas marcas; relações mais fortes com retalhistas; e o "músculo mental" e a confiança da organização interna para controlar as regras do jogo no cenário emergente.

OS PRINCÍPIOS SUBJACENTES À ESCOLHA E À UTILIZAÇÃO DAS MÉTRICAS DA INOVAÇÃO

1. Pense em avaliar a inovação como faria com um portfólio de investimento, em que está preocupado com a rendibilidade total e não com acções individuais, obrigações ou fundos mútuos. A chave é não avaliar cada projecto individualmente e depois declarar vitória ou derrota, mas avaliar o investimento total durante um período de tempo, comparado com o resultado total. Isto reúne num fundo comum os projectos de elevado e reduzido risco e encoraja todos a assumirem hipóteses equilibradas.

2. O resultado da inovação tem um atraso de tempo semelhante a outros investimentos que pode fazer, como construir e depois utilizar por completo a capacidade da fábrica.

3. Simplesmente porque algo pode ser calculado não significa que valha a pena calcular. Tenha em conta o que interessa, apesar da dificuldade e da imprecisão. A avaliação imprecisa terá tendência a tornar-se precisa na avaliação de amanhã.

4. Alguns aspectos da inovação podem ser quantificados de forma precisa, como a percentagem de novos produtos durante um período de tempo específico. Outras medidas são qualitativas e podem ser avaliadas apenas numa escala relativa. Por exemplo, tem várias equipas de inovação e determina que, numa escala de 1 a 10, a Equipa de Inovação A está avaliada com 9 na descoberta de conhecimentos sobre o consumidor e na forma de os incorporar na tomada de decisões eficaz, enquanto a Equipa B tem uma avaliação de apenas 3. As medidas qualitativas muitas vezes chamam a atenção para as questões mais críticas para a missão, que determinam o sucesso ou fracasso.

5. Outros aspectos são avaliações físicas que constituem a base para eventuais resultados financeiros – como a rapidez de desenvolvimento de um protótipo e o número de repetições que são testadas com o "chefe", o consumidor.

6. Cada fase do processo de inovação deve ter metas e medidas rigorosas de resultados. Por exemplo, são aprovadas cem ideias. Quantas é que avançam para o apoio? Quantas são lançadas no mercado? (É na fase de entrada no mercado que as maiores decisões de investimento são tomadas e é finalmente determinado um resultado.) Por fim, quantas têm sucesso aos olhos do consumidor e vão ao encontro dos critérios financeiros?

7. Os resultados da inovação derivam de uma sequência de decisões em cada fase, sendo cada uma construída sobre a anterior. Deste modo, quanto melhor for o método e melhores as decisões em cada fase, melhor a eficácia de todo o processo. A disciplina de analisar cada fase tem um efeito muito importante no resultado da inovação.

8. O número daqueles desenvolvidos para futuras promoções, especialmente para o nível geral da gestão, ao construírem a sua curva de experiência no processo de inovação.

COMO A LEGO GERE O RISCO

Compreender os consumidores e os clientes reduz o risco. É importante criar processos sociais que tragam esses conhecimentos para sustentar decisões determinantes, incluindo em que ideias apostar, especialmente quando é altura de fazer grandes investimentos. Em indústrias como a moda, brinquedos ou mobiliário de exterior, onde a compra está concentrada e as decisões únicas são determinantes, uma só estação perdida pode ter um efeito devastador. Foi o que aconteceu com o Grupo LEGO no início dos anos 2000. Os seus produtos falharam os objectivos e a empresa quase foi à falência. Quando Jørgen Vig Knudstorp se tornou CEO em 2004, a sua primeira missão foi sobreviver mais um dia. Libertou-se dos activos não nucleares para criar algum *cash flow* e descentralizar a tomada de decisões. Depois, formou uma equipa de gestão para revitalizar a marca, melhorar o relacionamento com os fornecedores e melhorar a cadeia de abastecimento da LEGO.

Enquanto fazia isto, estabeleceu os seus objectivos para aumentar a percentagem de receitas que iriam ter origem em novos produtos, mas com uma atenção redobrada para melhorar as hipóteses de esses novos produtos se venderem. Cerca de metade das compras de brinquedos são feitas nas seis semanas anteriores ao Natal. Se tiver o produto errado nas prateleiras dos retalhistas, não há tempo para recuperar. Fica atolado em inventário que tem de vender com grande desconto e sabe que vai ter um ano mau. Knudstorp deu um grande passo para diminuir os riscos ao trazer utilizadores e retalhistas para fases de decisão importantes.

A LEGO tem um processo para planear a direcção que em geral o desenvolvimento de um produto deve ter, com base nas tendências dos hábitos de brincar, padrões da sociedade, o que está a aparecer nas feiras de brinquedos e no cenário dos *media* e o que parece entusiasmar as crianças. Em primeiro lugar, o conceito do produto começa a tomar forma. Então, na fase inicial, é feita a primeira grande redução no portfólio. Das cinquenta e tal ideias que são apresentadas, cerca de um terço são eliminadas. As melhores ideias são aperfeiçoadas e sujeitas a testes de utilizador.

As decisões sobre que ideias experimentar são tomadas por uma equipa que não só inclui *designers* e gestores de produto, mas também colaboradores que estão mais próximo do mercado: aqueles que trabalham nas contas dos retalhistas importantes da LEGO e no *marketing* de consumo e de comércio em vários países. Aqueles com experiência de mercado têm o que Knudstorp designa por "inteligência prática", uma boa ideia sobre que produtos irão apelar aos verdadeiros consumidores e utilizadores. O CEO garante que essas pessoas não estão apenas presentes, mas também que são ouvidas. Sabe que se ele próprio emitir uma opinião os outros lhe irão atribuir um grande peso, devido à sua posição. É um problema, porque ele não se considera como a melhor fonte de conhecimento sobre o que irá vender. "Não tenho as informações e, francamente, não tenho a experiência", diz ele.

Por isso, Knudstorp senta-se atrás e observa os outros, como ouvem, imaginam, se relacionam, se aproximam, estando atento a comentários que param as ideias demasiado cedo. Tais comentários muitas vezes começam com "sim, mas", como em: "Sim, mas tentámos isso na Alemanha e não funcionou. Nunca irá funcionar nos EUA." Observa para ver se as opiniões têm factos que as suportem, se todos estão envolvidos e se o ponto de vista externo está representado. "Enquanto aqueles com profunda experiência são uma grande fonte de conhecimento, os mais novos que têm falta dela são muitas vezes uma fonte de ideias novas", explica Knudstorp. "É como jardinar. Tem de proteger as sementes jovens."

Ao participar nestas sessões, Knudstorp desenvolve uma experiência na avaliação e na melhoria do sistema social de especialistas a tomar decisões relevantes para o processo de inovação. Embora não tome decisões sobre quando dar aprovação, toma as decisões de liderança de como modificar o sistema social, alterando um ou mais elementos-chave.

A altura mais crítica é quando são tomadas decisões sobre que produtos colocar em produção, desencadeando grandes investimentos para adquirir as ferramentas e o equipamento de moldagem e aumentando, desta forma, o risco financeiro da empresa. Essas decisões são tomadas cerca de 18 meses antes de o produto chegar às prateleiras (embora o tempo do ciclo esteja a diminuir); portanto a LEGO, por exemplo, decide em Fevereiro de 2008 o que estará nas prateleiras em Dezembro de 2009.

Nesta altura, a LEGO faz uso de outra perspectiva que melhora as suas hipóteses de fazer as escolhas certas: a dos seus clientes. Há grandes cadeias de retalhistas como a Wal-Mart, a Toys "R" Us e a Top Toy, a força dominante no retalho de brinquedos na Escandinávia. Durante um período de duas semanas, a LEGO traz os maiores retalhistas e compradores de contas-chave para a sua sede em Billund, na Dinamarca. Colaboradores da empresa fazem uma visita guiada às instalações, explicam a filosofia da empresa de fazer negócios e passam um dia inteiro a analisar todo o portfólio. Quando a LEGO começou este processo em 2005, foi o primeiro, mesmo para os clientes antigos. A Top Toy, por exemplo, tem feito transacções com a LEGO desde o dia em que abriu há 42 anos, mas nunca antes tinha sido convidada para dentro da empresa.

A ideia por detrás das visitas a Billund é aproveitar a sabedoria colectiva dos retalhistas enquanto ainda há tempo para fazer ajustes, quer isso signifique acrescentar uma linha de produto ou cancelar um que os retalhistas pensam que irá fracassar. Pequenos comentários dão pistas importantes: "Porque têm um robô naquela série quando também há robôs noutra série?"; "Por que motivo o modelo está na série BIONICLE e não na EXOFORCE?"; "Estes modelos são muito semelhantes; precisam de ambos?" Knudstorp diz que estas estão entre as avaliações de produtos mais perspicazes que já teve. As visitas são uma fonte rica de conhecimento. Também tornam a venda mais fácil. Como os compradores estão familiarizados com as linhas de produtos e podem ter ajudado a moldá-las, é quase como se implicitamente concordassem comprá-las.

Os retalhistas, como todos os seres humanos, têm os seus preconceitos. Expandir o grupo de indivíduos que a sua empresa tem em conta. Quando a LEGO apresentou a sua ideia de criar uma série Viking, os compradores da Top Toy mostraram-se cépticos de que tivesse um apelo global. Pensaram que era "demasiado escandinavo". Mas alguns retalhistas norte-americanos mostraram interesse, o que convenceu a LEGO de que os Vikings eram um tema global para brincar e avançaram. A série foi um grande sucesso, especialmente nos EUA.

Ninguém na LEGO espera eliminar o risco, mas encontrar formas de o reduzir torna o negócio mais previsível. Em 2004, não era invulgar a previsão anual de vendas falhar em 20 ou 30 por cento. Nos últimos três anos, a empresa atingiu receitas com uma diferença entre cinco a dez por cento do previsto.

Sim, a inovação pode ser arriscada, mas não inovar é muito mais arriscado. É de facto, uma garantia de fracasso. Como o grande economista Joseph Schumpeter defende, as empresas que resistem à mudança estão "a pisar chão que está a desintegrar-se debaixo dos seus pés". Isto sempre foi verdade; o que é diferente é que o chão está a mover-se mais rapidamente do que nunca.

PERGUNTE-SE NA SEGUNDA-FEIRA DE MANHÃ

- Como está a utilizar os métodos de avaliação da inovação para influenciar o comportamento?

- Está a avaliar o portfólio total de inovação e não apenas projectos individuais?

- Como está a agrupar projectos no seu portfólio para avaliação: disruptivos de elevado risco/compensação elevada (longo prazo); reduzido risco/compensação reduzida (curto prazo). Estes agrupamentos demonstram que gerir projectos disruptivos é diferente de gerir aqueles que são de curto prazo.

- É bom a identificar o ponto decisivo na fase em que é tomada uma decisão de fazer o lançamento ou entrar no mercado? Até então, embora o investimento intelectual seja elevado, o investimento financeiro é reduzido.

- Como está a construir correctamente a sua curva de experiência, aprendendo com anteriores projectos de inovação e melhorando as tomadas de decisões em cada meta?

- É bom a assegurar que existe honestidade intelectual? Um problema comum é que uma equipa pode querer tanto que um projecto tenha sucesso que apresenta uma investigação mal estruturada ou desvaloriza as informações negativas.

- Até que ponto é determinado na sua decisão de fazer avaliações sobre quando se deve continuar um projecto ou abandoná-lo?

PARTE TRÊS

A CULTURA DE INOVAÇÃO

Existe alguma organização que não faça um esforço para desenvolver uma cultura de trabalho de equipa e colaboração? Afinal de contas, é como o trabalho aparece feito. Mas por que motivo é que, se o trabalho de equipa existe, muitas vezes não consegue resultar em crescimento orgânico de receitas e lucros de uma forma consistente? A razão é que, na prática, a colaboração e o trabalho de equipa estão limitados ao "silo" ou função onde as pessoas passam os seus dias de trabalho. A inovação exige algo diferente – colaboração e trabalho de equipa *através* de "silos" e inclusão de pessoas externas à organização. Isto significa que os líderes têm de pensar e agir de forma diferente, para a inovação acontecer. Os líderes definem o ritmo ao estabelecerem e ao modelarem os valores, as crenças, as atitudes e os comportamentos conducentes à inovação.

Para além das qualidades tradicionais, os líderes de inovação têm características, traços e capacidades únicas. É um imperativo identificar este tipo de líderes cedo nas suas carreiras. Os líderes de inovação estimulam outros líderes, ao criarem caminhos novos e muitas vezes diferentes na organização.

Nesta secção, partilhamos consigo as nossas observações e experiências em primeira mão sobre como construir equipas multifuncionais que fazem a inovação acontecer e como identificar, fornecer *coaching* e desenvolver líderes de inovação.

CAPÍTULO 9

A inovação é um desporto de equipa

CULTURA CORAJOSA E ABERTA

Quando entrei para a P&G nos anos de 1970, todos queriam trabalhar para empresas grandes e estabelecidas; parecia a melhor forma de evoluir na carreira. Não se procurava emprego nos projectos menos definidos. Foi o que recebi. Passei dois anos a trabalhar numa inovação secreta de um novo produto chamado H-85. Nunca chegou a ir para o mercado. Estava preocupado: receberia outra tarefa depois de trabalhar num fracasso? Recebi e tenho uma longa carreira. Contudo, esta história demonstra a cultura que existia – conservadora e demasiado cautelosa. Todos receavam, de forma racional, estar associados a inovações arriscadas – com qualquer coisa que não fosse um sucesso bem estabelecido.

Desde que me tornei CEO, tentei promover uma cultura mais corajosa, mais aberta e colaborativa – uma na qual todos querem assumir riscos para identificar inovações que alteram as regras do jogo, que tornam a vida mais feliz. Exige uma certa coragem lidar com o desconhecido, trabalhar na fronteira. Estar à frente do mercado pode ser solitário. Dick Byerly, um investigador algo rebelde, manteve o Project X vivo muito tempo depois de todos terem desistido dele, até ao ponto de não divulgar o seu trabalho nos seus relatórios semanais. Em retrospectiva, ele não estava só à frente do jogo, ele criou-o. O Project X transformou-se no Tide, o primeiro detergente sintético para a roupa. Inovar pode significar assumir riscos; uma cultura corajosa, aberta, significa que não será penalizado e que não está sozinho a assumir riscos.

O que observo agora é que cada vez mais a P&G está a adoptar a ideia de "explorar a fronteira". Está a tornar-se um modo de vida, um valor que todos adoptam sem ser preciso dizer-lhes. Temos um sistema aberto de ofertas de emprego e não temos problema em adjudicar talentos à maior parte dos nossos projectos de inovação. Os colaboradores sentem-se entusiasmados por fazerem parte do jogo da inovação, que além de fornecer satisfação intrínseca, também é visto como um caminho para o reconhecimento e o progresso na carreira.

Obviamente, queremos ter muitos vencedores; mas também queremos encorajar uma série dos designados "comportamentos de abertura": se conseguimos o comportamento, os vencedores virão a seguir. Uma cultura da inovação encoraja a abertura, a curiosidade, o estabelecimento de contactos com fornecedores e clientes, e a capacidade de dizer: "Tenho um problema que não consigo resolver. Alguém me pode ajudar?" Esta é a atitude que descreve uma cultura inovadora e que ajuda a criar uma. É uma na qual as pessoas querem ir mais além do que é norma, porque têm um sentido de missão. Para fazer isso, precisa dos mecanismos sociais e das ferramentas para transformar diferentes especialistas em equipas altamente funcionais.

Embora haja muitas formas de construir equipas de inovação, as duas que apresentamos são a Clay Street e a co-localização. A Clay Street é uma metodologia para reunir colaboradores que não trabalharam juntos anteriormente e de se tornarem uma equipa altamente funcional. Todos são grandes especialistas. Alguns têm egos muito humanos. Aprendem como submergir os seus egos, como se ouvir uns aos outros e como utilizar as ideias uns dos outros – rapidamente e sem serem críticos e sem o egoísmo que o dono de uma ideia muitas vezes exibe.

A co-localização, simplesmente ter a oportunidade de interagir de forma espontânea com outros, ajuda uma unidade de negócio a ser culturalmente inovadora. Para converter uma ideia em realidade, tem de existir um fluxo livre de informação sem filtragem. Reunir as pessoas no impulso do momento para que todas ouçam o mesmo e utilizem as ideias umas das outras aumenta as hipóteses de se alcançar o entendimento imediato.

TEATRO DA INOVAÇÃO

Para ver um exemplo em miniatura de um lugar onde as equipas de inovação são construídas de raiz e os comportamentos de abertura são a norma e a cultura é corajosa, venha a um bairro provocador e boémio no centro de Cincinnati conhecido como Over-the-Rhine. Entre dentro da fábrica de cerveja convertida na Clay Street e o lugar parece uma combinação entre uma fábrica do pensamento e um recreio. Há secretárias e quadros brancos, computadores e áreas de conferência. Mas também há lápis de cor, brinquedos e paredes com quadros pretos; não é raro ver pessoas sentadas em círculos a contar histórias. Há mesmo o que parecem ser imagens de arte infantil nas paredes.

Para os que gostam de pensar na P&G como uma empresa cheia de estereotipados *Proctoids* (ou seja, homens de cabelo curto, colarinhos brancos e com grandes discussões sobre a equipa de basebol Cincinnati Reds), é melhor não ir à Clay Street. Todas as ilusões serão destruídas. É dirigido por Dave Kuehler, um *designer*/director de teatro/ engenheiro que até pode não ter um colarinho branco. Num determinado dia, pode ver pessoas a brincar com jogos improvisados. Ou a falar sobre a mitologia do rei Artur. Ou a ouvir uma palestra sobre o último progresso das biociências.

Se pensa que é tudo diversão e não se trabalha, não se engane. As equipas trabalham muito na Clay Street. Só que trabalham de forma diferente. A Clay Street, como é conhecida, é uma abordagem sistemática para criar grupos que lutam com o desconhecido e resolvem problemas críticos dos negócios. "As pessoas são criativas por natureza. Organizamos à volta disso", diz Kuehler. "Porquê tentar reformular tudo." De acordo com Kuehler, a Clay Street não é um processo. É uma abordagem. Cada equipa é única e os seus processos irão reflectir isso. Se criar as condições iniciais certas – pessoas, objectivo e ambiente – um grupo irá criar a sua própria cultura, ferramentas e processos para completar a sua tarefa. "As barreiras multifuncionais, comuns a muitas equipas de trabalho, não são um problema. Servimos o consumidor, a ideia e servimo-nos uns aos outros", diz Kuehler.

A inovação é uma actividade de grupo. Um grupo eficaz é prático e está desejoso de explorar ideias excepcionais. Uma das formas como a P&G o faz é a Clay Street.

O modo como funciona é que um executivo da P&G – normalmente um *president* ou director-geral – identifica um problema relacionado com o crescimento, como relançar uma marca ou imaginar um novo produto para um segmento de mercado. O gestor precisa de seleccionar uma ideia que se relacione com a estratégia de negócio; de outra forma, não vale a pena. O responsável reúne uma equipa de oito a 12 elementos e paga à Clay Street uma quota. A ideia não é ter lucros, mas garantir que o negócio é sério. Além disso, o mercado interno da Clay Street é um firme teste ao seu valor: se ninguém estivesse disposto a pagar, seria um sinal de que os seus serviços não valiam a pena. Nesse sentido, a Clay Street já se provou a si mesma.

Dois projectos funcionam ao mesmo tempo na antiga fábrica de cerveja, mas há muitos mais pedidos, por isso os colaboradores da Clay Street seleccionam e escolhem os projectos mais importantes com os maiores resultados. Os pequenos problemas não precisam de se candidatar.

"O projecto tem de ter um objectivo", conta Claudia Kotchka, directora de *design* da P&G, que foi responsável pela vinda de Kuehler e do conceito da Clay Street para Cincinnati, depois da Mattel. Sobre a Clay Street, diz: "Não estamos interessados numa ideia maluca. Tem de fazer sentido; tem de haver uma resposta com que possamos fazer alguma coisa."

Os elementos da equipa são libertados das suas tarefas habituais durante várias semanas para trabalharem exclusivamente na Clay Street; são mesmo desencorajados de enviar *e-mails* aos seus colegas que não se encontram neste projecto. É *imersão total*; todos estão profundamente concentrados na mesma tarefa e constantemente acessíveis uns aos outros. É a receita para progressos.

A equipa é escolhida cuidadosamente para garantir que estão representadas uma variedade de disciplinas; são também incluídos alguns *outsiders* no grupo, que mais provavelmente farão o tipo de comentários "o rei vai nu". Mesmo que seja um projecto de *marketing*, por exemplo, é provável que haja participantes do departamento financeiro, dos recursos humanos e da produção; também haverá uma variedade de idades, sexos e uma proveniência de diferentes cidades ou países. "Se fizer a escolha certa", diz Kuehler, desenhando no seu cenário de teatro, "o resto é controlo da multidão." Os colaboradores a tempo inteiro na Clay Street – só há quatro – organizam *kits* artesanais para principiantes – que incluem estratégia de marca, descrição do produto e categoria, apresentações dos vários oradores, etc.

EQUIPAS VARIADAS FAZEM PROGRESSOS

Durante as duas primeiras semanas, a equipa, liderada por um facilitador, não faz nada relacionado com o negócio básico. As suas tarefas são tornarem-se esponjas. Para ver as coisas com novos olhos, construir maior capacidade como equipa e conhecimento colectivo.

Nesta fase inicial, os exercícios e as experiências são concebidos com uma finalidade em mente – desenvolver confiança. Os elementos da equipa almoçam juntos todos os dias (sem o facilitador durante as primeiras semanas) – outro elemento da construção de uma equipa. Então a equipa pode começar a associar livremente ideias ligadas ao projecto: O que quer uma mãe das fraldas? O que significa "orgânico"? Eles literalmente desenham os seus pensamentos e receios em grandes folhas de papel que são penduradas à volta da sala – um acto que em si próprio requer confiança. Alguns são claramente mais dotados do que outros quando se trata de expressar as suas ideias de modo artístico e têm de acreditar que até mesmo as figuras mais estranhas não serão ridicularizadas. São convidados oradores que podem partilhar conhecimentos sobre algo relacionado com o problema do negócio – por exemplo, um antropólogo que estuda como as famílias ocupadas dos EUA utilizam o tempo discute o seu trabalho com um grupo das fraldas. Um grupo dos cuidados femininos ouviu um académico cuja especialização são os tabus sociais.

Com o tempo, o processo torna-se mais estruturado e concentrado no problema do negócio. Mas todos os dias começa com um "círculo do bom dia", no qual cada um diz "Bom dia" a todos os outros, seguido de uma conversa, que pode durar entre alguns minutos a algumas horas. A ideia é começar cada dia como pessoas, primeiro, depois abordar os verdadeiros problemas antecipadamente, num ambiente que permite que sejam ditas coisas difíceis.

Por volta da sexta semana, há um período de caos. Não existe qualquer directiva que diga "semana do caos", mas inevitavelmente acontece por esta altura. A equipa geralmente não tem certeza para onde vai ou como lá vai chegar; é irritante e por vezes turbulento. Não acreditam que vão ser capazes de concluir a sua tarefa e podem ficar irritados tanto com o processo como com aqueles que o organizam. Kuehler chama a este período "adolescência". Tal como a verdadeira, é abençoadamente curta.

Nesta altura, o facilitador começa a recuar e a equipa continua com a tarefa; por volta da semana sete ou oito, já deve ser autónoma. "Sabemos que estamos no caminho certo", diz Kuehler, "quando eles nos dizem: 'Não sabe o que está a dizer.'"

O MOMENTO "EURECA!"

Embora a inovação não possa depender de se ter esperança em momentos "Eureca!", a Clay Street tem tudo que ver com construir uma atmosfera na qual cada equipa tem um (e, até agora, todas tiveram). "A sala está um desastre, uma confusão; as pessoas estão frustradas; e alguém entra e diz isto e aquilo – tudo faz sentido depois do caos, uma ordem nova e mais elevada emerge sempre", é a descrição científica de Kuehler do que acontece. "Há sempre poucas ideias ao longo do caminho e depois surge um momento quando eles a descobrem. É mágico. Não se pode exactamente planeá-lo. Tem de se estar desperto, atento e preparado quando acontece."

Pense nisto como um gráfico de produtividade *versus* tempo na forma de um *stick* de hóquei. Na primeira metade de uma sessão na Clay Street, a linha é horizontal, com talvez um pequeno arco ascendente; por vezes durante a adolescência surge o clique – e depois disso os ângulos da linha sobem em flecha o resto do percurso. O objectivo dos "círculos do bom dia", dos jogos, da construção de relacionamentos e de tudo o resto é chegar ao ângulo de subida.

OLHAR PARA OS CONSUMIDORES DE NOVAS FORMAS

Os elementos da equipa Herbal Essences lembram-se bem do clique na Clay Street. A sua tarefa era revitalizar uma marca, comprada na aquisição da Clairol em 2001, que era tão desinteressante que os grandes retalhistas estavam a ameaçar não a armazenar. Na Target, a Herbal Essences tinha diminuído de repente de uma quota de mercado de dez por cento em 2001 para metade em 2004. Memorandos internos arrogantes na P&G utilizavam o termo "espiral da morte". Os riscos eram elevados. Susan Arnold, então *vice chairman* das áreas de beleza e saúde globais (e agora *president* das unidades de negócio globais), recorreu à Clay Street em Janeiro de 2005, então um local distante, novo e sem provas dadas, e escolheu a equipa de participantes por toda a P&G. Muitos dos escolhidos mostraram-se ingratos pelo privilégio. "A maior parte foi a espernear e a berrar", relembra Tiffany Stevens, um elemento desta equipa e que acabou por se tornar colaboradora da Clay Street. E ficaram desconcertados pelo facto de o lugar ser tão pouco parecido com a P&G – não havia *e-mails*, hierarquia, sem conversas sobre negócios ou gráficos, sem metas ou papéis para reuniões. Apenas dez pessoas num círculo a dizer "Bom dia", todos os malditos dias. Com o tempo, começaram a descontrair e a trabalhar o processo – e a acreditar nele e uns nos outros.

Um momento "Eureca" surgiu, como tendem a acontecer, numa altura de extrema frustração. A equipa estava a tentar reformular o Herbal Essences para atrair mulheres jovens entre os 18 e os 20 e poucos anos. Mas, estavam na verdade a lutar para encontrar ideias que tivessem um efeito importante neste grupo. Em particular, estavam a lutar sobre como reposicionar os "ingredientes naturais" da marca em algo que atraísse as mulheres jovens. A descoberta importante deu-se quando foram às compras.

A equipa enviou dois grupos para comprar produtos "naturais/orgânicos". Um grupo era constituído por mulheres na casa dos 30 e 40 anos; o outro entre os 18 e os 20 e poucos anos. O grupo mais velho regressou com produtos como lentilhas, nozes e *muesli*; o grupo mais jovem com batidos, flores e fruta seca açucarada com frutose. Não havia um único artigo que fosse igual nos respectivos cestos de compras. Nesse momento a equipa percebeu o seu erro fundamental. As mulheres mais jovens para quem estavam a projectar eram de uma nova geração (a Geração Y)[*] e tinham crenças e atitudes fundamentalmente diferentes em relação a quase tudo. Esta percepção levou a equipa a abandonar as suas ideias preconcebidas de Geração *Baby Boom*/Geração X[**] e começou a deixar-se absorver por tudo o que dizia respeito à Geração Y e criou uma proposta de relançamento que as mulheres jovens da Geração Y iriam adorar.

"O ponto comum de início é sempre o consumidor", afirma Sean Sauber, outro colaborador da Clay Street. Uma equipa precisa de encontrar uma forma de abandonar os seus próprios preconceitos e de conhecer o seu consumidor-alvo "por dentro e por fora". Para encorajar isto, a Clay Street cria maneiras inovadoras de as equipas interagirem

---

[*] **N. T.** Geração de pessoas nascidas nos EUA e no Canadá desde o início dos anos de 1980 até finais dos anos de 1990.

[**] **N. T.** Geração que se seguiu ao *baby boom*, especialmente pessoas que nasceram nos EUA e no Canadá desde o início dos anos de 1960 até finais dos anos de 1970.

com os consumidores. "Olhamos para o consumidor de uma forma que nunca se fez antes." Ao encorajarem as equipas a pensar e a agir como o consumidor, não apenas a falar sobre ele, e ao definirem uma experiência total de consumidor, a Clay Street consegue descobrir como satisfazer as necessidades dos consumidores. Para a equipa da Herbal Essences, o seu primeiro progresso determinante surgiu apenas quando realizaram uma experiência humana cujos resultados totalmente inesperados os colocaram no caminho certo.

O momento "Eureca" número dois surgiu quando a equipa estava a tentar encontrar uma forma de actualizar a embalagem da marca. A equipa estava inspirar-se na mitologia, dado que a embalagem original do Herbal Essences tinha a figura de uma deusa a sair de uma concha. Havia aqui um ponto essencial de uma ideia, por isso eles trouxeram um artista para esculpir formas de embalagens inspiradas na ideia da sensualidade feminina. Mas, a equipa debatia-se para encontrar formas que funcionassem para as suas consumidoras. Voltaram a pensar na forma como as mulheres da Geração Y queriam que a sensualidade feminina fosse retratada. Esta imersão fê-los perceber que a embalagem precisava de ser muito subtil em contraste com a sexualidade aberta da Geração X. Por outras palavras, apenas uma sugestão de sexo e juventude. Daqui surgiu a ideia de "encaixe" dos frascos – moldar o champô e o condicionador de forma a encaixarem um no outro. Stevens relembra a associação de palavras que levou a equipa à ideia: "deusa, forma humana, tango, namorar, Gaultier." Se Henry Moore alguma fez tivesse desenhado embalagens de champô, podiam ser como estas.

No final das 12 semanas, a equipa do Herbal Essences tinha recomendado que a P&G mudasse todos os aspectos relacionados com o antigo champô, da fórmula à embalagem, da linguagem ao património da marca. A nova proposta era completamente fundamentada numa profunda compreensão das mulheres da Geração Y. Agora tinham de vender a renovação – em primeiro lugar, aos que tomavam decisões na P&G. A equipa da Clay Street fez a sua apresentação para cerca de cem pessoas, incluindo Gil Cloyd, o director de tecnologia; Jim Stengel, o director de *marketing*; e Susan Arnold. A equipa fez uma apresentação que não é muito vista na P&G. Renunciaram aos gráficos e começaram com o produto acabado, depois falaram sobre o processo que os levou até ali, incluindo os erros. Contaram uma história, utilizando apoios como maquetas dos modelos testados. Mais importante, a "história" era baseada na sua profunda imersão na consumidora. E a narrativa provou ser convincente com muita da velha guarda da P&G surpreendida pelo profundo conhecimento que a equipa tinha da sua consumidora.

Excepto por um factor importante. A um nível puramente intelectual, a história funcionou. Contudo, executar a transformação é um projecto complexo, que geralmente demora vários anos. Susan Arnold sabia que o Herbal Essences, com a sua quota de mercado em queda livre e crescente descontentamento do cliente, não dispunha de tanto tempo para sobreviver na impiedosa categoria dos cuidados do cabelo. Encarregou a equipa de conseguir o produto renovado no mercado em 12 meses, o que era dois a três anos menos do que o normal e nunca antes tinha sido feito na P&G. Escusado será dizer, a equipa do projecto estava nervosa. Contudo, Susan apoiou-a a cumprir o prometido. A coisa mais importante que fez foi assumir pessoalmente o risco. A líder do projecto lembra-se nitidamente de Susan a ter sentado no início do projecto e lhe ter dito: "Sei que o que lhe estou a pedir para fazer é pouco razoável e tem uma elevada probabilidade de fracasso. No entanto, o meu compromisso para consigo é que eu irei assumir o risco. Se o projecto falhar, assumo a responsabilidade pelo fracasso. E tudo o que peço é que me diga do que a equipa necessita para ter sucesso, que risco estou a correr e que dê o seu máximo."

A equipa do projecto testou o compromisso de Susan muitas vezes durante o ano, incluindo pedir-lhe para aplicar mais de um milhão de dólares em capital para reformular a linha de fabrico. Susan tomou esta decisão em menos de cinco minutos e sem embalagens aprovadas. Contudo, tomou a decisão de uma forma que era consistente com a sua promessa; pediu à equipa para explicar os riscos, explicar as alternativas, e depois chamou pessoalmente o responsável da produção dos cuidados do cabelo para garantir que ele compreendia que ela tinha tomado a decisão e que assumia o risco se falhasse.

Cerca de 18 meses mais tarde, o novo Herbal Essences estava nas prateleiras e voltou a colocar a marca no caminho para valer cerca de mil milhões de dólares.

Moldar especialistas diversos numa equipa funcional, através da total imersão num projecto de inovação, é uma experiência única, substancialmente diferente da forma como se participa em outros tipos de equipas. A imersão total requer que todos os elementos da equipa escutem, muitas vezes simultaneamente, diferentes pontos de vista sobre tópicos fora da especialidade de cada um, depois que vão mais longe e liguem e integrem esses pontos de vista para impulsionarem a imaginação e pensarem em criar novos conhecimentos até toda a equipa conquistar o progresso.

ELEMENTOS DA CONSTRUÇÃO DA EQUIPA

A Clay Street, por natureza e concepção, é um lugar especial. Aqueles que participaram neste tipo de experiências – outras empresas têm instalações semelhantes – relatam uma enorme expansão na sua capacidade para ligar ideias soltas, conceber experiências criativas e fazer progressos que nunca teriam conseguido sozinhos. Isto é de tal forma enriquecedor que há algo como um período de recuperação após Clay Street – as pessoas não querem ir-se embora, porque estão tão fortemente ligadas à sua equipa e ao processo de imersão total. Quando regressam aos seus empregos, levam a experiência com eles – bem como a sua flexibilidade intelectual, autoconfiança e um certo sexto sentido não classificável sobre o que é possível. Um benefício cultural extra é a construção de alargadas e profundas redes sociais que podem durar uma vida.

Na vida real, nem sempre pode empurrar uma dúzia de pessoas porta fora para trabalharem durante meses de cada vez. Apesar disso, as lições da Clay Street são muito pertinentes porque são sobre duas coisas. Uma é conhecer o consumidor: a revelação sobre o Herbal Essences não surgiu no laboratório de química, mas no corredor da loja, com a equipa a ter a experiência das compras como uma consumidora teria. Nada mais teria funcionado sem aqueles conhecimentos.

Em segundo lugar, a Clay Street tem que ver com construir uma equipa totalmente motivada pela ideia de criar progressos de inovação. Quando se trata de tornar a inovação um núcleo da vida empresarial, é fundamental criar uma cultura de trabalho de equipa dentro da organização. Pode argumentar que a inovação que controla as regras do jogo é simplesmente o produto secundário de culturas altamente abertas, colaborativas e motivadas pelos objectivos. O exemplo mais extremo da Clay Street é um modelo útil para pensar no trabalho de equipa de uma forma mais ampla. É um fenómeno humano comprovado, do laboratório de Nova Jérsia da Edison ao centro de inovação da SAMSUNG, que quando tem um objectivo definido e reúne uma equipa (idealmente de seis a dez pessoas) com a combinação certa de diversidade intelectual e verdadeira especialização durante um período prolongado, cria condições que podem levar a ideias de sucesso. Com os processos sociais certos, como confiança, tempo, profunda concentração e total imersão num problema bem definido, descobrir os conhecimentos certos torna-se mais provável. Isto é algo que pode ser feito, melhorado, feito novamente e melhorado novamente. É repetível.

O PODER DA CO-LOCALIZAÇÃO

É importante conceber experiências acessíveis de imersão no consumidor como um ponto essencial sobre onde e como as equipas de inovação trabalham em conjunto para que isso se torne parte do seu trabalho diário. O Pampers Baby Discovery Center, localizado a alguns quilómetros do centro de Cincinnati, é o epicentro das operações de negócios da Pamper. A partir de 2001, a P&G colocou aí todas as suas funções de cuidados do bebé que anteriormente estavam dispersas – investigação, gestão, *marketing*, etc. Ter todas as pessoas e disciplinas relevantes reunidas significa que todos podem ouvir a mesma coisa ao mesmo tempo, sem filtros destorcidos. A espontaneidade é importante. E também possibilita às pessoas lançarem ideias umas às outras em momentos invulgares, à volta da máquina do café ou a atravessar o parque de estacionamento. Dado o poder crescente do mundo virtual, a co-localização pode não parecer assim tão importante. É precisamente o oposto: a co-localização cria uma equipa mais perfeita, melhor integrada, numa palavra, *holística*.

Muito simplesmente, a co-localização é sobre construir relacionamentos; sentar-se ao lado de elementos da equipa de funções diferentes torna mais fácil integrar todas as fases de um novo produto desde o início e lidar rapidamente com os desafios difíceis. Uma ideia pode ser retirada de um conceito para ser testada num único sítio, mesmo quando a informação tem origem em todo o mundo. Então, enquanto a tecnologia é desenvolvida para satisfazer a necessidade, os investigadores do produto e o *marketing* trabalham em paralelo e em colaboração para desenvolver o produto, fazer os acordos necessários e descobrir como comunicá-lo de forma a ter sucesso no mercado.

Ter todos no mesmo lugar também torna mais provável que a investigação sirva as necessidades tanto comerciais como técnicas. (As fraldas, acredite ou não, estão repletas de tecnologia. No corredor da sede da P&G há uma cópia do pedido de patente para a primeira Pampers. Se não soubesse que estava na P&G, podia pensar que pertencia ao *space shuttle*. E aquela fralda era primitiva comparada com as modernas.) As inovações não são passadas apenas para os colaboradores do *marketing*: todos trabalham ao mesmo tempo.

O Baby Discovery Center não é um lugar para pessoas que gostam de sossego e ordem. Há bebés a correr por lá. Existem três grandes salas onde, a partir da base de dados de 15 mil famílias, a investigação do produto é feita com os especialistas – bebés, mães e ocasionalmente um pai. Recentemente, estava a ser testada uma nova cor para a loção Kandoo – um sabonete líquido numa embalagem de plástico com a forma de um sapo desenhado para as crianças. Um miúdo de três anos de ar doce chamado Josiah era a estrela do dia. Sentou-se com a mãe, duas irmãs e um colaborador da P&G numa mesa baixa. Depois de uma pequena tagarelice, Josiah trepou um degrau numa casa de banho próxima para se lavar com Kandoo. "Oh, é verde", disse ele feliz e esfregou-o nas mãos. Quando se sentou, o investigador da P&G tentou atrair a criança para falar do sabonete. Josiah não estava para aí virado: "Quero brincar." A sua mãe fez uma tentativa. "Não é divertido falar sobre o sabonete?" Josiah estava hesitante, mas conseguiu oferecer alguma coisa: "Gosto do verde. Gosto do cheiro."

Josiah foi testar outra versão. Olhou à volta, depois perguntou onde estava a banheira. (Não há nenhuma.) Ele riu-se: "Temos uma banheira em casa." De volta à mesa para mais conversa sobre o sabonete. O investigador tentou de forma divertida pôr Josiah a falar.

> Gostas deste sabonete?
> Gosto.
> Porquê?
> Porque somos os melhores amigos.
> Preferes a cor mais escura ou mais clara?
> Prefiro as duas.
> A primeira ou a segunda?
> Gosto de três.
> Houve alguma coisa de que não gostaste?
> Gosto de saltar para cima e para baixo.

Ninguém disse que era fácil.

Mas alguma coisa se aprendeu nesta sessão. A avaliar pelo seu comportamento, Josiah pareceu mais interessado na primeira versão, mais escura, usando muito sabonete. A mãe questionou se não iria utilizar demasiado porque gosta tanto dele. Também se mostrou preocupada se a cor mais escura iria deixar nódoa. Uma questão a ponderar.

Na porta ao lado, a sala estava cheia de crianças entre os nove e os 18 meses de idade. Estiveram lá toda a manhã e tinham mudado de fralda quatro vezes. Cada vez que uma mãe vinha até à mesa para mudar a fralda, era questionada sobre o tamanho, o visual, as fugas, a elasticidade e a acção de prender, numa escala de 1 a 5. Como a fralda se move, esse aspecto também foi avaliado ao marcar-se a fralda quando era colocada e depois onde estava quando era tirada. Foi aqui que, por exemplo, uma versão da "fralda biquini", que é popular na América Latina, foi testada. É uma versão de cintura mais baixa que é mais fresca e utiliza menos material. Os bebés não pareciam importar-se e funciona na perfeição. Mas as mães disseram "não obrigado". As mães norte-americanas estão habituadas a fraldas de cintura mais elevada e mostraram-se cépticas de que a versão "biquini" fosse suficientemente boa. Não forçámos a questão. O centro das descobertas[*] irá fazer este ano quase 400 estudos destes – só para fraldas.

---

[*] N. T. No original, *Discovery Center*.

"O desafio é encontrar o que é importante para os pais e para as crianças e comunicar-lhes isso", diz Jane Wildman, *vice president* dos cuidados do bebé globais e *franchise* da Pampers. "É por isso que o centro das descobertas e outras instalações semelhantes em toda a P&G são tão importantes. Poder aceder rapidamente a um portfólio de tecnologias e obter experiência em primeira mão com os consumidores, pode realmente ajudar a fazer as escolhas certas." Tem tudo que ver com tratar o consumidor como chefe – mesmo quando o consumidor é uma criança.

O que é tudo muito engraçado, mas funciona? Completamente. Redefinir a Pampers como uma marca que apoia o desenvolvimento da criança e criar uma equipa para cumprir essa promessa foi crucial para a introdução da nossa linha Pampers Stages. A P&G reconquistou a sua vantagem competitiva. "Quando atingimos aquele doce ponto de conhecer a consumidora e dar-lhe o que ela quer", diz Wildman, "o nosso negócio – e os pais – respondem." No ano fiscal de 2007, a Pampers teve uma vantagem de dez pontos percentuais sobre a marca concorrente seguinte. A Pampers é agora uma marca de sete mil milhões de dólares – a maior da P&G.

Outro exemplo de co-localização é a Samsung. Nos últimos anos, tem controlado as regras do jogo contra empresas maiores e mais estabelecidas, como a Sony e a Philips Electronics. Redefiniu onde jogar e tornou-se mais concentrada, posicionando-se como líder na convergência digital. Modernizou, até dez vezes mais, as suas tecnologias e processo da cadeia de abastecimento. Tornou o *design* parte da sua estrutura com a criação do Innovative Design Lab e a nomeação de um director de *design*. Também encontrou uma maneira de acelerar o desenvolvimento e o lançamento dos produtos de consumo rápido.

A Samsung criou um Programa de Inovação de Valor (PIV), sediado no Centro PIV em Suwon, a maior fábrica da Samsung mesmo à saída de Seul. Ali os projectistas, *designers*, programadores e engenheiros mergulham em informação e trocam ideias. O seu objectivo é chegar à concepção básica de um produto. Os pormenores são trabalhados mais tarde por *designers* e engenheiros.

Com 38 quartos, uma cozinha e até mesmo um ginásio, o Centro PIV está desenhado para facilitar o tipo de descoberta que muitas vezes acontece quando se está profundamente imerso num tópico durante um longo período. A maioria vive lá durante a duração da missão, que pode ser de várias semanas ou meses, e testa as ideias nos colegas quando terminam. Podem reunir-se para um momento de distracção quase livremente. A intensidade e a proximidade imediata dão origem a soluções criativas e o espírito que os ajuda a solucionar os impasses bastante conflituosos entre preço e necessidades de custo, capacidade tecnológica e preferências do consumidor. A equipa que trabalhou na televisão de ecrã plano, por exemplo, percebeu que, embora a Samsung possuísse capacidade técnica para fazer uma televisão sofisticada com muitas características espectaculares, os clientes estavam mais preocupados com qual seria o aspecto da televisão. O que poderia ter sido um fiasco com um *design* excessivo e tecnologia demasiado cara, tornou-se a marca número um nas televisões LCD nos EUA.

As equipas PIV são pequenas, mas produtivas, tendo completado cerca de uma centena de projectos. Incluem um computador portátil que tem a função dupla de televisão móvel, mas que é suficientemente estreito e leve para ser transportado numa mala de mão, e o CLP-500, uma impressora laser a cores que foi construída ao mesmo custo de um modelo a preto e branco.

CONSTRUIR UMA EQUIPA DE INOVAÇÃO

A inovação acontece não só como resultado de encontrar novas ideias, mas de as combinar e voltar a combinar – e depois reunir aqueles que podem transformar conceitos em realidade. É o que queremos dizer quando referimos que a inovação é um processo social. É um desporto de equipa. Tal como as equipas desportivas têm certas posições definidas – avançado, médio, defesa – também a equipa de inovação as tem de ter.

O criador de ideias. Tem de ter pessoas conceptuais que são capazes de ir além do plausível e de criar ideias provocadoras. Este indivíduo é um pensador não linear, alguém que vê ligações e padrões que não são óbvios. Os criadores de ideias são impacientes com os constrangimentos e não têm medo de dizer o que pensam. Não precisam de vir de funções criativas, como investigação ou *design*, mas deverá garantir que cada equipa possui alguns elementos que se encaixam no perfil.

O gestor do projecto. Em poucas palavras, pense no tipo A*, com sentido de humor. Os gestores de projectos são responsáveis por assegurar que todas as peças se encaixam. Têm de ser disciplinados, atentos aos pormenores e capazes de organizar a complexidade. Também têm de ser capazes de levar a equipa em conjunto até à linha da meta a tempo; é aqui que o sentido de humor é essencial. Um gestor de projecto que não tem competências sociais será encarado como um chato, não um líder, e irá provocar resistência de guerrilha.

O executor. Estes elementos da equipa são os guardiões da excelência da execução que fazem as coisas acontecer. Garantem que as metas são atingidas e que os factores certos estão disponíveis para se comercializar o produto de uma forma rentável e que permita escala. Se não executar, o consumidor não está interessado em saber qual era a estratégia. A execução é a única estratégia que os consumidores vêem.

O líder da equipa. Em qualquer projecto, a selecção do líder da equipa é fundamental. "Recrutar o génio certo para a tarefa", escreve Warren Bennis em *Organizing Genius*, "é o primeiro passo para construir muitas colaborações excelentes." Como é que Bennis caracteriza um tal líder? Como um "sonhador pragmático", o que parece exactamente correcto. A tarefa mais importante do líder é criar uma cultura na qual todos se sentem à vontade para expressar ideias – em resumo, para retirar o receio. É uma das forças da Clay Street. Num grupo típico de dez pessoas, existe normalmente alguém que fala muito; mais duas que falam regularmente; algumas que tentam introduzir uma palavra lateralmente; e outras que ficam em silêncio perante um grupo, mas que dizem sempre algo pertinente em privado. Os grupos da Clay Street são diferentes: todos intervêm; todos

---

* N. T. Em Psicologia, um comportamento de tipo A é caracterizado por tensão, impaciência, luta constante pelo êxito e competitividade.

ouvem; ninguém domina; ninguém está a olhar para o superior para aprovação ou pontos. Uma tal indiferença perante a hierarquia da organização é uma marca de uma equipa com uma boa liderança.

No caso da Herbal Essences, no início o facilitador desempenhou o papel de líder da equipa. Mas a Clay Street não funciona num vazio empresarial. Lembre-se, foi Susan Arnold que não só libertou uma dúzia de colaboradores para participarem – um inequívoco sinal de compromisso – mas também que apoiou o conceito da sua equipa sobre a linha de produção, até ao montante de um milhão de dólares. E deixou-os continuar o trabalho. Arnold sabia o que queria – uma estratégia para salvar a marca – mas não disse à equipa como lá chegar. Isto é o tipo de flexibilidade estruturada (ou talvez estrutura flexível) que torna o sucesso mais provável. A tarefa do líder, diz Bennis, é "inspirar, comunicar e escolher"; o ideal é não controlar de forma apertada o projecto enquanto se desenrola, interferindo quando os elementos estão a tentar resolver os problemas, mas solucionar os problemas quando a equipa foi tão longe quanto podia (por exemplo dando autorização para as embalagens encaixadas).

Os líderes da equipa precisam de ter especialização no tema, para ganhar o respeito dos outros elementos e para saberem o que se está a passar; não precisam de ser o maior especialista. Um ambicioso projecto de *software*, por exemplo, não precisa de ser liderado pelo melhor programador; precisa de alguém que compreende tanto o produto como o mercado. As tarefas mais importantes do líder são ouvir, conhecer os talentos e preferências dos elementos, gerir conflitos de personalidade, reconhecer quando precisam de ser trazidos *outsiders* e manter a equipa concentrada e optimista. A arte da liderança de equipa é colocar as questões certas para manter o projecto a avançar.

A composição da própria equipa é outra tarefa que recai sobre o líder. O princípio aqui é a diversidade – não no sentido da discriminação positiva, embora uma variedade de raízes étnicas e sociais possa seguramente ser útil. O tipo mais importante de diversidade é a intelectual, para aproximar pessoas com formas diferentes de pensar. Isto precisa de ser feito de forma estratégica. Lançar um grupo de pessoas de meios diferentes para uma sala e chamar-lhe "diversidade" falha no objectivo, que é trazer vários tipos de especialização que estão relacionados com o problema em causa. A equipa que reinventou o Febreze começou com apenas cinco elementos; num vídeo em que explicavam a sua experiência, descreviam-se a si próprios desta forma: um artista, um arqueólogo, um cientista, um filósofo e o "manda-chuva". Todos eram especialistas reconhecidos nas suas áreas; trouxeram autoconfiança e respeito mútuo para a missão que permitiu o fluxo criativo.

Também precisa de haver uma diversidade de risco. Alguns tendem a estabelecer barreiras e a assumir que não irá funcionar. Estão bloqueados; a sua estrutura cerebral é linear e intensamente prática. Os mais arrojados não se preocupam tanto se algo pode ser feito; concebem coisas impossíveis e trabalham ao contrário. Podem não saber como fazê-lo, e por vezes não pode ser feito – mas o caminho para descobrir isso pode ser valioso. Um projecto de inovação precisa dos dois tipos de pessoa. Nas fases iniciais, os mais loucos são particularmente valiosos; mais tarde, os práticos são muito úteis.

A diversidade não é, uma virtude em si. As equipas heterogéneas, por definição, não estão tão bem organizadas e podem ser mais difíceis de motivar porque os laços que as unem são mais fracos. A confiança, o respeito mútuo e o debate aberto têm de ser encorajados desde o início – um elemento essencial do processo social da inovação. Feita de forma correcta, a vantagem da diversidade é que há muitos tipos diferentes de mentes a vibrar à volta de um assunto. Uma equipa de pessoas que pensam de forma parecida pode, de facto, ser mais coesa e causar menos fricção – mas está também menos apta a descobrir respostas que "façam a diferença".

As equipas precisam de prazos, porque isto é um negócio, não uma experiência social, e porque as limitações estimulam a criatividade. Uma equipa com tempo para desperdiçar provavelmente não está a ser produtiva. Bennis descreve o desenvolvimento da *Branca de Neve* da Disney como um "sonho com um prazo"; este é o espírito correcto. As equipas também precisam de ser limitadas – uma dúzia de elementos no máximo (algumas investigações de ciências sociais sugerem cinco ou seis como o ideal). A Amazon tem a regra das duas pizas – nenhuma equipa tão grande que não possa jantar duas pizas.

A Google geralmente tem equipas de três pessoas que trabalham entre três a quatro meses num projecto. Uma equipa permanente de muitos elementos é apenas outra forma de dizer *burocracia*.

Os líderes precisam de fazer mais três coisas – assegurar que a equipa está a comunicar, dizer "não" a ideias más e manter a equipa ligada à realidade. A finalidade de ter uma equipa é aproveitar o potencial de ter diversas mentes apontadas para o mesmo objectivo; se as ideias não forem partilhadas, deixa de ser uma equipa. E é da natureza da dinâmica de grupo que por vezes os elementos possam ficar muito entusiasmados e avançar 180 graus na direcção errada. Um líder confiante trá-los de volta. Ainda mais importante, contudo, é manter os seus olhos no prémio. Não são raras na história dos negócios, infelizmente, as grandes equipas em grandes empresas que descobriram grandes coisas – e deixaram outros lucrar com elas. O exemplo clássico é a Xerox, cujo Centro de Pesquisa de Palo Alto desenvolveu o primeiro computador pessoal. Mas foram os tipos da Apple, que fizeram uma visita ao Centro, que viram o potencial do PC (completo com rato) e levaram a ideia para o mercado. O Centro era bem dirigido em termos de gerar ideias; mas era fraco a conceber estas ideias em termos de negócio e a convertê-las em lucros. É a tarefa do líder pôr o produto lá fora.

CONSOLIDAR AS EQUIPAS

Uma das razões mais comuns por que as equipas falham é que não concebem o modelo de negócios ao mesmo tempo que estão a criar o produto ou serviço. O exemplo clássico vem de um dos maiores inovadores mundiais, a Apple, que criou o Lisa em 1983 – um computador que podia fazer tudo menos lavar pratos. Mas a equipa da Apple não percebeu que poucos negócios queriam pagar dez mil dólares por um computador. O Lisa foi uma invenção, mas não era, na nossa definição do termo, uma inovação – porque fracassou no mercado.

Os empresários têm tendência para pensar no negócio primeiro, depois olhar para a tecnologia ou produto e perguntar o que fazer com ele. Os *designers* e os engenheiros fazem o oposto; apaixonam-se pelo novo produto sem saberem como funciona como um negócio. É por isso que as equipas têm de ser multidisciplinares, para que possam equilibrar as suas predisposições e fazer todas as questões certas. Tim Brown, da IDEO, diz que a equipa ideal é na verdade *interdisciplinar* – constituída por pessoas que têm diferentes pontos fortes e que são suficientemente flexíveis para não protegerem apenas os seus interesses institucionais. O termo que a IDEO usa é "em forma de T"; procura pessoas com conhecimentos profundos de um assunto (como a perna do T), mas também com curiosidade e disponibilidade para considerar as capacidades dos outros. "As pessoas em forma de T colaboram melhor", diz Brown. "Sabem o que estão a fazer; todos tentam resolver o desafio." Como o mundo não está cheio de sábios tão solidários, a segunda melhor coisa é criar equipas com uma alargada variedade de conhecimentos e alimentar expectativas de que os seus elementos trabalhem e funcionem bem em conjunto.

A forma mais importante de fazer isso acontecer é definir um objectivo a alcançar, um problema a resolver. Um objectivo claro, preciso e comum ajuda uma equipa a consolidar-se, a considerar o resultado do seu trabalho como mais importante do que os interesses individuais. No caso do Herbal Essences, por exemplo, o objectivo era inovar para recuperar quota de mercado. Também ajuda ter elementos da equipa a viverem juntos – não necessariamente no espaço, embora isso ajude, mas no tempo. Cada um precisa de concentrar a sua atenção na tarefa – e confiar que os outros também o fazem. A Clay Street oferece outra lição aqui – o tempo que é passado a desenvolver confiança não é tempo desperdiçado. Tiffany Stevens relembra um momento quando a equipa não estava a funcionar; tinham chegado a um ponto a que chamaram Ponto Quente. A equipa estava bloqueada, as relações eram problemáticas. E, no entanto, o tempo para o projecto estava a escassear; não havia tempo para "tretas" psicológicas. Por isso, continuaram a trabalhar com entusiasmo. E a chegar a lado nenhum. Só quando a equipa recuou e arrefeceu o Ponto Quente restabelecendo relacionamentos de confiança é que voltaram ao bom caminho.

Para um exemplo de um excelente trabalho de equipa feito de modo mais convencional, considere a criação de um dos novos produtos com mais sucesso em anos – o Crest Whitestrips. A investigação mostrou que enquanto metade da população queria dentes mais brancos, apenas um décimo desse número fazia alguma coisa por isso. Era compreensível; o branqueamento exigia ir a um dentista e pagar centenas de dólares. OK, mas e agora? Aqui está como a capacidade da P&G para se relacionar internamente se tornou evidente.

A analogia pode ser uma fonte rica de conhecimento; e não pode haver inovação sem conhecimento. Mas isto muitas vezes não é uma questão linear. Requer síntese. Por isso, a P&G reuniu uma equipa de especialistas em películas e adesivos da organização empresarial, especialistas dentários dos cuidados orais e especialistas em lixívia dos detergentes. Definiram o problema: precisavam de uma forma de aplicar gel peróxido aos dentes num sistema facilmente aplicável e removível; precisavam de um processo que pudesse ser completado em cerca de 30 minutos sem interferir com outras actividades; precisavam de um produto que pudesse ser fabricado a grande velocidade e que fosse acessível a nível de preço; e precisavam que o produto pudesse ser colocado numa embalagem que lhe permitisse ser armazenado durante bastante tempo. Então procuraram analogias. Descobriram uma embalagem para alimentos que a P&G estava a investigar, que proporcionava uma boa protecção hermética, mas que continuava a desenrolar-se facilmente. E depois a P&G fez o tipo de investigação técnica pela qual é conhecida. O resultado inovador foi o Crest Whitestrips. São faixas adesivas que são aplicadas nos dentes durante 30 minutos; ao contrário dos moldes, os utilizadores podem falar enquanto as utilizam e andar com elas sem parecerem um guarda-redes de hóquei. O Crest Whitestrips é acessível a nível de preço, conveniente e largamente imitado, mas continua a ser melhor do que qualquer outro no mercado.

A equipa pensou que tinha em mãos um vencedor; mas como muitos na P&G encaravam a marca Crest com uma espécie de profundo respeito, recearam levá-la para um novo território. "A mentalidade comum naquela altura", disse o engenheiro químico Paul Sagel à revista *Strategy & Innovation* em 2004, "era que um produto de cuidado oral tinha de vir num tubo. Não havia muitos outros na empresa que considerassem que o Whitestrips fosse ser um êxito." Graças a uma liderança forte, a equipa foi capaz de ultrapassar estas dúvidas e avançar.

As vendas iniciais – foi para testes de mercado em 2000 e lançado a nível nacional nos EUA em meados de 2001 – foram fortes. Mas muitos não estavam a voltar a comprar o produto. Para compreender o que se estava a passar, a equipa voltou aos chefes: os consumidores. Num laboratório de inovação, as pessoas entravam e faziam a sua higiene matinal. A equipa observava-os por trás de um espelho unidireccional. O que viram foi pessoas a ficarem frustradas e muitas vezes a não utilizarem o produto correctamente. Porquê? Porque as instruções estavam dentro da caixa e não eram fáceis de encontrar. Por isso as instruções foram colocadas na caixa. Problema resolvido. Ah, e o Crest Whitestrips tem uma quota de mercado de 50 por cento e é um contribuidor muito forte para os lucros. Isto é o poder de uma equipa de trabalho em acção.

Nada disto acontece por acaso. Todos os projectos, desde o início, devem ter múltiplas ligações de múltiplas funções e parceiros, como colaboradores das áreas de estudos de mercado, de *design*, de *marketing*, representantes de parceiros, retalhistas e fornecedores. Os colaboradores do *marketing* fazem parte da corrente dominante de programas de investigação e desenvolvimento da P&G para garantir que a inovação irá aumentar o património da marca e que pode ser comercializada. A P&G tem tentado criar uma ligação contínua entre a investigação e desenvolvimento e a distribuição de produto, para assegurar as possibilidades de atingir escala e a eficiência de custos.

Uma das formas como a equipa de negócio do Clairol de coloração para o cabelo assegurou que tinha a combinação certa de talentos na sua equipa de inovação foi criar o que chamaram de "Comunidade da Consumidora". Dito de forma simples, a Comunidade da Consumidora é uma comunidade multifuncional, concentrada na consumidora, com elementos do *marketing*, da investigação e desenvolvimento, dos estudos de mercado e do *design*. Esta comunidade está encarregada de trabalhar de forma colaborativa para desenvolver e produzir inovações holística de consumo. *Todas* as funções na comunidade são responsáveis pelo sucesso de uma inovação baseada no profundo conhecimento da consumidora – não apenas a investigação e desenvolvimento ou no *marketing*. Antes desta intervenção cultural, a investigação e desenvolvimento poderia não ser convidada a participar nas interacções com a consumidora organizadas pelo *marketing*. Não era porque o *marketing* não quisesse o envolvimento da investigação e desenvolvimento, mas não o considerava útil. Agora, os colaboradores do *marketing* queixam-se que não há pessoas suficientes na investigação e desenvolvimento para apoiar os vários esforços da marca.

Em segundo lugar, há quase duas dúzias de "comunidades de prática" (CDP) construídas em torno de áreas de especialização – biologia, embalagem, sustentabilidade, química, analítica, etc. Algumas delas são relativamente formais, com reuniões anuais para partilhar melhores práticas; outras são praticamente virtuais, comunicando através da intranet da P&G. Todas, são dirigidas a partir das bases, lideradas por alguém no campo que acelera para as manter as funcionar.

Finalmente, o lançamento de um produto do princípio ao fim (ver Capítulo 7) está projectado para forçar as ligações. Cada fase obriga os diferentes elementos a comprometerem-se uns com os outros – com a empresa, os consumidores, parceiros do retalho e outros *stakeholders*, como legisladores.

TRABALHAR EM HARMONIA

Dito de forma simples, a cultura está presente no comportamento do dia-a-dia. Por isso, alterar a cultura implica mudar o comportamento. Isto significa definir claramente as expectativas de desenvolvimento pessoal e do negócio. (Um exemplo do primeiro: 50 por cento das inovações têm origem no exterior; do último: que desenvolva ideias que conduzam a uma acção relativamente aos consumidores que o seu negócio serve.) Também significa mudar as consequências que se seguem, tanto positivas como negativas; por exemplo, reconhecimento, compensações e *feedback* do desempenho. Peter Drucker acreditava que para um negócio ser capaz de inovar "tem de assegurar que os seus incentivos, compensação, decisões pessoais e políticas, todas recompensam o comportamento empreendedor certo e não o penalizam".

Criar uma cultura de inovação leva tempo, especialmente se a quiser infiltrada por todas as unidades de negócio ou empresa. Contudo, ao começar aos poucos e ao concentrar-se em quatro elementos importantes – *c*orajoso, *r*elacionado e *c*olaborativo, *c*urioso e *a*berto – pode ser criada e acompanhada uma cultura de inovação.

Para cada elemento, a tabela abaixo resume ideias específicas de "como fazer" relativamente a intervenções que podem dar um impulso inicial à transformação numa cultura de inovação.

ELEMENTOS E INTERVENÇÕES DA CULTURA DE INOVAÇÃO

ELEMENTO DA CULTURA DE INOVAÇÃO	A SUA MANEIRA DE SER	INTERVENÇÕES DE EXPECTATIVA	INTERVENÇÕES DE CONSEQUÊNCIA
Corajoso	- Sem receio - Aprende com os fracassos - Sabe como gerir os riscos, confiando nos indicadores/medidas mais significativos	- Utiliza o portfólio de inovação como uma forma de gerir o risco (ver o Capítulo 8) - Aprova algumas medidas significativas para a inovação que devem ser amplamente aplicadas - Estabelece o princípio "não há más ideias" - Testa, faz protótipos e repetições para reduzir os riscos	- Recursos humanos e financeiros limitados são suficientes para apoiar os mais promissores projectos de inovação que controlam as regras do jogo num portfólio bem gerido - Obtém aprendizagem com as inovações falhadas e partilha-a com outras equipas para que seja aplicada novamente - Recompensa e reconhece as equipas que falham - Transfere talento de uma inovação falhada para um novo projecto de inovação de elevado perfil
Relacionado e Colaborativo	- Funciona eficaz e produtivamente com outros – dentro e fora da empresa - Trabalha continuamente atravessando funções, negócios e geografias para desenvolver, comercializar e executar - Utiliza as redes pessoais e profissionais para procurar ideias de inovação	- Cria infra-estruturas internas, comunidades de prática para fomentar a troca de conhecimentos - Selecciona líderes de equipa que facilitam conexões e esperam colaboração - Estabelece formas de encorajar os colaboradores a fortalecerem e a expandirem as suas redes externas (por exemplo conferências da indústria, associações comerciais, relacionamentos com fornecedores/retalhistas)	- Inclui avaliações de desempenho - Está preparado para mudar o líder e/ou os elementos da equipa - A continuidade dos elementos da equipa constrói confiança

ELEMENTOS E INTERVENÇÕES DA CULTURA DE INOVAÇÃO

ELEMENTO DA CULTURA DE INOVAÇÃO	A SUA MANEIRA DE SER	INTERVENÇÕES DE EXPECTATIVA	INTERVENÇÕES DE CONSEQUÊNCIA
Curioso	- Permanece infantil, ingénuo, para permitir uma melhor aprendizagem - Procura padrões que não são óbvios - Explora e gosta de descobrir novas possibilidades - Procura analogias e metáforas - Pergunta: "Porquê e porque não?"; "O que é possível?"; "Como funciona aquilo?" - Utiliza a abordagem do detective Columbo para resolver o "mistério" (ou seja, o problema de inovação) – concentra-se no problema a ser resolvido e exercita a curiosidade ao perguntar "só mais uma coisa"	- Estabelece uma expectativa de aprendizagem contínua - *Brainstorming* - Imersão no consumidor, comprador e cliente - Conexões externas e experiências diversas	- Desafia o pensamento da equipa para além do superficial - Pergunta repetidamente "Porquê"
Aberto	- Aberto a novas ideias – de qualquer pessoa, de qualquer lado, de qualquer altura - Aberto a aprender com a suposição de que as ideias dos outros irão, em última análise, tornar melhor um produto ou serviço - Aberto à empatia com o consumidor/cliente para melhor compreender as suas necessidades e desejos - Aberto a suspender opiniões	- Institui uma "estrutura aberta" – mesmo numa pequena escala – para permitir o fluxo de ideias e inovações do exterior (a equipa do projecto, o negócio ou função e a empresa) - Estabelece e comunica objectivos claros para o que é esperado da procura de inovação no exterior (por exemplo, 50 por cento da inovação na P&G terá um parceiro externo; ver Capítulo 6) - Elimina o "não foi inventado aqui" – em vez disso, encoraja "aplicar e reaplicar com orgulho"	- Recompensa e reconhece os que procuram/comercializam oportunidades de inovação no exterior (é essencial, especialmente cedo no momento de criação) - Recompensa e reconhece os que reaplicam o sucesso de outros no seu negócio - Inclui abertura nas avaliações de desempenho

Um exemplo que mostra estes elementos em acção tem origem na P&G Ásia, onde a equipa de liderança tornou a criação de uma cultura de inovação numa estratégia fundamental da organização. Utilizam o conceito de "IDEAS"* para enfatizar a necessidade de ideias extraordinárias como fonte de inovação que controla as regras do jogo, bem como uma lembrança dos comportamentos exigidos para se criar uma cultura mais inovadora.

INCLUSIVO: Recolher benefícios de diversos pensamentos e ideias necessários para impulsionar a inovação que controla as regras do jogo.

DECISIVO: Eliminar a agitação, o debate e o excesso de avaliações organizacionais, para permitir o desenvolvimento mais rápido da inovação, da aprovação e da comercialização.

EXTERNO: Concentrar-se no exterior para se manter em contacto com os consumidores, os clientes, os fornecedores e com a necessidade de *benchmarking* honesto e objectivo *versus* concorrência externa.

ÁGIL: Reagir rapidamente à mudança das condições dos consumidores e do mercado, tendo um raciocínio que planeia o futuro, sentindo-se mais confortável com o assumir de riscos (calculados).

SIMPLES: Optimizar continuamente e simplificar os processos/estruturas de trabalho para libertar mais tempo para a inovação.

---

* N. T. "Ideias".

REGRAS DO *BRAINSTORMING*

Numa sala de conferências insípida perto da entrada do escritório da IDEO em Palo Alto, há a habitual mesa comprida, cadeiras, tomadas para as apresentações de PowerPoint e um quadro branco. Bocejo. Há, contudo, uma nota interessante. Por cima do quadro branco, no sítio onde os professores da escola primária provavelmente colocariam o alfabeto, estão uma série de mandamentos escritos em letras grandes.

Não julgue precipitadamente
Encoraje as ideias loucas
Utilize as ideias de outros
Mantenha-se concentrado no tema
Uma conversa de cada vez
Seja visual
Aposte na quantidade

Estas são as regras da IDEO para o *brainstorming* e, enquanto o resto da sala em si própria não podia ser, de facto, mais insípida, o trabalho que lá é feito não é. A IDEO é o MVP* das consultoras de *design*, vencendo regularmente mais prémios do que qualquer outra. As suas regras fazem sentido e concordamos com o director-geral da IDEO, Tom Kelley, de que as empresas que "constroem uma cultura de *brainstorming* (...) [deram] um passo inicial para apoiar uma cultura de inovação". Mas como o *brainstorming* é uma parte tão grande do que a IDEO faz – as pessoas lá aprendem a serem boas nele, da forma como os escritores absorvem as regras de gramática –, pensamos que as regras da IDEO podem pressupor conhecimento que alguns poderão não ter. Por isso, aqui estão as nossas dez regras para um *brainstorming* eficaz.

1. *Encontre um facilitador.* É quem controla o desenrolar da sessão e deve ser alguém de fora. Uma pessoa de dentro traz bagagem que pode inibir o livre fluxo de ideias. As organizações de consultoria de recursos humanos são um recurso possível; se estiver a trabalhar com uma empresa de *design* como a IDEO ou a Continuum, elas

---

* N. T. Sigla referente a *Most Valuable Player* – designação que se atribui ao jogador mais valioso num determinado jogo.

podem ajudar. Se trazer alguém de fora for uma dificuldade por qualquer razão, a segunda melhor opção é trazer alguém de um grupo diferente dentro da empresa. Os facilitadores precisam de ser qualificados em dinâmicas de grupo, capazes de ver quando uma equipa está a desmoralizar ou quando está a funcionar em pleno. Têm de ser pacientes, mas capazes de exercer disciplina se alguém não conseguir parar de falar ou estiver a tornar-se agressivo. É mais uma questão de personalidade do que de educação formal, mas mal não faz trazer pessoas para observarem uma sessão de *brainstorming* bem dirigida para verem como funciona.

2. *Esteja preparado*. Os Escuteiros é que têm razão. A preparação é a chave para o sucesso. Em termos de *brainstorming*, isto significa duas coisas. Em primeiro lugar, os temas têm de ser bem compreendidos. Aqui é necessário equilíbrio. O assunto tem de ser suficientemente específico para serem possíveis boas respostas (uma sessão com o tema "novas ideias para a limpeza" vai ser um desastre) e geral o suficiente para dar espaço para a criatividade ("abrasivos industriais para lavatórios de aço sem manchas" não vai entusiasmar ninguém). O que pode funcionar: bem, a IDEO fez uma sessão útil com a P&G sobre "como reinventar a limpeza das casas de banho". O tema tem de ser definido em termos das necessidades e hábitos do mercado ou do consumidor; todos os participantes precisam de saber o que é e também de ter algum tempo para pensar nele. Quer que tragam alguma coisa para a "festa"; isto pode ser a pequena luz de uma ideia, o produto de um concorrente, um padrão de cor, uma série de palavras ou imagens úteis ou uma questão interessante. Alguma coisa – qualquer coisa – para acrescentar ao tema.

3. *Descontraia*. O receio bloqueia tanto a criação como a expressão de ideias. Nem todas as empresas ou equipas se sentirão confortáveis com isto, mas considere a hipótese de fazer algum tipo de jogo de palavras ou exercício para quebrar o gelo e descontrair os participantes (por exemplo, os círculos de improvisação na Clay Street). Desencoraje os comentários negativos; à medida que a sessão avançar, vai tornar-se evidente que ideias têm algum tipo de futuro – as más não têm de ser imediatamente eliminadas. Na Clay Street,

as palavras *buzz* são "Sim e..." não "Sim, mas...". A confiança é a palavra-chave; todos precisam de acreditar que podem dizer o que pensam sem o risco de serem ridicularizados.

4. *Os líderes devem acompanhar.* A ideia de uma sessão de *brainstorming* é ser aberta e informal. Mas todos os que estão na mesa vão estar conscientes de quem mais lá está e onde cada um se encontra na hierarquia da empresa. Vai haver o natural desejo humano de agradar aos superiores. Conscientemente ou não, alguns por vezes irão tentar fazê-lo concordando com os superiores. Por isso, os líderes devem ter cuidado sobre quando e como falam. O general Peter Pace, antigo Chefe do Estado-Maior das Forças Armadas norte-americanas, diz que, quando quer ter uma opinião honesta, coloca uma questão de forma neutra e dá a sua opinião no final. Se expressar os seus pensamentos primeiro, isso adultera toda a discussão. O principal objectivo do *brainstorming* é que todos participem, por isso não estamos a sugerir que os líderes simplesmente fiquem calados; mas devem pensar cuidadosamente em como se reúnem. Não encerre discussões; não seja o primeiro a intervir em tudo; faça uso das ideias dos outros; coloque perguntas.

5. *Faça com que todos contribuam.* Isto devia ser óbvio, mas as dinâmicas de grupo são tantas que nem sempre acontece. E não acontece se as pessoas estiverem intimidadas ou o tom for brusco (ver regras 2 e 3). A forma errada de ter todos envolvidos é andar à volta da mesa ou destacar pessoas – isso pode ser assustador. A maneira certa é o facilitador saber por que motivo cada elemento foi seleccionado para estar na sala e tentar jogar com o conhecimento individual de cada um. Desencoraje as interrupções; além de poderem ser desagradáveis, podem silenciar aqueles que não têm um estilo pessoal para continuar depois delas.

6. *Mantenha o registo das ideias.* Óbvio, mas essencial. Utilize um quadro branco ou uma grande folha de papel para que todos possam ver o que foi dito e fazer ligações entre as ideias. Permita que os participantes escrevam as suas próprias ideias; isto permite-lhes redefini-las enquanto avançam e também os faz levantar das cadeiras,

o que pode ser revigorante. Desencoraje que se tomem notas. Se for necessário, grave e transcreva as reuniões; ou leve alguém para o fazer. Se as pessoas estiverem com a cabeça em baixo para escrever o que acabou de acontecer, a sua mente não está lá naquele momento. Numere as novas ideias quando surgem para uma referência mais fácil; isto também desenvolve uma sensação de concretização à medida que o número aumenta ou constitui um incentivo para a acção, caso isso não aconteça. A quantidade é importante num *brainstorming*.

7. *Antecipe-se*. Bem feito, o *brainstorming* pode ser divertido, quase como uma sessão de conversa do liceu, mas com salário. Como é óbvio, não é este o objectivo. O *brainstorming* deve ser o começo de alguma coisa, não um fim em si próprio. No final da reunião, os participantes devem descobrir o que fazer a seguir para aperfeiçoar os conhecimentos gerados. O *brainstorming* é uma forma de Relacionar e Desenvolver; gera ideias, depois liga-as e repete o processo. Não é a altura para considerar pormenores concretos, mas simplesmente para explorar ideias numa base conceptual.

8. *Utilize adereços*. Uma das razões para a regra 6 é que alguns pensam visualmente; colocar coisas para eles verem é uma forma de estimular a sua mente. Outros pensam melhor com as mãos. Por isso traga protótipos de coisas relacionadas, versões de produtos actuais (ou concorrentes), até mesmo apenas fragmentos e peças que pareçam relevantes – uma roda colorida, por exemplo, ou anúncios, ou a desconstrução do que estão a falar. Qualquer coisa para pôr os participantes a pensar em termos práticos sobre o que se quer atingir. E, mais uma vez, isto ajuda a mantê-los despertos e interessados. A IDEO traz coisas como sabonete, fita adesiva, cola, palhinhas e marcadores para fazer modelos ou apenas manter os físicos activos.

9. *Ultrapasse os limites*. Considere a metáfora contida na palavra *brainstorm*. Uma tempestade[*] é selvagem, volátil e muitas vezes aleatória; é o tempo com uma paixão. Mas é também um princípio

---

[*] N. T. No original, *storm*.

e um fim. Um bom acto de *brainstorm* deve ser qualquer coisa parecido com isso; sem um grau de impulsividade, de algo muito extravagante, irá acabar como um charco, não uma tempestade. E isso é uma perda de tempo. Portanto, deixe as pessoas divagarem por território excêntrico e deixe os outros seguirem-nas; isto pode levar à direcção mais provável para o derradeiro destino. O facilitador tem de ter a capacidade, contudo, de fazer as pessoas recuar se forem demasiado longe ou continuarem demasiado tempo.

10. *Siga as regras.* De fora, uma sessão de *brainstorming* pode parecer caótica; de facto, tem a sua própria disciplina. Se não forem seguidas, os participantes podem divertir-se, mas não irão produzir ideias merecedoras do seu tempo.

PERGUNTE-SE NA SEGUNDA-FEIRA DE MANHÃ

- O que está a fazer para estimular a coragem e eliminar o receio do fracasso, que é inerente ao processo de inovação? Está explicitamente a reconhecer e a aprender com os sucessos e os fracassos?

- Como está a encorajar uma cultura de curiosidade e abertura, que permite aos indivíduos e equipas afastarem os julgamentos prévios e abrirem-se a colaborações e a conexões?

- Como está a eliminar burocracia desnecessária para encorajar conexões, colaboração e experimentação?

- Como são escolhidos o líder e os elementos da equipa? Está a apostar nas pessoas certas para obter a revolução de inovação que quer? Certificou-se de que existe diversidade de pensamento, experiência e conhecimentos na sua equipa? Incluiu na equipa pessoas "em forma de T"? São feitas mudanças nos elementos da equipa à medida que o projecto progride e diferentes capacidades são necessárias? Como sabe quando é altura de mudar o líder ou outros elementos da equipa que podem estar a afectar uma colaboração e um desempenho global eficaz da equipa?

- O que está a fazer para encorajar comunicações abertas dentro de uma equipa de inovação, nas várias unidades de negócio e com partes externas, para assegurar o máximo de conexões e aprendizagem? Há uma aplicação e reaplicação máxima de abordagens, produtos e serviços de inovação eficazes?

- Consegue gerir bem o desenvolvimento das competências de inovação de um indivíduo?
    * Como são formados os indivíduos para se tornarem melhores inovadores – no emprego e através de outras experiências?
    * As competências para inovar são incluídas como parte de cada avaliação individual de desempenho?
    * A sua equipa consegue construir bem uma curva de experiência ao trabalhar noutras tarefas de inovação?

- Como possibilita aos indivíduos reintegrarem tarefas mais tradicionais da forma mais produtiva – que não deixam o indivíduo frustrado e lhe permitem incluir eficazmente o que aprendeu sobre a cultura de inovação nas suas novas equipas de trabalho? Está a alavancar integralmente as "zonas quentes" e ferramentas de inovação?

- Utiliza abordagens/ambientes/experiências especiais (como a Clay Street) para possibilitar às equipas imergir no cliente para acelerar a sua capacidade de identificar oportunidades de inovação e soluções?

- Utiliza a co-localização para ajudar as unidades de negócio a inserir inovação na sua abordagem ao trabalho do dia-a-dia? Como pode o consumidor/cliente co-localizar para co-criar e co-inovar?

CAPÍTULO 10

A nova tarefa do líder

INOVAÇÃO E CRESCIMENTO

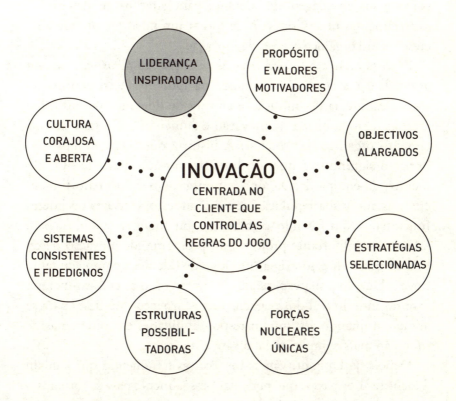

CONQUISTAR UM CRESCIMENTO ORGÂNICO SUSTENTÁVEL DE receitas e lucros irá, como esperamos que já tenha ficado claro, exigir inovação no centro do seu negócio. Quando tudo está dito e feito, é sua tarefa enquanto líder fazer com que aconteça.

Na nossa investigação e prática, descobrimos que os líderes de inovação levam o jogo para outro nível através de um conjunto único de competências. Não nos interprete mal. Ainda tem de ganhar os seus "galões" através de um registo de desempenho em alcançar resultados consistentes e liderar eficazmente equipas e organizações. Mas há mais e o objectivo deste capítulo é mostrar como pode desenvolver a sua abordagem de liderança para garantir que desenvolve as ferramentas necessárias para se tornar um líder que proporciona crescimento orgânico através da inovação.

É nossa crença que os *líderes de inovação são feitos, não nascem assim.* Isto era certamente verdade na DuPont. A transformação da sua estratégia de inovação e cultura de liderança permitiu-lhe escapar de uma queda na inovação e aumentar a sua taxa de crescimento orgânico das receitas. A história que se segue mostra o impacto significativo que um líder de inovação pode ter. Os elementos da equipa da DuPont responsáveis por este feito tinham conquistado a sua reputação como grandes operadores ou líderes funcionais. Mas quando escolheram, ou foram escolhidos, para liderar um importante projecto, ou programa, de inovação descobriram que o sucesso exigia "um jogo de liderança completamente novo". Devido à sua experiência, sabiam como as coisas funcionavam no mundo real dos negócios. Isto forneceu-lhes bases para se apoiarem quando assumiram responsabilidades em programas de inovação mais complexos e mais incertos.

Depois da DuPont, vamos fornecer as ferramentas que ajudam a identificar os passos que pode dar pessoalmente para se tornar um líder de inovação. Também iremos olhar atentamente para as qualidades dos líderes de inovação e mostrar como estes são desenvolvidos através da avaliação de desempenho, da identificação antecipada, de experiências de trabalho e de compensações e reconhecimento. Além disso, também iremos mostrar como desenvolver e apoiar uma equipa de gestão forte e um conjunto de líderes de inovação.

COMO A DUPONT RECUPEROU A SUA ROTINA

A DuPont, a empresa de produtos químicos com 200 anos, tem um notável registo de inovação baseada em tecnologia, incluindo descobertas como o *kevlar*, o *teflon*, o *nylon* e a licra. Estas inovações criaram grandes mercados e, com as capacidades superiores da empresa a nível de escala e de produção, permitiram à DuPont expandir-se globalmente. Mas descobertas como o *kevlar* não aconteciam há muitos anos e o crescimento orgânico através da inovação tinha sido vacilante. Para complicar as coisas, a DuPont, como foi o caso de quase todas as empresas químicas, foi apanhada numa teia de descida de preços e aumento dos custos durante várias décadas. Quando os preços das mercadorias caíram e o valor do dólar norte-americano desceu, até a estável expansão da DuPont nos mercados emergentes não conseguiu compensar a diminuição dos lucros.

Quando Chad Holliday se tornou CEO em 1998, lançou as bases para a DuPont regressar às suas raízes, como uma empresa baseada na ciência que converte tecnologia em rentáveis ofertas para o consumidor. Utilizando "milagres ou ciência" como o ponto central para construir o futuro da DuPont, tinha a tenacidade de liderança exigida para moldar o caminho e manter-se nele, enquanto enfrentava as realidades do dia-a-dia da melhoria da produtividade e da pressão de Wall Street.

Holliday acreditava que o conhecimento científico profundo e alargado da DuPont e a sua capacidade para uma produção de escala podiam traduzir-se em crescimento e lucros, desde que fossem canalizados para as oportunidades de mercado certas. Aumentou a aposta, dizendo que a empresa iria atingir um crescimento de seis por cento nas receitas, um terço das quais iriam ter origem na venda de novos produtos em 2006, e um crescimento de dez por cento nos lucros. Ele e a sua equipa de topo identificaram "plataformas de crescimento" – segurança e protecção; tecnologias electrónicas e de comunicação; tecnologias de revestimento e cor; desempenho dos materiais, agricultura e nutrição; e, desde então, biociências aplicadas. Juntos, definiram o espaço de mercado onde a DuPont iria aplicar a sua ciência. Esta plataforma também se tornou a base em torno da qual as unidades de negócio estão organizadas. Ao fazê-lo, Holliday estava a demonstrar algo que todos os líderes de inovação devem fornecer: enfoque.

Holliday escolheu Tom Connelly para liderar o processo de inovação da DuPont, vendo nele a capacidade para integrar o que eram dois mundos separados na empresa: tecnologia e o *marketing*. Para além de credenciais impecáveis como engenheiro químico e investigador, Connelly é também um dos três executivos de topo logo abaixo de Holliday, responsável pela investigação e desenvolvimento e várias funções operacionais. Também tinha sido um líder de inovação de sucesso e director-geral de vários negócios da DuPont, incluindo o *kevlar* e produtos de flúor.

O ELO EM FALTA

O *cruzamento* contínuo eficaz de colaboradores do *marketing* e comerciais de uma unidade de negócio com as unidades separadas da tecnologia era o elo em falta na cultura da DuPont. Os seus projectos de inovação não estavam claramente definidos nem tinham as prioridades atribuídas adequadamente. Também faltava a "propriedade" por parte de líderes que seriam responsáveis por levar os projectos a atingir as receitas previstas. Connelly começou imediatamente a lidar com a inexistência de cruzamentos entre dois "silos". Estabeleceu os mecanismos, os processos sociais e as pessoas, para que fizessem a inovação acontecer de uma forma rotineira e com rigor, e a disciplina para traduzir a exploração científica e as ideias em produtos de sucesso e em resultados nos negócios. Desde 2001, quando Connelly foi nomeado *senior vice president* e director para a ciência e tecnologia, a DuPont mais do que duplicou as introduções e as receitas de novos produtos (definidos como produtos introduzidos nos cinco anos anteriores), todos alcançados por atribuir prioridades e reafectar os recursos existentes.

A DuPont tem enormes conhecimentos científicos. Mas quando os seus líderes de topo analisaram por que motivo não estavam a atingir o crescimento que precisavam, tiveram de admitir que os investigadores muitas vezes perseguiam projectos que eram tecnologicamente entusiasmantes, mas não adequados ao mercado; enquanto, ao mesmo tempo, alguns projectos com grande potencial comercial eram interrompidos por falta de atenção ou recursos. Em 2000, a maior parte dos recursos da empresa – cerca de 60 por cento

– estavam concentrados em manter os negócios existentes, melhorar o rendimento da fábrica e a produtividade. São importantes, claro, mas não ajudariam a atingir o futuro crescimento das receitas da DuPont. Perante objectivos de crescimento e de rendimentos e com as plataformas de crescimento como a estrutura de referência, a necessidade de uma liderança séria era óbvia. Era evidente que existia espaço para melhorar. Connelly concluiu que tinha de liderar o esforço para alcançar o cruzamento entre os colaboradores do *marketing* e os comerciais, num dos lados, e os tecnólogos, no outro.

Uma das primeiras medidas de Connelly foi reunir os líderes de tecnologia da empresa para tentar dar um melhor sentido àquilo em que a DuPont estava a trabalhar. Criou um processo chamado Planeamento Técnico de Eficácia, ou PTE, para abordar as questões de enfoque, afectação de recursos e posicionamento competitivo da tecnologia, mercado a mercado. Ele e Uma Chowdhry (agora *senior vice president* e directora para a ciência e tecnologia depois da promoção de Connelly a *senior vice president* e director de inovação) organizaram um debate com um grupo de líderes de tecnologia e de unidades de negócio, incluindo o director do planeamento tecnológico, Dick Bingham, e os directores-gerais de todas as unidades de negócio. Os directores-gerais desfrutam de um elevado grau de autonomia e geralmente são livres de liderar cada negócio como quiserem, dentro da estrutura aprovada de objectivos financeiros e outros da empresa. Trabalhar em colaboração era uma nova experiência. Juntos abordaram as suas forças em várias áreas da tecnologia, que tecnologias estavam a emergir, o que estava a acontecer nos espaços novos e familiares do mercado. Debateram onde a DuPont estava ou podia estar posicionada nesses mercados. Levou a uma discussão sobre onde se posicionavam em áreas técnicas importantes e o que precisavam de melhorar.

AVALIAÇÕES DA INOVAÇÃO

Connelly e Chowdhry fizeram da avaliação do PTE um processo anual que culmina numa reunião de meio dia para cada plataforma de crescimento. A reunião envolve líderes de negócios e técnicos a analisarem a afectação de recursos técnicos dentro da sua plataforma.

O objectivo é assegurar que cada plataforma tem os seus recursos distribuídos onde terão o maior impacto. Por vezes tomam decisões na altura.

A avaliação do PTE está directamente ligada às sessões anuais de estratégia e às avaliações que a empresa faz para cada plataforma em cada negócio. Esta ligação é transparente, porque as pessoas no PTE também participam na discussão anual de estratégia. A ligação fornece a continuidade que mantém a estratégia de tecnologia e a estratégia de *marketing* sincronizadas. É tarefa do líder criar esta ligação.

COMO OS LÍDERES GEREM A INOVAÇÃO

Os projectos de investigação tecnológica que se encontravam entre três a cinco anos da comercialização eram o sistema que alimentava as futuras margens e receitas da DuPont. Havia muitos, todos a consumir recursos preciosos, em particular a perícia de colaboradores importantes cujos esforços estavam diluídos por demasiados projectos. Do ponto de vista de Connelly, tantos projectos não podiam ser bem geridos nem receber o montante apropriado de recursos. Ele e Bingham olharam para as centenas de projectos que estavam entre três a cinco anos do lançamento e escolheram 75 (limitados a não mais do que uma mão cheia por unidade de negócio) que consideraram que tinham maiores probabilidades de sucesso. Os 75 projectos tinham de obedecer a três critérios: satisfazer uma definida necessidade de mercado não satisfeita; o negócio tinha de ter ou possuir expectativas de desenvolver uma solução única para a necessidade; e o negócio tinha de ter um canal eficaz através do qual a solução podia ser entregue ao mercado. Para uma empresa cujos esforços de desenvolvimento tinham sido impulsionados pela investigação e desenvolvimento durante a maior parte dos seus 200 anos de história, aquela mudança representava um grande ponto de viragem. Subitamente, as considerações comerciais faziam parte da tomada de decisão. Como resultado, o enfoque foi aprofundado e os recursos dos especialistas utilizados de forma mais apropriada.

Em 2006, as iniciativas-chave para desenvolver tecnologia tinham sido definidas e estavam prontas, e Connelly estava preparado para levar a inovação para o nível seguinte. Virou a sua atenção para projectos que estavam quase prontos a ser lançados ou tinham sido comercializados recentemente. Alguns produtos seriam introduzidos no mercado, mas levavam vários anos a serem largamente adoptados. Eram anos preciosos, porque atrasavam a capacidade de a empresa recuperar os custos de desenvolvimento e aumentavam o risco de os concorrentes a igualarem. Connelly e os líderes de tecnologia e das unidades de negócio começaram a pensar para além do ponto em que um produto era introduzido no mercado, para a altura em que atingiam o pico da quota de mercado. Obviamente, conquistar o pico da quota de mercado lucrativo mais cedo significaria mais vendas, mas também melhores preços, margens mais elevadas e risco mais reduzido – uma combinação atraente. Estabeleceram o objectivo de reduzir o tempo para o pico da quota de mercado dos típicos quatro a cinco anos para qualquer coisa mais próxima dos dois ou três anos.

OS 50 FUNDAMENTAIS

Para fazer isto acontecer de uma forma rotineira, era necessário outro nível de liderança. Desta vez, Connelly e Bingham olharam para o portfólio total de projectos em todos os negócios para identificar 50 que estavam a seis meses do lançamento ou que tinham sido lançados nos últimos dois anos e tinham o maior potencial para aumentar receitas e margens no período entre os 18 a 24 meses seguintes. Estes "50 Fundamentais" eram, nas palavras de Connelly, "a doce marca". Decidiram que pelo menos 80 por cento deles deviam estar focalizados no crescimento das receitas e os restantes podiam concentrar-se na redução de custos e na melhoria da produtividade. Não tinham todos de se basear em tecnologia; uma inovação do modelo de negócios era igualmente importante. Como é óbvio, escolher 50 projectos para se focalizarem é difícil quando se percebe como é importante ter o enfoque certo. Connelly sabia que os projectos falhavam por uma de três razões básicas: a tecnologia sobrepôs-se ao mercado, o mercado sobrepôs-se à tecnologia ou a empresa não tinha o canal apropriado para o mercado. Ele e Bingham integraram todas as três perspectivas – ao seleccionarem os projectos.

Alguns dos 50 Fundamentais eram para inovações de modelos de negócios, mas a maior parte dos projectos centrava-se em nova tecnologia baseada em necessidades de mercado identificadas. Alguns eram mais abrangentes, envolvendo nova tecnologia, novo equipamento e até mesmo uma nova cadeia de abastecimento. Lançá-los com sucesso exigia reunir todo um sistema e era, por isso, complexo; mas aqueles eram os projectos com maior potencial para controlar as regras do jogo. Um novo processo para imprimir imagens a seco era um deles. Era claro que mudar de um processo de impressão líquido para uma nova tecnologia de impressão a seco trazia benefícios para o consumidor, tais como maior rapidez de impressão e menos prejuízos ambientais. Mas adoptar a tecnologia significava que a DuPont iria fornecer a tecnologia, o equipamento e os consumíveis. Todas essas coisas tinham de ter origem em várias partes da organização. Isto foi conseguido, pelo menos em parte, pela sua designação como um dos 50 Fundamentais. A tecnologia da película seca recebeu acesso prioritário aos recursos de engenharia e *marketing* necessários para impulsionar o programa a um ritmo mais rápido.

A seguir estava a questão de como gerir aqueles projectos dos 50 Fundamentais. A DuPont prometeu os recursos necessários para acelerar o tempo até conquistar pico da quota de mercado e a ajuda veio de uma equipa de líderes de tecnologia e de *marketing* liderados por Bingham. O problema é que existiam expectativas em torno de como aqueles projectos seriam geridos. Cada projecto dos 50 Fundamentais tinha um líder (geralmente do *marketing*) e elementos de equipa com uma combinação de conhecimentos. Como os projectos tinham de ser geridos de uma forma que integrasse pontos de vista diferentes e igualmente importantes, os líderes da equipa tinham de ser bons a tornar os outros mais sociáveis, a sintetizar ideias e a facilitar o debate, mas conseguindo que o grupo fosse determinado e orientado para a acção. Tinham de ser líderes de inovação durante o processo. Para muitos, liderar a equipa era uma experiência nova, mas rapidamente se habituaram ao facto de que gerir o projecto era o seu único objectivo. Os elementos da equipa entravam ou saíam à medida que os projectos progrediam; eram precisos mais conhecimentos de tecnologia no início e mais ênfase para desenvolver primeiro uma proposta de valor e depois o posicionamento de mercado. Além disso, os elementos da equipa estavam mais habituados a receber indicações dos líderes funcionais do que a ter um único líder de projecto e isso também obrigou a alguma adaptação.

RECOMPENSAR A INOVAÇÃO

A forma de recompensar a mudança na forma como as pessoas trabalhavam acontecia através de uma compensação financeira ligada a que o projecto fosse um sucesso comercial. Cada equipa podia receber um bónus monetário não por atingir metas no processo de desenvolvimento, mas por alcançar e ultrapassar as receitas anuais e objectivos de lucros. Uma compensação típica vai de 50 mil a cem mil dólares, dependendo dos resultados. O bónus aumenta quando excedem os objectivos. Por exemplo, se chegam a 150 por cento do seu objectivo, o bónus duplica. O líder da equipa recebe uma quantia do bónus e depois decide como distribuir o resto com base no contributo dos elementos.

Seleccionar equipas e líderes, dar-lhes um sentido claro de objectivo, incentivá-los e até inspirá-los – nada disto é suficiente para compensar uma insuficiência na capacidade. Quando as equipas dos 50 Fundamentais começaram a trabalhar, Connelly descobriu insuficiências na capacidade da empresa. Por exemplo, a DuPont tinha falta de competências sólidas para desenvolver e executar planos de lançamento extensivos. De facto, a DuPont tinha relativamente poucos colaboradores com essas competências. Por isso, Connelly e Bingham começaram a trabalhar com a organização de recursos humanos para encontrar a pessoa certa para preencher a lacuna. Também desenvolveram um diagnóstico de lançamento do produto para ajudar as equipas a avaliar se estavam mesmo preparadas.

A ROTINA DA INOVAÇÃO

Utilizando as avaliações existentes, novos mecanismos como as sessões de PTE e antiquadas conversas de corredor, Connelly e Bingham mantêm-se totalmente empenhados em assegurar que as equipas dos 50 Fundamentais estão a funcionar bem. Reavaliam periodicamente a direcção global e a combinação dos esforços de inovação da empresa. Agora adaptam de forma rotineira as prioridades à medida que chegam novas informações ou alteram os recursos adequadamente. Criaram uma série de outros formatos para manter os colaboradores e os seus projectos de inovação focalizados e alinhados. Os líderes das equipas devem reunir-se com as suas equipas pelo menos uma vez por semana para discutir progressos realizados, problemas encontrados e acções importantes para a semana seguinte.

Todas as segundas-feiras, Bingham reúne-se com a sua própria equipa nuclear. Estes colaboradores estão constantemente em contacto com cada uma das 50 equipas para se manterem actualizados sobre o que se está a passar e onde precisam de ajuda. Relacionarem-se numa base de uma vez por semana mantém o ritmo e a disciplina do projecto para alcançarem as metas e fornece identificação antecipada de qualquer problema emergente, como disponibilidade de recursos. Desenvolvem-se relacionamentos e isto, por sua vez, ajuda a informação a fluir.

Uma vez por mês, os líderes das equipas dos 50 Fundamentais reúnem-se por teleconferência para partilharem as suas histórias acerca do que está (e não está) a funcionar, de forma a poderem aprender uns com os outros. Trimestralmente, reúnem-se como um grupo colectivo para falarem sobre onde se encontram em relação aos objectivos trimestrais, multiplicando a sua capacidade ao partilharem conhecimento de 50 projectos.

A ligação vai até ao CEO. Holliday organiza todos os meses uma Avaliação Crítica do Crescimento, em que geralmente selecciona três programas e dedica uma hora a cada um. Holliday alimenta a discussão com comentários ou questões como: "Diga-me quais os obstáculos mais difíceis que a sua equipa está a enfrentar" ou "O que faz de si a pessoa certa para liderar esta equipa?" É geralmente uma experiência positiva, que dá a todos uma hipótese de verem o seu trabalho reconhecido, apoio adicional ou inspiração. Ele ajuda os outros a verem que o que podem considerar um grande risco pode não o ser no contexto da empresa como um todo. É outra forma de aumentar a confiança de que a inovação está no bom caminho para produzir receitas e ganhos de margens.

Connelly, como *executive vice president*, também participa nas sessões de estratégia anuais da empresa e nas avaliações trimestrais de operações que as unidades de negócio conduzem, por isso vê de onde vão surgir as receitas da inovação e como estão a progredir os projectos mais importantes. Transporta no bolso uma lista dos 50 Fundamentais, por isso sempre que encontra alguém associado a um dos projectos pode "tirar a carta do bolso" e dizer: "Vejo que está em falta de muitas unidades este trimestre. Como está a correr? Onde se posiciona em relação ao objectivo?" Por vezes estas conversas informais revelam um problema que Connelly precisa de saber ou pode ajudar a resolver. Nunca existe ambiguidade relativamente ao facto de as pessoas terem um compromisso para atingir os números.

Connelly percebeu a importância de seleccionar as pessoas certas, por isso parte do seu esforço para tornar a DuPont mais inovadora incluía escolher os líderes certos. Não há ninguém numa posição de liderança, incluindo supervisores de níveis inferiores, que ele e Bingham não tenham ajudado a escolher. Durante os últimos cinco anos, construíram um núcleo de líderes que compreende o que eles estão a tentar executar. Os líderes dos 50 Fundamentais, em particular, estão a receber a experiência de que precisam para serem líderes de inovação no futuro.

A liderança de Connelly do processo de inovação levou a uma mudança determinante nos recursos. O impacto é fácil de ver. Habitualmente, 40 por cento dos recursos eram dedicados ao crescimento. Hoje, 65 por cento dos recursos estão concentrados em crescimento com objectivos. Em 2000, aproximadamente 20 por cento das receitas provinham de produtos introduzidos nos cinco anos anteriores. Em 2006, aumentou para 34 por cento. Agora, o objectivo é atingir em 2010 35 por cento das receitas a partir de produtos introduzidos nos *quatro* anos anteriores, representando ainda mais receitas de novos produtos e alcançando-as mais rapidamente. As margens também estão significativamente melhor. Quando a Performance

Materials comparou a margem variável de cada novo produto que tinha comercializado em 2006 com a margem de produtos relacionados num dado segmento de mercado, descobriram que a diferença média estava nos dois dígitos. Num segmento de mercado, as margens estavam entre nove e 12 pontos mais altas. Mesmo em áreas do negócio que estavam mais comoditizadas, as margens variáveis melhoraram de forma acentuada.

A mudança na mentalidade não é quantificável, mas é verdadeira. De facto, é a liderança que impulsiona os números. Os projectos já não são apenas impulsionados pela tecnologia. Pelo contrário, são seleccionados com base na integração de duas perspectivas importantes, tecnologia e *marketing*, e com um objectivo que não é apenas trazer produtos para o mercado, mas atingir o pico da quota de mercado. O enfoque na inovação e no crescimento, e os objectivos, sistemas de estratégias e cultura possibilitados por Holliday, Chowdhry, Connelly, Bingham, pelos líderes das equipas dos 50 Fundamentais e por outros são consistentes com os modelos impulsionadores de inovação que apresentámos. Através da sua liderança, os líderes da DuPont criaram as condições para fazer a inovação acontecer a um nível novo e que permitiu controlar as regras do jogo, que por sua vez motivou resultados de negócios importantes.

ELEVE O JOGO DA SUA LIDERANÇA COM INOVAÇÃO

Como defendemos anteriormente, os líderes de inovação são feitos, não nascem assim. Chad Holliday, Tom Connelly e os líderes das equipas dos 50 Fundamentais da DuPont desenvolveram primeiro um registo de que alcançaram com consistência resultados nos negócios. A sua experiência forneceu-lhes as bases para implantarem o processo de inovação. Warren Bennis disse-o bem no *The Character of Leadership* quando se referiu aos líderes como "sonhadores pragmáticos".

Os líderes de inovação sonham de forma diferente, e não olhe para o mundo como ele é mas como pode ser. Tentam perceber com podem controlar as regras do jogo. Encaram o cenário exterior de uma forma diferente, imaginando possibilidades que escapam a outros. São, portanto, capazes de gerar novas alternativas estratégicas, de seleccionar objectivos mais ambiciosos, de escolher os adequados e depois convertê-los em realidade.

Os líderes de inovação são, contudo, mais do que apenas sonhadores; efectivamente equilibram as possibilidades com as realidades práticas do negócio. Em primeiro lugar, sendo *o modelo dos comportamentos específicos exigidos* para criar e sustentar uma cultura da inovação. Em segundo lugar, ao desempenharem *o trabalho único de valor acrescentado* que apenas um líder da inovação pode fazer. E em terceiro lugar, *aperfeiçoando as competências pessoais* nas áreas mais críticas, para levarem a sua liderança de inovação para o nível seguinte.

RESPONSABILIDADES DE UM LÍDER DE INOVAÇÃO

FORNECER UM MODELO DOS COMPORTAMENTOS DE UMA CULTURA DE INOVAÇÃO

Os líderes da DuPont eram os modelos de cinco comportamentos – colaborativo, relacionado, curioso, aberto e corajoso – que estabeleceram as bases para integrar com sucesso a inovação na estrutura do seu negócio.

A *colaboração* assegura que as pessoas certas estão presentes nas reuniões importantes, analisando e tomando as decisões difíceis que muitas vezes se evitam. O comportamento pessoal e as interacções diárias de Tom Connelly permitiram a um grupo de directores-gerais autónomos trabalhar em conjunto. Criaram uma avaliação exaustiva do mercado baseada no seu conhecimento combinado e determinaram importantes prioridades de inovação no trabalho. Este esforço colectivo resultou num programa de inovação mais forte para toda a empresa DuPont. Os líderes dos 50 Fundamentais da DuPont foram seleccionados em parte devido às suas competências comprovadas de colaboração e facilitação em tornarem os outros mais sociáveis de maneiras produtivas e que permitem uma acção – especialmente aqueles com diferentes pontos de vista.

Em muitas empresas existe uma parede virtual entre os colaboradores das áreas de tecnologia e os das áreas comerciais, como *marketing* e vendas. Embora praticamente todos compreendam este problema, solucioná-lo não está ao alcance de muitos. Connelly foi um grande unificador ao ultrapassar eficazmente a separação entre as funções técnicas e comerciais. Ele foi um modelo para esta ligação através das teleconferências mensais nas quais não só partilhavam as melhores práticas, mas também lidavam com as questões complicadas que um ou mais elementos enfrentavam.

Connelly também foi *curioso*. Deter o portfólio de inovação da DuPont com as prioridades atribuídas e focalizado não era suficiente. Queria aprender como acelerar o tempo que levava para as inovações atingirem o pico da quota de mercado lucrativo. A sua curiosidade levou à acção, à medida que ele e Bingham identificaram os projectos de inovação 50 Fundamentais para aplicar as suas descobertas. Também teve a *coragem* de extrair recursos de outros projectos, o que nunca é uma tarefa fácil, especialmente em organizações colegiais.

A exibição contínua de tais comportamentos é a base para como os líderes de inovação criam, apoiam e desenvolvem uma cultura de inovação que leva a uma comercialização de sucesso.

O TRABALHO ÚNICO, DE VALOR ACRESCENTADO, DE UM LÍDER DE INOVAÇÃO

Os líderes de inovação que controlam as regras do jogo têm, no seu trabalho do dia-a-dia, quatro tarefas de valor acrescentado que os diferenciam dos outros líderes: estabelecer a visão que não pode ser realizada sem inovação e inspirar, integrar e fazer acontecer as coisas certas ao lidar com as verdadeiras questões reais.

ESTABELECER A VISÃO QUE NÃO PODE SER REALIZADA SEM INOVAÇÃO

Os líderes de inovação *convertem a sua visão em prioridades de longo prazo*. Embora se destaquem ao atingir resultados a curto prazo, estabelecem o equilíbrio certo ao construírem uma base de longo prazo através de projectos de inovação. Fazem-no através da ligação contínua com redes abertas para reconhecer e associar mudanças externas.

O sucesso de Steve Jobs com a inovação do iPod e do iTunes lançou a Apple numa trajectória de elevado crescimento. Isto, por seu lado, acelerou o crescimento do seu negócio nuclear original, o computador pessoal, e permitiu à marca Apple atingir nova importância na mente do consumidor.

Em virtude de ser um líder de inovação, a definição fundamental da visão de Jobs expandiu-se dos computadores pessoais para o consumo de diversão. Viu uma nova oportunidade nas telecomunicações ao iniciar com sucesso a primeira grande alteração no modelo de negócios da indústria desde a separação da antiga AT&T em 1984. Os fabricantes de telemóveis, por exemplo a Motorola e a Nokia, vendiam-nos através de operadores como a Verizon e de retalhistas como a Costco e a Radio Shack com grandes descontos, obrigando os utilizadores a contratos de longa duração para aceder à rede. Jobs passou a controlar as regras do jogo com o iPhone ao controlar a distribuição do telemóvel de duas formas: construindo a sua própria rede de retalho e com um relacionamento exclusivo com um dos operadores, a AT&T. Uma inovação que controla as regras do jogo e dá a Jobs o controlo do posicionamento da marca Apple. A Apple, então, não será comoditizada, como tem sido o caso do resto da indústria de telecomunicações. Assim, a Apple tem o melhor controlo não só da marca, mas também do seu preço e margens.

Outra inovação de grande importância resulta de construir um fluxo de receitas não apenas da venda do telemóvel, mas de uma parcela das receitas que os operadores de telecomunicações obtêm quando cada consumidor utiliza o telemóvel. Desta forma, Jobs não tem apenas a venda de um produto, mas uma anuidade das receitas de serviços. Isto resultou numa nova trajectória para o crescimento rentável, levando a Apple para novos níveis de receitas e lucros.

Jobs foi aconselhado por muitos a não construir a sua própria rede de retalho, tendo-lhe sido dito que "a sua cabeça ficará a prémio". Jobs avançou e inovou um conceito radical para os retalhistas baseado numa nova visão do que deve ser a experiência de um cliente numa loja. Embora o seu primeiro protótipo tenha fracassado, foi corajoso e insistiu até ter criado um novo *design* revolucionário para o ambiente e a experiência distinta que os consumidores têm desde que entram até que saem. É um *design* que ainda ninguém foi capaz de repetir e que teve como resultado as lojas da Apple terem da mais elevada – se não a mais elevada – rendibilidade por metro quadrado na história recente do comércio a retalho.

INSPIRAR

Como o processo de inovação tem inerentemente resultados incertos e está associado a riscos, os líderes de inovação *inspiram e redireccionam energia emocional dos trabalhadores do conhecimento*, tanto a nível individual como de equipa. São pacientes se as coisas não correm como planeado, não ficam frustrados se uma equipa leva mais tempo a aprovar um protótipo com um cliente. De facto, sabem quando encorajar uma equipa a parar para obter mais conhecimentos a fim de garantir que consideraram todas as possibilidades. E sabem quando convergir e avançar para a próxima fase de desenvolvimento. Através da sua participação em avaliações de projectos de inovação, inspiram os indivíduos e as equipas para os ajudar a ver novas possibilidades, colocando questões únicas para a inovação: O que não teve atenção?

O que pode ser relacionado e não foi? Como pode controlar as diferentes formas de pensar tanto das pessoas internamente como externamente? No geral, inspiram os outros de que o podem fazer e de que podem fazer o progresso. Por exemplo, melhorar a vida dos consumidores era uma inspiração significativa para os colaboradores em todos os níveis da P&G, tal como o era a interacção pessoal que muito vivenciaram através dos programas *Vivê-la* e *Trabalhar*.

INTEGRAR

Um dos aspectos mais importantes do trabalho do dia-a-dia do líder de inovação é *integrar continuamente as tarefas de diferentes elementos da organização*. (A integração horizontal através de "silos" é pouco habitual, especialmente em projectos de inovação.) Integram a inovação nas operações diárias do negócio, não permitindo que se pense nela como independente e "especial". Garantem que os indivíduos vivem experiências em conjunto como uma equipa, não como negócios separados ou funções. Por exemplo, as avaliações de inovação são realizadas com toda a equipa e não apenas com uma função como a investigação e desenvolvimento. Muitas vezes estas equipas incluem clientes e fornecedores quando é apropriado.

FAZER ACONTECER AS COISAS CERTAS LIDANDO COM AS VERDADEIRAS QUESTÕES

A inovação por vezes pode ser confusa, mas os líderes de inovação têm a *disciplina, o discernimento e a coragem* para assegurar que uma equipa trabalha apenas em projectos de inovação com hipótese de terem sucesso no mercado, sendo decididos e abandonando os que estão destinados ao fracasso. Não deixam os projectos continuar sem um próximo passo ou plano de acção transparente. Sabem, como se diz, que "a responsabilidade é minha". Garantem, como rotina, que os problemas mais importantes são identificados o mais cedo possível e depois resolvidos. Dada a incerteza inerente aos projectos de inovação, redefinem continuamente as prioridades da atribuição de recursos e têm a disciplina de o fazer em cada meta. Ajudam a equipa a definir claramente os verdadeiros critérios de sucesso e encontram formas de lhes atribuir os recursos necessários, recorrendo quando é preciso à "arte de solicitar". São orientados para a acção, porque sabem que a concorrência não está a diminuir e as únicas inovações que os clientes vêem são aquelas que chegam ao mercado.

No final, a forma como o líder de inovação desempenha estas tarefas únicas pode construir ou quebrar o potencial de um negócio para se tornar uma grande fonte de inovação. Depende do líder de inovação trazer a visão, a inspiração, a integração e a acção orientada para aplicar em estratégias de inovação, no portfólio e em decisões individuais de projecto.

APERFEIÇOAR AS COMPETÊNCIAS PESSOAIS CRÍTICAS

A fasquia da liderança é mais alta quando se trata de uma inovação mais complexa, incerta e de longo prazo. Significa operar a um nível mais elevado de coragem inflexível, pensamento integrador e equilibrar quociente de inteligência com inteligência emocional.

CORAGEM INFLEXÍVEL

Os líderes de inovação não têm medo do risco. Sabem como o identificar, definir e gerir. Têm uma propensão para tentar e voltar a tentar. Não têm medo de falhar dado que o fracasso é uma importante fonte de aprendizagem. Experimentam e repetem. Não têm receio de abandonar uma inovação, mesmo que seja o projecto de estimação de alguém. De facto, os melhores líderes de inovação conseguem identificar numa fase inicial potenciais motivos para uma inovação fracassar. Não têm receio de colocar questões difíceis para garantir que os problemas mais importantes são analisados.

Por outro lado, têm a *coragem* de manter uma inovação durante algum tempo, embora a equipa ainda não tenha progredido. É porque acreditam naqueles que estão a trabalhar no projecto, no potencial da inovação para fazer a diferença para o consumidor e na tecnologia subjacente à inovação. Têm a coragem de instigar a mudança em antecipação ao que é necessário para vencer *versus* esperar que o mercado dite a necessidade de mudança. Têm a convicção para desafiar constantemente o *statu quo* e procurar oportunidades onde a inovação pode fazer a diferença, como coisas que podem ser feitas melhor, de forma mais barata, mais simples e mais rapidamente. Não têm medo de colocar a fasquia mais alta. Resistem a aceitar *trade-offs* para o cliente, o retalhista e a empresa.

Aqueles que procuram soluções para os problemas dos clientes têm de ter uma coragem incrível e manter-se irredutíveis na sua decisão de alcançar o resultado final, porque o caminho da ideia até ao produto final está cheio de altos e baixos, cortes e alterações no orçamento e mudanças de chefes, de estratégias, de recursos e de elementos da equipa. Os líderes de inovação que se concentram em conquistar um objectivo mais elevado para agradar aos clientes, em vez de perseguirem ganhos pessoais, influenciam na cultura e inspiram outros.

Veja o caso de Andy Wong, que liderou a equipa que estava a tentar encontrar um mercado para a tecnologia de película óptica da 3M. Incansavelmente, estabeleceu ligações com potenciais clientes durante vários anos, através de muitas indústrias não relacionadas, tentando ajustar várias combinações das tecnologias da 3M em relação às necessidades dos clientes. O sentido de objectivo, coragem e confiança de Wong nunca vacilaram.

Wong demonstrou o seu compromisso pessoal em várias alturas críticas. Em determinado momento, quando a gestão superior queria encerrar a Optical Systems, Wong foi ter com a equipa e explicou o que lhe tinham pedido para fazer. Disse: "Penso que não é no melhor interesse da empresa e estou disposto a colocar a minha carreira em jogo e lutar pelo negócio. Mas se considerarem que é altura de parar, assim o faremos." A equipa quis continuar e Wong conseguiu convencer a sede a dar-lhes mais tempo. Isto aconteceu dois anos antes de obterem o seu produto de inovação com mais sucesso e de entrarem no mercado dos computadores quando a indústria estava a descolar. A Optical Systems é agora uma das principais fontes de lucros da 3M.

O compromisso pessoal de Wong, arriscando mesmo a sua própria carreira, criou um ambiente no qual os outros estavam dispostos a fazer o mesmo. Muitos elementos da equipa rejeitarem possibilidade de ganhar mais dinheiro ou prestígio para se manterem lá. "Por que motivo é que tantos de nós nos mantemos com Andy Wong todo este tempo?", pergunta Jeff Melby, director de negócios dos sistemas ópticos e antigo director de tecnologia. "Porque", disse ele, "o trabalho não está concluído. A equipa tem mais para fazer e isso é mais importante do que acautelar a própria carreira. É o tipo de compromisso que Andy desenvolve."

Coragem e um sentido elevado de objectivo mantêm a energia das pessoas à medida que resistem aos altos e baixos e incertezas inerentes ao processo de inovação.

PENSAMENTO INTEGRADOR

Há muitas maneiras diferentes de pensar, incluindo linear, conceptual, indutiva, dedutiva e integradora.

Para a inovação, o *pensamento integrador é o mais importante para o sucesso*. Como diz Roger Martin, director da Rotman School of Management na Universidade de Toronto, um pensador integrador encontra ligações e padrões que não são óbvios num conjunto diverso de factores. Vêem *mais* coisas como relevantes e importantes, tais como contradições entre o que os clientes dizem e o que realmente fazem. Depois reúnem tudo sintetizando e traduzindo informação importante em conhecimentos simples que levam à acção. Os pensadores integradores são solucionadores criativos de problemas, porque encontram soluções para quebrar as tensões de ideias opostas.

Hartwig Langer, *president* do negócio de Produtos de Prestígio Global da P&G, é um pensador integrador. Quando determinava a melhor forma de inovar o modelo de negócios para o negócio dos perfumes da P&G, Langer encontrava mais aspectos importantes da categoria que nunca antes tinham sido considerados. Ele e a sua equipa olhavam para a categoria de um ponto de vista centrado no consumidor, incluindo identificar diferentes segmentos de consumidor a quem inovações e marcas específicas iriam apelar mais. Olhavam cuidadosamente para todos os custos do sistema – um aspecto que a maioria no negócio dos perfumes prestava pouca, se alguma, atenção. Concentravam-se em construir patrimónios de longo prazo da marca de fragrâncias como Hugo Boss e Lacoste, em vez de utilizarem as promoções mais típicas de épocas festivas como a principal forma de vender produto. Langer, em suma, compreendia que o negócio de perfumes da P&G precisava de considerar mais informação e de "ligar os pontos" de formas diferentes de outros concorrentes do sector. A sua forma de pensar era única nesta indústria e dava-lhe a capacidade intelectual de alterar o modelo de negócios tradicional na sua cabeça.

EQUILÍBRIO ENTRE O QUOCIENTE DE INTELIGÊNCIA E A INTELIGÊNCIA EMOCIONAL

Os líderes de inovação têm diferentes padrões de pensamento e capacidades e competências mais amplas para influenciar. Têm *capacidades intelectuais e emocionais bem equilibradas*. Controlam o processo social que vem com a inovação. Estão conscientes do seu impacto nos outros e, por isso, exercem autoconsciência e autocontrolo. São intrinsecamente motivados. Têm uma intuição bem desenvolvida e compreendem e apreciam as intenções, sentimentos e motivações dos outros. Confiam e contam com a sua coragem. Pensam com a cabeça e o coração. Têm fortes competências sociais que lhes permitem ter relacionamentos produtivos. Por exemplo, os líderes de inovação têm uma paixão pessoal pelos clientes que servem. Não se contentam com conhecimento superficial do cliente. Procuram mais fundo para compreender e criar empatia com o seu QUEM ao descobrirem necessidades não articuladas, que levam a inovações que controlam as regras do jogo.

CONSTRUIR UM CONJUNTO DOS LÍDERES DE INOVAÇÃO

Começámos a descrever o que diferencia os líderes de inovação, mas nesta altura precisamos de reiterar uma questão importante lançada no início deste capítulo: *que os líderes da inovação são feitos, não nascem assim*. É imperativo ter uma metodologia sistemática para o processo de inovação, para desenvolver estas pessoas únicas como um processo contínuo. As quatro fases de construção deste processo são avaliação do desempenho, identificação por antecipação, experiências de desenvolvimento e compensação e reconhecimento.

AVALIAÇÃO DO DESEMPENHO

A avaliação do desempenho é uma forma comprovada de desenvolver líderes de inovação e é, portanto, um elemento essencial para se construir um conjunto de líderes e, em última análise, uma cultura de inovação. Seleccionar e desenvolver as pessoas certas e dar aos gestores mais promissores tarefas que lhes permitam aprender como gerir a inovação é um investimento que irá resultar em líderes de inovação mais experientes e, desta forma, mais bem sucedidos no futuro. Se uma empresa contrata, desenvolve, dá formação e promove pessoas que não têm as competências ou a paixão para fazer o que é preciso para desenvolver e liderar inovações que agradam ao consumidor, tudo o resto que façam não terá valor.

Por exemplo, como parte do processo de avaliação do desempenho, a P&G aumenta sistematicamente a ênfase nas qualidades que promovem a inovação. Em 2001, num estudo abrangente, duas mil pessoas, a maior parte actuais e antigos colaboradores da P&G, foram entrevistadas para isolar comportamentos de liderança que resultam em sucesso. Em 2003, uma nova avaliação de desempenho foi apresentada a todos os colaboradores. Consistia em três dimensões: poder das mentes, poder das pessoas e poder da agilidade. A inovação é integrada através de todas as dimensões. Dentro de cada dimensão, são avaliados atributos específicos.

1. *Poder das Mentes.* A P&G, como todos os negócios, quer pessoas que pensem e actuem de forma decidida e que controlem uma função e/ou negócio. Estes atributos são levados para outro nível para conquistar a inovação que controla as regras do jogo ao controlar o pensamento divergente e ligando-o aos verdadeiros conhecimentos do consumidor – gerando assim inovação – e reaplicando o pensamento e o conhecimento repetidamente.

2. *Poder das Pessoas.* As características de desempenho avaliadas – demonstra liderança, constrói relacionamentos colaborativos e fortalece as capacidades de outros – são levadas para outro nível até à inovação que controla as regras do jogo quando o líder procura activamente a diversidade certa de pessoas e lidera, inspira e trabalha com elas.

3. *Poder da Agilidade.* A P&G avalia como um colaborador compreende e aprecia as necessidades e desejos do cliente, abraça a mudança e opera com disciplina. Um líder de inovação leva estas características para outro nível à medida que naturalmente se sente mais confortável a identificar as necessidades em contínua mudança dos clientes num mercado muito dinâmico e competitivo, e demonstra agilidade para converter essas necessidades numa realidade de crescimento de receitas.

Trabalhar num projecto de inovação possibilita que o desempenho de um colaborador seja avaliado através de três dimensões. Por exemplo, um líder de equipa de um projecto de inovação pode demonstrar a sua capacidade para pensar e agir de forma decidida pela qualidade das acções tomadas (por exemplo, pedindo mais recursos ou identificando e pondo a equipa a trabalhar contra os problemas mais importantes). Pode mostrar a sua eficácia a inspirar, a liderar e a colaborar com uma equipa diversificada composta por elementos que são "criativos", bem como por outros que são mais pensadores lógicos. O líder pode também encorajar e permitir à equipa compreender e envolver profundamente o cliente em cada passo do desenvolvimento de inovação e processo de aprovação para melhorar as probabilidades de sucesso comercial.

Para directores-gerais e *presidents* de negócios (o *top* 150 de líderes da P&G), existe um nível adicional de escrutínio. É utilizado o *scorecard* para avaliar o seu desempenho nestas três dimensões, mas com mais pormenores e com expectativas mais elevadas. Por exemplo, factores como saber se a inovação está a satisfazer as necessidades dos consumidores e a vencer no primeiro e segundo momentos da verdade, e se o líder está a criar um conjunto de inovações sustentáveis que impulsiona os resultados dos negócios, para ajudar a avaliar a eficácia e as áreas de oportunidade do líder de inovação. Os *scorecards* anuais são avaliações durante um período de vários anos. Também são verificadas no ano a seguir a um gestor ter deixado o cargo. Se os resultados do negócio pioraram, pode ser um sinal de que a forma como a pessoa obteve resultados era insustentável – algo que será analisado em mais pormenor. Por exemplo, um negócio da P&G pode realizar um crescimento mais forte sob uma liderança de um director-geral específico. Contudo, se os resultados do negócio começarem a ser afectados no ano a seguir à mudança do director-geral para outro cargo, isto deve indicar que não desenvolveu um conjunto de inovações suficientemente forte para o futuro, e que de facto podia estar apenas a aproveitar os benefícios do conjunto de inovações desenvolvido pelo seu antecessor. O *scorecard* desempenha um papel importante na promoção. "A capacidade de liderar a inovação é realmente importante. Precisamos de saber que um director-geral forte pode gerir um bom programa de inovação", diz Dick Antoine, então responsável pelos recursos humanos da P&G. "É uma coisa que observamos muito, muito atentamente." Em geral, aqueles que aspiram a liderar uma unidade global de negócio têm de mostrar um registo consistente de construção de inovação nos negócios. Não se consegue vencer nos negócios de consumo da P&G a não ser que inovações que vencem junto do consumidor, rentáveis, sejam entregues no mercado numa base regular.

Finalmente, estas avaliações de desempenho e *scorecards* enviam uma mensagem. Dizem aos gestores que podem não ser *presidents* de uma linha de produtos se não tiverem demonstrado uma capacidade para gerir a inovação, mesmo que sejam muito qualificados de outras formas. Como Jeff Immelt da GE diz aos seus gestores: "Não vai ficar muito tempo neste lugar e não faça apostas." É uma abordagem diferente de uma unicamente concentrada em conseguir os números – embora também se espere que as pessoas façam também os números.

PROCURE FUTUROS LÍDERES DE INOVAÇÃO DESDE O PRIMEIRO DIA

Desde o primeiro dia, as novas contratações na P&G são intencionalmente atiradas para projectos de inovação para ver como agem desde o início. Mais colaboradores da P&G e mais funções são testados desta forma. Se trabalharem bem, recebem um projecto maior. Para passar para cargos de topo na P&G, um colaborador tem de ser capaz de mostrar com consistência a sua capacidade para gerir uma operação de negócios; definir estratégias claras, que controlam as regras do jogo; e gerir com eficácia um programa de inovação. É assim tão simples.

Dimitri Panayotopolous é um excelente exemplo. Cresceu na Tanzânia e estudou no Reino Unido. Entrou para a P&G como parte da organização de vendas na Europa. Também trabalhava no Médio Oriente. Nos primeiros anos da sua carreira, trabalhou e liderou inúmeros projectos de inovação para as marcas pelas quais era responsável. Dimitri liderou posteriormente o crescimento rápido da P&G na China ao identificar estratégias vencedoras e ao introduzir um forte conjunto de inovações que satisfaziam as necessidades dos consumidores neste mercado em desenvolvimento. Era responsável por liderar o negócio e o programa de inovação na Europa Central e de Leste, no Médio Oriente e em África. A sua capacidade como líder eficaz de negócios e de inovação ajudou a que se atingisse um crescimento recorde no negócio dos cuidados globais com a roupa. Hoje, é *vice president* da empresa e é responsável pelo negócio global dos Cuidados Domésticos, incluindo a responsabilidade global pelo programa de inovação para o lar.

DESENVOLVER LÍDERES DE INOVAÇÃO

Um bom líder operacional torna-se um líder de inovação através da combinação certa de formação, experiência e oportunidades de aprendizagem que desenvolvem avaliações e competências de inovação. Se uma empresa quiser colocar a inovação no centro do seu negócio, desenvolver líderes de inovação não é opcional. Existem mecanismos de apoio que podem ajudar a fortalecer as competências dos actuais líderes de inovação e são também necessários para garantir o desenvolvimento de um conjunto forte de futuros líderes da inovação (como a abordagem da DuPont na selecção dos líderes das equipas para os 50 Fundamentais).

Apesar de existirem muitos mecanismos diferentes de apoio a considerar, apresentamos três que são importantes para ajudar a fornecer aos líderes de inovação actuais e futuros as oportunidades informais e formais de que necessitam.

- Coaching *pessoal com outros líderes de inovação.* Excelentes líderes de inovação desenvolvem outros líderes de inovação. Têm um compromisso sério e dão prioridade a fornecer *coaching* e a ensinar outros em tudo o que fazem. Arranjam tempo, quer pessoalmente, na tarefa ou em formação mais formal para ajudar outros líderes de inovação a aprender a pensar, fazer julgamentos, tomar acções, mobilizar recursos e inspirar organizações. Têm, como diz Noel Tichy da Universidade do Michigan, "um ponto de vista de ensino". Reflectem sobre a sua própria experiência, extraem lições daquilo que sabem e partilham essas lições em momentos certos. Por exemplo, quando a P&G estava a pensar expandir o Febreze para o Japão, a equipa recebeu informações desencorajadoras, que a ideia e o produto não eram apelativos para os segmentos visados da população japonesa. Bob McDonald, então líder para o Nordeste da Ásia e agora responsável pelas operações, pediu à equipa de inovação do Febreze que analisasse mais profundamente a informação e olhasse para as respostas dos consumidores apaixonados. O que gostavam no novo produto? Por que motivo a promessa era apelativa para com eles? Com base nas descobertas da equipa, McDonald encoraja-os a mudar o que os "apaixonados" não gostavam no Febreze. As modificações na fragrância e embalagem do produto permitiram ao Febreze satisfazer melhor as necessidades do consumidor japonês. Aqueles "momentos de ensino" entre o *coach* e a equipa resultaram num lançamento bem sucedido do Febreze neste mercado. O negócio continua forte com um fluxo contínuo de novas inovações que apelam aos apaixonados consumidores japoneses.

- *Sistemas de apoio e oportunidades de formação.* Inclui mecanismos mais formais, como encorajar os líderes de inovação a frequentar cursos de formação específicos (por exemplo, a P&G oferece cursos sobre pensamento criativo e como melhorar as taxas de sucesso da inovação); fornecer aos líderes pequenas experiências de imersão (como participar nos programas de imersão no consumidor *Vivê-la* e *Trabalhar*); passar tempo numa empresa de *design* para aprender sobre o papel do *design* e da inovação; e criar lugares e fóruns específicos para líderes de inovação partilharem e discutirem aprendizagem (por exemplo, a Clay Street e os Centros de Inovação da P&G).

- *Tarefas intencionais/Planeamento da experiência.* Quando se trabalha em inovação, não se pode confiar apenas nos números, dado que a maior parte das inovações nunca antes foram feitas. A liderança de inovação exige confiar mais nos instintos pessoais e desenvolver julgamentos experientes. Quanto mais diversificadas as experiências, melhor os instintos e os julgamentos do líder de inovação. É importante incluir um elemento que assegure que um indivíduo continua a construir experiências através de uma variedade de situações de inovação com complexidade crescente, incerteza crescente e risco crescente. É também importante dar-lhe experiências através de uma variedade de negócios, geografias e múltiplas funções. Um exemplo de um plano de tarefas da P&G pode parecer-se com isto: liderar um projecto de inovação de uma nova linha de pasta de dentes Crest numa função de produção; depois passar para o *marketing* e liderar um projecto que é mais importante e complexo dado que irá revolucionar a categoria, como introduzir o Crest Whitestrips; depois mudar para a China, para gerir o programa de inovação do Crest para consumidores de baixos rendimentos em todos os mercados em desenvolvimento; e finalmente liderar o programa de inovação de toda a categoria de cuidados orais (incluindo marcas como a Crest, a Oral-B, a Scope e a Fixodent). Planos de tarefas como este garantem que o líder de inovação recebe os tipos certos de experiências e está bem equipado para ser capaz de levar o jogo e o programa de inovação pelo qual é responsável para o nível seguinte.

COMPENSAÇÃO E RECONHECIMENTO

Ao reconhecer publicamente os colaboradores por inovações vencedoras e ao compensá-los, as empresas fomentam o orgulho na realização e criam uma psicologia positiva. Não é apenas um reconhecimento positivo da realização de um indivíduo, mas uma inspiração para centenas, se não milhares, de outros para seguirem o caminho e tornarem-se líderes de inovação. Influencia o comportamento dos colaboradores no dia em que entram na empresa e altera as suas aspirações. Fortalece a cultura da inovação.

Por exemplo, na divisão de investigação e desenvolvimento da P&G, a sociedade Vic Mills (fundada há mais de 20 anos) tem o nome do homem que inventou a Pampers. Só há 16 elementos activos da Vic Mills no momento (mais 20 elementos reformados), incluindo o cientista que descobriu a tecnologia de eliminação de odores por detrás do Febreze e o bioquímico que criou muita da tecnologia de tratamento da pele apoiando a reinvenção da marca Olay. Os *vice presidents* da investigação e desenvolvimento apontam os nomeados; uma equipa de gestores seniores, incluindo o director de tecnologia, avalia os nomeados; e o CEO toma a decisão final. O vencedor recebe uma medalha – alguns ficaram conhecidos por usá-la no escritório durante semanas – e é reconhecido pelo CEO com os seus colegas e família numa grande confraternização da empresa. Outras funções na P&G têm programas de reconhecimento semelhantes para contribuições notáveis para inovações e crescimento do negócio da empresa.

Existe também o Prémio de Inovação de Custo anual, atribuído às equipas que trazem a inovação para o mercado de uma forma que oferece aos consumidores um maior valor por um capital mais reduzido e/ou com uma estrutura de custos menor do que a concorrência. A P&G deu início a este programa para reconhecer aqueles que são determinantes para se comercializar a inovação de uma forma que transmite aos consumidores um maior valor. É atribuído durante um jantar anual de atribuição de prémios e, mais uma vez, a gestão sénior reconhece e saúda os vencedores.

Estes exemplos funcionam para a P&G; empresas diferentes terão os seus próprios programas de reconhecimento, dependendo do que querem atingir e como. Independentemente dos programas específicos, o reconhecimento deve reforçar os comportamentos de uma cultura da inovação que o líder de inovação quer criar.

QUEM DEVE SER O DIRECTOR DE INOVAÇÃO?

As características que abordámos são comuns aos líderes de inovação em quase todos os níveis. Contudo, quanto mais alargada for a liberdade de acção do líder de inovação, mais ampla a responsabilidade. Ao nível do CEO, a tarefa é equilibrar as visões de médio a longo alcance com os objectivos a curto e longo prazo, projectos de elevado e risco reduzido e inovações disruptivas e incrementais. Têm de ser capazes de ver a empresa a dez mil metros de altura (estabelecer objectivos) enquanto também mantêm debaixo de olho a "infantaria" no terreno (tácticas e execução). Por exemplo, uma das primeiras coisas que Chad Holliday da DuPont fez foi restabelecer objectivos de crescimento mais elevados e comprometer-se que um terço das vendas viria de novos produtos e inovação. A. G. Lafley fixou o objectivo de que pelo menos 50 por cento das inovações da P&G teriam de vir do exterior para permitir à empresa cumprir os objectivos de crescimento esperados.

À medida que a inovação se está a tornar um impulsionador mais reconhecido do crescimento do negócio, muitas empresas prepararam um quarto na *suite* da direcção para uma nova posição – o director de inovação. Tem havido um aumento notável de tais posições, incluindo em empresas como a Citigroup, a Coke, a Wrigley, a Humana e a Kellogg. A maior parte dos directores de inovação têm acesso directo ao CEO, sempre um sinal de que a empresa leva o assunto a sério. A P&G, decidiu não criar uma posição separada de director de inovação. Acredita que a responsabilidade pertence aos líderes das unidades de negócio e, em última análise, ao CEO.

De facto, A. G. Lafley é o director de inovação da empresa como um todo, mas colabora de forma muito próxima com o director de tecnologia e com os *presidents* do grupo que são os directores de inovação dos seus respectivos negócios. O objectivo da P&G é criar uma estrutura que possa produzir inovação numa base regular; para isso acontecer, os líderes das linhas de negócios têm de adoptar a ideia. A P&G não vê a necessidade de criar um executivo separado, de nível superior, para fazer o que os actuais líderes dos negócios devem estar a fazer – nomeadamente, serem os líderes da inovação e do crescimento para os seus negócios. De facto, acreditam que criar esta posição vai na direcção errada ao criar outro "silo", quando o ideal é integrar a inovação nos negócios e nas funções participantes.

PERGUNTE-SE NA SEGUNDA-FEIRA DE MANHÃ
AVALIAÇÃO PESSOAL

- Numa escala de 1 a 10, como se avalia nas seguintes características de liderança da inovação:

    1. Estabelece objectivos de crescimento orgânico que não podem ser alcançados sem inovação?
    2. Como assegura que o consumidor/cliente é realmente o chefe no processo de inovação?
    3. É bom a integrar o processo completo de inovação dentro da sua área de responsabilidade?
    4. É bom a analisar e a avaliar projectos de inovação?
    5. Faz experimentação? Repete para aprender?
    6. Sabe quais as perguntas difíceis a colocar? Tem coragem para abandonar projectos?
    7. É bom a transformar um grupo de indivíduos diversificados numa equipa de inovação que consegue produzir inovação que controla as regras do jogo?
    8. É bom a desempenhar as principais responsabilidades do líder de inovação?
        * É, de forma consistente, um modelo dos comportamentos da cultura de inovação que está a tentar criar?
        * Estabelece a visão, inspira, integra e fornece a orientação de acção necessária para a inovação se tornar um impulsionador de crescimento no seu negócio?
        * Continua a imergir em experiências que lhe permitem melhorar as suas competências de liderança?

9. Procura activamente novas ideias? Está aberto a elas?
10. Aproveita todas as possíveis ligações – dentro e fora da empresa – para ideias inovadoras?

DESENVOLVER AVALIAÇÕES PARA OUTROS LÍDERES DE INOVAÇÃO

- Articulou claramente as qualidades, as características e as experiências indispensáveis aos líderes de inovação em diferentes níveis da organização (por exemplo líder de projecto, líder da unidade de negócio, líder funcional, executivo sénior e CEO)?
    * Os seus líderes de elevado potencial equilibram a liderança operacional e a liderança de inovação para produzir um crescimento sustentável do negócio? São capazes de equilibrar as possibilidades com o que é praticável?
    * Os seus líderes de inovação têm fortes competências sociais? Isto é, as competências de auto-avaliação, autocontrolo, motivação interna, empatia e de relacionamento social.
    * Os seus líderes de inovação conseguem reconhecer importantes conhecimentos sobre o consumidor/cliente que levam a potenciais oportunidades de inovação?

- Como identifica, desenvolve e apoia os líderes de inovação?
    * Tem um plano de tarefas para os seus líderes em desenvolvimento para garantir que recebem a diversidade de experiências necessária para se tornarem líderes de inovação fortes?
    * Dá à sua equipa de liderança actual oportunidades formais e informais para aprender e aperfeiçoar as suas competências de liderança de inovação?
    * Reserva tempo para fazer pessoalmente *coaching* e ensinar outros sobre como se tornarem líderes de inovação mais eficazes?

- A liderança de inovação é um elemento importante do processo de avaliação do desempenho?
    * Os líderes estão a ser avaliados pelo desempenho na inovação?
    * Como é que o sucesso ou fracasso da liderança de inovação influencia a compensação e a evolução das suas carreiras?

- Que processos utiliza para compensar e reconhecer os líderes de inovação – tanto pelo sucesso como pelo fracasso da inovação?

CONCLUSÃO

Como Jeff Immelt tornou a inovação uma forma de vida na GE

Agora sabe que a inovação tem de ser integrada na forma como normalmente gere o seu departamento, unidade de negócio ou empresa. Como passa daqui para lá? Não mudando tudo de uma vez. A P&G, apesar de uma quebra nos lucros em 2000, *estabeleceu cuidadosamente um ritmo e uma sequência* na estratégia de inovação e nas mudanças que efectuou na cultura. A GE fez o mesmo, quando o CEO Jeff Immelt determinou um maior crescimento orgânico dos objectivos e colocou a inovação no centro do negócio, há sete anos.

Immelt fez uma avaliação extensiva do ambiente externo e das indústrias em que a GE concorria e concluiu que a GE podia crescer mais rapidamente do que estava a acontecer. De uma forma confiante, estabeleceu um crescimento orgânico das receitas de duas a três vezes o PIB, o que significava que a GE estava a apontar para um crescimento orgânico das receitas de oito por cento, em comparação com os seus normais quatro por cento. Como é que a GE podia de facto conquistá-lo? Não apenas a fazer mais do mesmo. Os aumentos da produtividade por si só não chegariam para o atingir e a GE estava a ficar demasiado grande para sustentar o crescimento através de aquisições (lembre-se que os legisladores europeus bloquearam a proposta de aquisição da Honeywell).

Alcançar o novo objectivo de crescimento orgânico significava alcançar clientes novos e existentes com novas ofertas. Tornou a inovação um imperativo.

Nos últimos sete anos, a GE tem construído *a capacidade, a competência e a cultura* para tornar a inovação uma realidade. A capacidade para financiar a inovação tem aumentado em parte pela redução das despesas operacionais e gerais e administrativas e em parte pela reafectação de recursos. Têm sido obtidas novas competências no *marketing* e em tecnologia através do recrutamento sensato e de novos programas de desenvolvimento executivo e de programas de formação no moderno John F. Welch Learning Center, localizado em Crotonville, Nova Iorque. A cultura evoluiu em resultado de mudanças na selecção e promoção de líderes, no conteúdo das avaliações e na criação de novos mecanismos operacionais, tudo reforçado por parâmetros e responsabilidades concebidos para impulsionar a inovação. Sem explicitamente ter começado a fazê-lo, a GE caminhou através do modelo dos "impulsionadores de inovação" (objectivos, estratégias, forças nucleares, estruturas funcionais, sistemas de trabalho, liderança, cultura e valores). Impulsionada pela energia e pelo compromisso pessoal de Immelt, e motivada pelos progressos que a GE fez ao compreender como utilizar as suas sessões de formação em Crotonville para mudar o *processo social*, a inovação está a ser integrada no quotidiano no que diz respeito a pensar e tomar decisões em todos os negócios da GE.

Exactamente como, e em que sequência, realiza uma mudança em um ou mais dos impulsionadores de inovação depende muito de si enquanto líder. Algumas empresas irão começar por tentar alterar a cultura. Muitas outras (entre as quais a P&G e a GE) descobriram que alterando algumas das "coisas importantes" – objectivos, estruturas da organização, sistemas de trabalho e métodos – na verdade ajudam a impulsionar a mudança de cultura. O que é mais importante é que integre a inovação na sua estratégia de negócio e operações, e depois trabalhe a inovação como um processo do princípio ao fim. Tenha em mente que a inovação é social e não apenas mecânica, e exerça a liderança para inspirar outros a continuarem a trabalhar nela até se tornar uma prática comum nas suas actividades normais de negócios. O que irá certamente descobrir é que uma mudança provoca outra.

Irá descobrir que mesmo acções aparentemente simples podem ter um grande impacto. Veja o seguinte conjunto de acções que Immelt implementou para colocar a inovação centrada no cliente no centro do trabalho do dia-a-dia na GE. As lições aplicam-se a líderes em qualquer nível organizacional.

Colocar a inovação e a produtividade – ambas – na sua agenda pessoal de liderança. Immelt assumiu o comando da GE apenas quatro dias antes da tragédia do World Trade Center. Naqueles primeiros meses, a economia enfraqueceu e a GE recebeu muitos cancelamentos dos seus negócios de seguros. As unidades da GE de Aviação e Energia também atravessaram momentos difíceis. Os investidores tinham esperado uma continuação dos estáveis e previsíveis lucros da GE e talvez alguns ajustamentos de portfólio, mas, no mundo pós-11 de Setembro, não era claro se os lucros iriam ser mantidos. O preço das acções sofreu uma queda.

Immelt definiu a sua própria agenda e, ao localizar potencial não utilizado na GE, estabeleceu os seus próprios objectivos elevados. Decidiu que podia fazer da GE uma empresa com um crescimento mais rápido, apesar da sua dimensão e da crescente complexidade e incerteza do ambiente externo. Bem cedo imaginou que a GE podia ser excelente ao nível de produtividade e crescimento orgânico ao mesmo tempo e que as duas *forças nucleares* iriam funcionar em conjunto. A GE na era de Jack Welch era uma máquina de produtividade. Immelt queria continuar a aperfeiçoar essa vantagem competitiva para impulsionar os lucros, mas queria aplicar o mesmo tipo de rigor e disciplina para aumentar as receitas. Acreditava sinceramente que a GE podia fazê-lo. Tornou os seus *objectivos* específicos – e públicos. Até vinculou a sua própria compensação a outros.

Demorou algum tempo para os colaboradores da GE e os investidores ficarem convencidos, mas o seu *objectivo motivador*, ou visão, de se tornar uma empresa em crescimento tem sido constante. O seu compromisso determinado para com a inovação centrada no cliente como a chave para o crescimento – mesmo em face de questões como: "Pode a GE realmente fazer inovação?" e "Se pode, vai perder a sua vantagem de execução?" – tem inspirado outros e fornecido o enfoque para acções específicas que se seguiram.

Lição: Reflicta sobre como a inovação pode dar nova vida ao seu negócio, segmento, ou área de produto existente e alcançar objectivos mais elevados. Torne-se a fonte de inspiração para outros que não a vêem. Torne-a parte da sua agenda pessoal de liderança. Comunique-a de forma transparente e repetidamente, mas não pare nas palavras inspiradoras e pensamentos positivos. Esteja preparado para fazer acontecer a inovação.

Dê à inovação um lugar à mesa. A GE é uma empresa "fazedora". Entre as primeiras medidas que Immelt tomou para dar início à inovação foi criar o que chamou de Conselho Comercial. Era uma *estrutura* que reunia 16 colaboradores do *marketing* e das vendas que ele escolheu na empresa, não devido à sua função ou cargo, mas pela forma como podiam influenciar os outros nos seus negócios e pelas suas excelentes competências de *marketing*. A ideia era pô-los a ajudar, a desenvolver e a partilhar as suas melhores práticas de *marketing* e inovação e levar essas práticas de volta aos seus negócios. Isto iria colocar o *cliente no centro*.

Na altura, a GE já tinha começado a contratar alguns líderes de *marketing* e, embora alguns negócios tivessem uma forte função de *marketing*, noutros este pouco mais fazia do que apoiar as vendas. Reunir um pequeno grupo de colaboradores das vendas e do *marketing* para conferenciarem com o CEO, que trabalhava lado a lado com o director de *marketing*, era um sinal de que o *marketing* era importante e tinha uma tarefa real a executar e que Immelt estava a fazer uma mudança na *cultura* da GE impulsionada pelas operações. Ter Dave Nissen da GE Money a co-presidir o Conselho Comercial com o director de *marketing* Beth Comstock ajudou a garantir este compromisso.

O Conselho Comercial cresceu e evoluiu e é agora dirigido por Dan Henson, o director de *marketing*, embora Immelt motive a agenda, o enfoque e a discussão. Inclui cerca de 20 colaboradores das vendas e do *marketing* de vários negócios da GE, dos quais apenas dois reportam directamente ao CEO. O Conselho continua a ser um fórum para se partilhar as melhores práticas para impulsionar o crescimento e a agenda de inovação, agora através de uma hora de telefonemas mensais e reuniões trimestrais de quatro horas no Learning Center, em Crotonville. Estas reuniões por vezes incluem clientes. As reuniões são locais de encontro de diferentes negócios para trocar ideias e as enviar de volta com ferramentas ou ideias que podem aplicar nos seus negócios. O Conselho Comercial cria ligações sociais através dos negócios e transmite à empresa de uma orientação para o *marketing* e cliente. Impulsiona a mudança de *cultura* a um nível mais táctico.

O Conselho Comercial é também um órgão importante para identificar e testar ideias para crescimento e inovação, particularmente aquelas que têm implicações nos P&L. Nesse sentido, é um mecanismo para fazer um tipo de *relacionamento e desenvolvimento interno*. Através de discussões no Conselho Comercial, a GE reconheceu, por exemplo, que os Jogos Olímpicos eram uma oportunidade não apenas para a NBC transmitir, mas também para a GE fornecer sistemas de segurança, unidades móveis de cuidados médicos, iluminação e financiamento até ao montante de cerca de 600 milhões de dólares em potenciais receitas apenas dos Jogos Olímpicos de Pequim e cerca de mil milhões de dólares para todos os Jogos com o patrocínio da GE. Immelt colocou representantes de cada um dos negócios relevantes numa equipa para estudar as oportunidades combinadas e deu ao líder da equipa responsabilização total.

Lição: Não espere inovar sem se aproximar dos seus clientes. Envie um sinal encontrando aqueles que conhecem melhor os clientes e elevando a sua posição ou pelo menos a sua contribuição. Faça acções simples, repetitivas, para impulsionar uma cultura da inovação ao nível táctico. Inicialmente, não pode delegar isto.

Encontre e siga as melhores ideias. Antes da sessão de avaliação do negócio em Outubro de 2003, Immelt enviou uma nota a todos os líderes das unidades de negócio a pedir-lhes para trazerem uma lista de ideias para projectos de inovação. As ideias tinham de mostrar a possibilidade de gerar entre 50 milhões e cem milhões de dólares em receitas incrementais. As melhores seriam retiradas da lista de forma que Immelt pudesse pessoalmente acompanhá-las e assegurar que recebiam o financiamento apropriado e que eram comercializadas. Ele ajudaria a avaliá-las a partir do seu ponto de vista de CEO em termos de risco e horizonte de tempo, de forma que as boas ideias não fossem rejeitadas devido a pressões de lucros a curto prazo num negócio. Deu as essas ideias de projecto o nome de "Progressos da Imaginação".

Os Progressos da Imaginação (PI) têm sido uma norma da empresa desde então. Cada líder de uma unidade de negócio tem não só de apresentar novas ideias, mas também "deter" três a cincos projectos PI. Isto significa que ele ou ela têm de os financiar (mesmo se significar obter o financiamento noutro sítio) e é responsável pela sua realização. Cada projecto tem de cumprir metas específicas ao longo do caminho e é analisado relativamente a um conjunto específico de parâmetros. Gerar ideias PI e acompanhá-las é um *sistema de trabalho consistente e fidedigno*.

Immelt dedica pessoalmente tempo todos os meses para analisar cerca de dez projectos PI com os seus líderes (uma meia dúzia de pessoas do mesmo ou de outro negócio estão também presentes de forma a que possam aprender umas com as outras). Nos primeiros tempos, os colaboradores tinham tendência para dizer a Immelt o que pensavam que ele queria ouvir nessas avaliações – que tudo estava a correr bem, mesmo quando não estava. Para alterar essa mentalidade, Immelt intencionalmente elogiava alguns por tirarem um projecto da lista porque não conseguia cumprir as avaliações. Com o tempo, com repetições e uma hábil liderança, as avaliações dos projectos PI tornaram-se directas e profundas. "O líder olha-me nos olhos", diz Immelt. Ele ou ela descrevem sucintamente o projecto e Immelt coloca questões incisivas para compreender os obstáculos que podem estar a enfrentar, se têm que ver com tecnologia, financiamento, magnitude do risco ou comercialização, e como os ultrapassar. A avaliação de um projecto portátil de ultra-som, por exemplo, levou à discussão de um novo tipo de distribuição e o que tinham de fazer para alcançar a base do cliente e em que fracção de tempo. Outra sessão de PI gerou a ideia de utilizar a tecnologia de visualização do negócio de cuidados da saúde para testar a integridade estrutural de partes de infra-estruturas. "Testes não destrutivos" nem sequer existiam até 2004. É agora um negócio de 700 milhões de dólares e um líder global, crescendo 25 por cento ao ano.

A GE até tornou os relatórios sobre os Progressos da Imaginação parte do seu Conselho Executivo Empresarial, ou CEE, a sua reunião semestral de executivos seniores da GE. Avaliações periódicas frequentes de novas ideias e do seu progresso criam um ritmo operacional na forma como as pessoas trabalham e naquilo em que gastam o seu tempo. Inicialmente, os líderes de negócios apresentavam ideias porque tinham de o fazer. À medida que praticaram a detecção e avaliação de oportunidades, tornaram-se melhores a encontrá-las e apresentam-nas porque estão entusiasmados com elas. Gerar progressos da imaginação tornou-se parte do processo de inovação e crescimento. Shahira Raineri, líder do Progresso da Imaginação na sede, está encarregada de supervisionar o portfólio dos projectos de Progressos da Imaginação para decidir quais pertencem lá e que intervenção pode ser necessária. Os líderes de negócios encarregam-se dos projectos que representam crescimentos por contiguidade e trazem as ideias mais radicais à atenção da gestão sénior. Immelt concentra-se naqueles que podem ser verdadeiramente uma forma de controlar as regras do jogo.

Lição: Há grandes probabilidades de os seus colaboradores terem muitas ideias boas para crescimento e inovação. Crie um processo disciplinado para as separar. Seleccione as boas e crie mecanismos para as acompanhar. Assegure-se de que são financiadas. Mantenha-as "debaixo de olho" perguntando sobre elas frequentemente e analisando-as formalmente numa base regular. Sabe que a inovação está a estabelecer-se quando há ritmo na avaliação de projectos e rigor nas metas que têm de cumprir.

Mude o enfoque para os clientes e para o longo prazo. Durante muitos anos, a sessão anual de planeamento estratégico da GE era uma altura para cada negócio fazer uma estimativa da indústria e apresentar um plano para onde ia a seguir e o que iria atingir, e para o CEO se envolver no negócio para garantir que o pensamento por detrás do plano era indestrutível. Immelt agora refere-se a estas sessões como o guião do crescimento para reflectir a orientação diferente que dá ao processo. Agora, quando as pessoas se reúnem, têm de abranger vários "capítulos" prescritos, começando com ambiente exterior, tecnologia, concorrência e tendências de mercado. Esta exigência coloca as *realidades do mundo do cliente no centro*. Depois podem passar para a discussão sobre como irão construir as bases de crescimento onde a GE tem vantagem estratégica, como tecnologia ambiental, para impulsionar o objectivo de crescimento orgânico a longo prazo. E depois é tudo ligado aos planos operacionais e de financiamento.

As sessões não são mais longas do que antes, mas o início da discussão gera uma quantidade de ideias e põe todos a pensar de uma forma mais estratégica. Por outras palavras, Immelt reformulou a arquitectura social da estrutura de avaliação da estratégia existente, de forma a estar ligada ao *cliente, aos objectivos financeiros e ao propósito motivador* da GE.

O seguimento destas sessões seis meses depois é uma avaliação do negócio ao plano operacional para o ano seguinte. Estas avaliações têm sido tradicionalmente rigorosas na GE, com uma grande atenção aos resultados do negócio. Immelt tem mantido o rigor, mas começa cada uma com questões sobre como as linhas de produção da GE são diferenciadas e como os mercados, indústrias clientes, tecnologia e concorrência se estão a desenvolver. As avaliações cobrem aspectos como produtividade e os lucros são sempre importantes, mas existe uma diferença no essencial. Em vez de analisar sozinho os detalhes das operações e de assumir que o crescimento irá acontecer, dá importância ao *cliente* e analisa também os pormenores sobre os esforços de crescimento e inovação dos líderes. Agora as avaliações são mais equilibradas entre a ciência da produtividade e a ciência do crescimento. Discutem propostas de valor para o cliente, segmentação do mercado, estratégias de preço e lançamentos de produtos com tanto rigor e profundidade como fazem para as melhorias de gastos e eficiência. Ao mesmo tempo, Immelt tenta mostrar que, embora o actual trimestre seja importante, não é tudo. Os líderes têm responsabilidade por trás. Questões repetidas e discussão sobre de onde virá o crescimento futuro alterará gradualmente a orientação dos líderes para pensarem a curto bem como a longo prazo.

Lição: Coloque o crescimento e a inovação no topo da sua agenda. Mude os tópicos que aborda e sobre os quais faz perguntas. Mude a ênfase nas suas discussões. Trate o crescimento e a inovação como uma ciência, não uma forma de arte. Aprofunde-os e aja com o mesmo ímpeto que tem nas operações.

Repense a liderança. Uma agenda diferente para a GE colocou exigências diferentes aos seus líderes. Immelt redefiniu os critérios para os líderes e circula-os para todos conhecerem as expectativas.

Os líderes tinham de pensar tanto a longo como a curto prazo e procurar o crescimento e as eficiências de custos. À medida que utilizava esses critérios nas avaliações, começou a fazer mudanças em algumas posições de *liderança* de topo. Cerca de dois terços dos 190 directores são colaboradores que nomeou para aquelas posições. Agora tem uma equipa de liderança que é adepta do curto e do longo prazo, da produtividade e do crescimento.

Concretizou algumas mudanças no topo que foram especialmente importantes. Por exemplo, como sabia que a tecnologia tinha um papel fundamental a desempenhar na inovação, Immelt queria motivar à liderança da Investigação Global da GE. Colocou o inteligente, talentoso e relativamente jovem Scott Donnelly à frente do Centro Global de Investigação e actualizou e globalizou a estrutura. Também ampliou a função do director de *marketing* dando-lhe um papel visível em reuniões importantes, incluindo nas avaliações de Progressos da Imaginação, e exigiu que cada negócio contratasse um director de *marketing*. Como Immelt realça: "As empresas de crescimento respeitam a tecnologia e o *marketing*."

Lição: Os líderes de inovação são diferentes. Aqueles que tiveram sucesso no passado poderão não ter a mentalidade ou talento necessários. Seja específico e explícito sobre as características que procura e torne aqueles que "as compreendem" mais visíveis. Não evite as decisões difíceis sobre as pessoas.

Construa as capacidades que lhe faltam. A procura da GE por Progressos da Imaginação revelou muitas ideias boas sobre produtos e até algumas sobre a forma como os produtos são comercializados. Todos estavam habituados a ver os novos produtos a sair do laboratório de investigação, mas o negócio de energia descobriu uma oportunidade de 200 milhões de dólares em três a cinco anos por simplesmente fazer um bom trabalho a coincidir os produtos da GE com os segmentos de mercado. Como um dos líderes da unidade de negócio disse: "É um exercício básico de segmentação de mercado." Com Crotonville como o ponto de encontro, a ideia de inovar na forma como se aborda a comercialização disseminou-se rapidamente pela empresa – e revelou a necessidade de mais capacidade inicial de *marketing*.

A GE começou a construir competências de *marketing* como uma *força nuclear*, em parte através do recrutamento de estudantes universitários e MBA expressamente com o objectivo de trabalhar o *marketing*. Também criou novos programas de formação no John F. Welch Learning Center para ensinar *marketing* e inovação. Como parte dessa formação, a GE trouxe cinco empresas diferentes de inovação, cada uma com a sua abordagem, para que todos vissem as coisas com novos olhos. Uma das empresas levou colaboradores dos negócios de energia e água da GE, que estavam a trabalhar num projecto para tratar água nas fábricas nucleares, a uma corrida de NASCAR, para recolherem conhecimentos sobre como a equipa da boxe assiste o carro. Um grupo do negócio escandinavo de cuidados de saúde da GE, que estava a reformular alguns equipamentos de anestesia, visitou pilotos de aviões para melhor compreender o que passa pela mente daqueles que controlam a vida de outros em situações de *stress*; o resultado foi um conjunto totalmente integrado de tecnologia que melhora a qualidade dos cuidados de anestesia nas salas de operação. Os colaboradores também aprenderam ferramentas específicas de *marketing*, como segmentação. As mudanças de carreira também começaram a alterar-se para assegurar que os líderes estavam a receber experiências com os projectos de Progressos da Imaginação.

Entretanto, Immelt continuou a construir a capacidade técnica da GE. Investiu cem milhões de dólares para modernizar as instalações de investigação e desenvolvimento da GE em Niskayuna, Nova Iorque; expandiu a de Bangalore; e abriu novas instalações em Xangai e Munique. Em 2005, criou a Iniciativa Ecomagination e conseguiu aumentar o investimento da GE em investigação principal de 700 milhões de dólares para 1,5 mil milhões em cinco anos, para desenvolver tecnologias amigas do ambiente.

Lição: Pode não possuir as capacidades de que precisa para ser grande na inovação, mas existem muitas formas de as conseguir. Quebre o molde que utiliza para contratar e promover colaboradores, traga especialistas de fora, veja as coisas com olhos diferentes e aprenda tanto quanto puder com outros. Enfatize a aprendizagem e o enfoque externo. Forneça formação dentro das instalações ou numa instituição exterior. As capacidades melhoram com a prática.

Organize o processo social da inovação. Quando os indivíduos regressaram aos seus negócios depois das sessões no centro de aprendizagem da GE em Crotonville, descobriram que os seus chefes e colegas nem sempre apreciavam as suas competências de *marketing* recentemente adquiridas. Immelt verificou o problema depois de observar na sessão da Primavera de 2006 que os líderes de negócios não estavam a aproveitar as ferramentas e as abordagens de *marketing*. Enquanto lutava com o problema, Immelt chegou a um conhecimento importante: ao contrário das melhorias de produtividade, que eram muitas vezes impulsionadas por indivíduos, o crescimento era um desporto de equipa. Embora as pessoas precisassem de continuar a cultivar as suas competências individuais de liderança, também precisavam de melhorar o *processo social de inovação*. As equipas de liderança de negócios tinham de aprender a obtê-lo em conjunto, como uma equipa de basquetebol no campo. Essa ideia levou a uma abordagem inovadora, ou inovação se quiser, para o centro de aprendizagem de Crotonville: ter equipas inteiras de liderança dos negócios da GE a frequentarem juntas as sessões de aprendizagem. Foi uma estreia na GE, que tinha sempre trazido indivíduos a Crotonville de uma combinação de negócios e funções. Immelt queria que as equipas frequentassem Crotonville para trabalharem em conjunto nas áreas de liderança, inovação e do crescimento, ou LIC, como a GE agora lhe chama.

Immelt e os seus especialistas da formação – incluindo Susan Peters, *executive vice president* para o desenvolvimento e directora da formação; Raghu Krishnamoorthy, gestor de recursos humanos, comércio empresarial e comunicações; e Dan Henson, director de *marketing* – criaram um curso concebido para se focalizar na liderança, na inovação e no crescimento que incluía capacidades de *marketing*, mas um importante benefício estava no lado social. Reunindo equipas inteiras na sessão e pedindo-lhes para participar em áreas onde não tinham antes trabalhado, tornou a *mudança de cultura* mais rápida. Seis equipas de 15 a 20 elementos frequentavam as sessões de cada vez. Durante uma semana inteira, eram expostas a ensinamentos de especialistas externos e a melhores práticas de dentro da GE, e depois recebiam exercícios para fazer em sessões interactivas de dez a 12 horas. Logo no início, foi pedido aos elementos da equipa para se avaliarem no que dizia respeito à inovação e imaginação utilizando um questionário. O exercício estava concebido para ser divertido, mas também tinha um objectivo sério: fê-los perceber que, embora os indivíduos possam sentir que têm pouca imaginação, podem mesmo assim fazer parte de uma equipa que gere e desenvolve ideias. À medida que se sentiam mais confortáveis com essa noção, mostraram-se mais confiantes a sugerir ideias.

Nos grupos interactivos, o representante do *marketing* sentava-se ao lado do representante financeiro, que estava sentada o lado do representante da tecnologia, que estava ao lado do representante das operações – todas do mesmo negócio. Juntas lutaram em como aplicar esta formação ao seu negócio e analisaram pormenorizadamente mudanças importantes na afectação de recursos. Assumiram compromissos em conjunto para tomar medidas e mudar a sua orientação e comportamento, quer fosse decidir como segmentar o mercado, que novas ideais perseguir ou como o processo de desenvolvimento da inovação devia funcionar na sua unidade. Como resultado das discussões nas sessões interactivas, a equipa de transportes resolveu contratar mais pessoas de mercados emergentes, por exemplo, e a equipa que geria o negócio da água resolveu colocar um líder de vendas globais não em Filadélfia mas no Dubai, onde o mercado estava a crescer.

No final da sessão, as equipas reuniram as ideias e apresentaram-nas ao grupo e a Immelt. Também foi pedido a cada líder de negócio para escrever uma carta ao CEO com um resumo do que a equipa tinha aprendido e passaria a fazer de forma diferente. O conteúdo da carta tornou-se parte do guião de crescimento daquele negócio, que é revisitado e revisto duas vezes por ano.

Depois da sua primeira sessão LIC, muitos líderes de negócios reformularam os seus calendários para se libertarem do seu trabalho mais rotineiro e arranjarem tempo para procurarem oportunidades de crescimento. Comunicaram o que tinham aprendido quando regressaram aos seus negócios, inspirando outros a procurarem crescimento e inovação.

Lição: Junte elementos de todos os "silos" para partilharem ideias e resolverem problemas. Descubra quem precisa de coordenar o seu trabalho ou fazer acordos e crie situações que exigem esforço conjunto. Dê a equipas inteiras de liderança alguns problemas que têm de resolver em conjunto. Trabalhar em conjunto em desafios transforma os relacionamentos e facilita o caminho para a inovação acontecer mais rapidamente.

Crie os recursos de que necessita para financiar o crescimento. É mais provável que a atenção mude quando os recursos alteram. Em 2003, Immelt investiu quatro mil milhões de dólares em tecnologia, não apenas nos EUA, mas também em novos centros de investigação em Bangalore, em Xangai e em Munique. Aumentou os gastos com investigação e desenvolvimento de dois por cento para mais de quatro por cento das receitas. O financiamento não era uma prenda da sede ao negócio. Tinha como objectivo modernizar e simplificar agressivamente a infra-estrutura interna da empresa para cortar despesas operacionais.

Immelt estabeleceu objectivos específicos para as despesas operacionais globais como uma percentagem das receitas. Disse aos investidores que dos seis mil milhões de dólares que a GE previa de redução de despesas, quatro mil milhões de dólares seriam reinvestidos na empresa e dois mil milhões de dólares iriam para os lucros.

A finalidade, ou *objectivo*, levou os líderes a melhorarem e a simplificarem drasticamente as funções "de retaguarda" dos seus negócios, em áreas como contabilidade, financeira, vendas e administração geral.

A GE passou de despesas administrativas, gerais e vendas de cerca de 12 por cento das receitas para cerca de sete por cento. O benefício vem na fase inicial do processo, na forma de inovações que alimentam o crescimento. "Podia ter dito aos líderes de negócios, aqui têm mil milhões de dólares, vão gastá-los onde quiserem", explica Immelt, "mas as pessoas valorizam mais as coisas quando trabalham para elas."

Immelt tem um excelente olho para afectação de recursos em avaliações de negócios, porque acredita tão fortemente que os recursos têm de ser dirigidos para o crescimento e não aceita desculpas para não o financiarem. "Nunca deixa de me espantar que alguém que dirige um negócio de 15 mil milhões de dólares com uma base de custo de dois mil milhões de dólares possa dizer que não tem 15 mil milhões de dólares para investir no sector das vendas num mercado emergente. É uma questão de decidir o que é importante."

Escolher com os Progressos da Imaginação projectos para desenvolver é também uma questão de recursos. Quando a GE quis colocar uma pressão mais intensa na inovação nos mercados emergentes, não aumentou apenas os recursos globais. Tirou mais de uma dúzia de projectos da lista e acrescentou 15 que eram prometedores nesses mercados. Por exemplo, acrescentou projectos para um *scanner* de ressonância magnética que podia ser vendido na China por 500 mil dólares, uma fábrica de dessalinização na Índia e um programa de flexibilidade do combustível no Qatar. Esses projectos eram uma forma de obter crescimento incremental e também de construir capacidade de penetrar nos mercados emergentes. Era um acto de *liderança inspiradora* para fazer as mudanças nos recursos com o objectivo de expandir a capacidade de financiar o crescimento.

Lição: Os líderes de negócios têm sempre restrições orçamentais, mas se a inovação for um imperativo, também o é o financiamento. Encontre lugares onde pode operar mais eficazmente e canalize algum desse dinheiro para o crescimento e projectos de inovação. Não negligencie pessoas, cujo tempo é um importante recurso; liberte uma porção do seu tempo para projectos de inovação. Não dependa dos superiores para lhe darem os recursos de que precisa. Crie os seus próprios e gaste-os cuidadosamente. Lembre--se que a produtividade e a inovação andam lado a lado.

Esteja aberto a aprender com os outros. Os centros de investigação global da GE seguiram a orientação da empresa para se abrirem e permitirem que pessoas de fora os ajudassem a resolver os problemas. Foi uma mudança na *cultura.* A partir de 2006, a GE começou a construir "redes técnicas", um processo, ou *sistema de trabalho,* no qual a equipa de investigação mostra todas as descobertas em torno de um projecto de inovação numa área particular de tecnologia. É uma forma de captar todas as capacidades técnicas que têm de se reunir para o projecto ser bem sucedido. Um projecto de gasificação do carvão, por exemplo, exigia perto de 22 capacidades nucleares. A GE pode dar um passo atrás e dizer: "OK, nós temos 12, podemos fazer parceria com seis e podemos contratar quatro." Abrir-se significa que o sucesso pode acontecer mais rapidamente.

Lição: Não tem de fazer tudo e as empresas pequenas simplesmente não conseguem. Faça uso das várias maneiras como se pode ligar a outras empresas que o podem ajudar a ultrapassar obstáculos técnicos e a fazer o precisa de ser feito para criar e comercializar a sua inovação.

Reorganize ou reestruture para se aproximar dos clientes. Immelt sabia que a GE seria mais inovadora se ficasse mais próxima dos *clientes*; e que teria mais financiamento disponível para crescimento se as operações de bastidores fossem geridas tão eficientemente quanto possível. Reorganizou o negócio com estas duas importantes considerações em mente, criando *estrutura* organizacional que permitia à GE ser virada para o cliente e eficiente. Identificou seis plataformas de crescimento – financeira comercial, financeira de consumo, cuidados de saúde, infra-estrutura (equipada para satisfazer necessidades dos países em desenvolvimento por coisas como energia e água), NBC e transportes – que se tornaram a base para agrupar negócios semelhantes para servirem esses segmentos particulares de clientes. Os líderes dessas plataformas de crescimento podiam seleccionar os recursos de que a GE iria precisar para conduzir o crescimento, das financeiras e serviços às informações.

Lição: Em muitos negócios, os custos orientam todas as maiores decisões, incluindo como organizar o negócio. Mas a inovação consiste em estar perto dos clientes, por isso os negócios devem assegurar que estão organizados de uma forma que lhes permite conhecer os clientes bem e servi-los ainda melhor. Torne o seu negócio "virado para o cliente" e também eficiente.

Reforce a cultura que quer. Para reforçar clientes, crescimento e uma visão a longo prazo do negócio, Immelt mudou o plano de compensação para os líderes seniores. Existem quatro impulsionadores da compensação: salário pago, património, compensação variável de incentivos e um plano de incentivo a longo prazo. O plano de incentivo a longo prazo tem agora um parâmetro para crescimento orgânico para além do *cash flow*, rendibilidade por acção e rendibilidade no capital total. É um dos parâmetros que permite aos líderes de topo ganhar muito dinheiro.

Como viu que a oportunidade para aumentar dividendos e lucros em electrodomésticos estava na parte mais sofisticada do mercado, alterou os parâmetros para esse negócio. A GE agora acompanha a quota de mercado para o mais sofisticado e não para o mercado de electrodomésticos como um todo. Os electrodomésticos têm uma rendibilidade de 60 por cento no capital e uma taxa de lucro nas operações de 11 por cento, e gere mais de mil milhões de dólares em lucros anualmente. Como Immelt salientou: "As empresas de capital privado não conseguiam geri-lo melhor." Tem uma estratégia de distribuição bem definida e uma taxa de crescimento orgânico de cinco por cento, o que é superior à média da indústria.

Ao mesmo tempo, Immelt encontrou formas de compensar o crescimento orgânico e retirou as penalidades por se falhar inovações. Atingir objectivos de desempenho foi sempre um requisito básico para progredir na GE e os líderes reagem mal quando os falham. Encaravam a inovação da mesma forma – como algo que tinham absolutamente de atingir. O problema era que, por vezes, não conseguiam realizar um Progresso da Imaginação porque a ideia não resultava. Immelt fez várias tentativas para mudar esta forma de pensar e diminuir a ansiedade que a acompanha. Faz questão de elogiar por se prestar atenção aos sinais de aviso e se ser suficientemente objectivo para permitir que as coisas fracassassem mais cedo. A ênfase está nas decisões rápidas e nas lições aprendidas. Tenta que todos coloquem as pequenas questões difíceis certas antecipadamente para poderem abandonar a ideia no início. Rapidez e aprendizagem são as duas coisas mais importantes, diz-lhes. As suas questões, comentários e reacções são demonstrações da sua *liderança inspiradora* e ajuda a moldar a *cultura*.

Lição: Utilize parâmetros para encorajar o crescimento e a inovação e tenha atenção aos sinais contraditórios enviados noutras direcções. Faça com que todos se sintam bem quando inovam e não muito mal quando uma inovação fracassa no início. O que enfatiza e como reage tem um enorme efeito na cultura do seu grupo mais próximo, independentemente da cultura mais alargada da empresa.

Deixe a cultura disseminar-se. Quando um líder persegue a inovação de forma apaixonada e pratica acções que a reforçam, esta passa para níveis mais baixos da organização. À medida que os líderes da GE captavam os sinais de Immelt, começaram a aplicar o mesmo tipo de enfoque, processos, ferramentas e atitudes aos seus próprios negócios. O grande ponto de encontro de ideias em Crotonville, claro, acelerou essa adopção. O negócio dos cuidados de saúde, por exemplo, tem agora cerca de 60 miniprojectos de Progresso da Imaginação iniciados.

O que Immelt destaca nas suas avaliações, outros líderes começaram a enfatizar com os líderes que reportam a eles. Colocam diferentes tipos de perguntas e estão a começar a reconhecer e a valorizar aqueles que têm uma concentração no exterior e podem gerar ideias sobre as necessidades do cliente. Utilizam critérios diferentes para avaliar os colaboradores e diferentes métodos para analisar a sua contribuição. Como resultado, o espírito e a cultura da inovação tem estado a disseminar-se. "No final, muitas destas coisas cruzam-se e estão a reforçar-se." Immelt diz que "isto é algo que quer que aconteça".

Lição: Vai precisar de paixão e tenacidade para continuar a impulsionar a inovação na sua organização. Os seus comportamentos, atitudes, valores e crenças estabelecem o tom. A sua acção estabelece o ritmo. Quanto mais consistentes forem os seus esforços, mais rápida a aceleração.

Immelt não seguiu uma sequência de eventos de um manual para tornar a GE uma empresa de inovação. Criou o seu próprio método, baseado no contexto único da GE. As decisões que tomou e as acções que fez naturalmente levaram ao aspecto seguinte que precisava de mudar. Enfrentou mais à medida que avaliava a capacidade da organização de a executar e, de facto, ainda está a encontrar formas de melhorar a GE na inovação centrada no cliente. Durante sete anos, manteve o seu próprio enfoque profundo na visão que tem da GE como uma empresa de produtividade, inovação e crescimento, e tem lutado com os sistemas de trabalho específicos, forças nucleares e estratégias que a fariam acontecer. Tem construído um quadro de líderes que têm o mesmo sentido de objectivo e podem ajudar a reformular a cultura da GE. A inovação está agora integrada na estrutura do negócio. Os projectos de PI geraram três mil milhões de dólares em receitas incrementais e a GE atingiu os seus objectivos de crescimento orgânico em 14 trimestres consecutivos.

Não tem de ser CEO de uma empresa multimilionária para ser um líder de inovação. Em qualquer nível organizacional, pode encontrar formas de colocar a inovação centrada no cliente no centro do seu trabalho. Mesmo quando não tem muita liberdade a nível macro – quando, por exemplo, os objectivos e estratégias lhe são passados – pode exercer influência ao nível micro, reinventando um sistema de trabalho, criando uma nova estrutura operacional ou mudando a cultura. Pode fornecer um propósito motivador e inspirar a sua equipa e os líderes à sua volta para oportunidades de crescimento e reafectar recursos para eles. O seu ponto de partida será diferente do de qualquer outra pessoa, mas se continuar a trabalhar nele verá que a inovação se encontra em cada vez mais aspectos do seu trabalho diário. A inovação acabará por ser integrada e auto-reforçada. O que é importante é que reconheça que a inovação é necessária para o crescimento sustentável, que persiga a inovação com disciplina e que comece o seu caminho mais cedo do que tarde. É a única forma de você e a sua organização controlarem as regras do jogo.

Epílogo

Quando o manuscrito de Controle as regras do jogo *foi terminado nos últimos dias de 2007, Ram Charan e A. G. Lafley sentaram-se para pensar nas suas resoluções de Ano Novo para 2008 (e além).*

Aprender é a viagem de uma vida. Trabalhar com A. G. Lafley acelerou o meu trabalho de investigação e a minha determinação para o tornar tão útil quanto possível a profissionais. Ao ser-me permitido observar o funcionamento da P&G, da GE, do Grupo LEGO, da Marico, da Honeywell, da DuPont, da Cisco, da Nokia, da 3M e da DuPont percebi o pouco que sabemos e quanta investigação ainda está por fazer.

A missão da minha vida é fazer investigação sobre temas importantes de formas que produzem conhecimentos e ideias para os profissionais. A inovação é o que mantém e melhora o nosso padrão de vida. Até agora houve muito pouca investigação sustentada na inovação, ao contrário do que tem sido feito noutras áreas, como os instrumentos financeiros utilizados por Wall Street, pelo *marketing* para consumidores e a cadeia de abastecimento. A minha resolução para 2008 e além é continuar a estar imerso em investigação das formas como a inovação pode continuar a controlar as regras do jogo, com particular ênfase em como as interacções sociais têm impacto no funcionamento e no resultado de um processo de inovação do princípio ao fim. Aceito todas as oportunidades em que me autorizem a fazer investigação que irá aumentar o nosso conhecimento.

– Ram Charan

A tarefa número um para a P&G e para mim é "cumprir a década" – crescimento de dois dígitos nos lucros por acção até 2010. Temos três anos; 2008 é o próximo.

A inovação é a energia fundamental da P&G – o seu motor de crescimento sustentável, orgânico, de longo prazo – e a única forma de cumprir a década.

A inovação é a forma estratégica de a P&G controlar as regras do jogo. A maior parte das marcas e negócios líderes da empresa são o resultado de inovação na categoria ou na indústria:

1. Tide: O primeiro detergente sintético para máquinas de lavar roupa automáticas.
2. Pampers: A primeira fralda descartável para bebés.
3. Crest: A primeira pasta de dentes com flúor para prevenção da cárie.
4. Swiffer: O primeiro sistema conveniente, descartável, de limpeza rápida, para o lar.
5. Negócio de perfumes de prestígio da P&G: O primeiro negócio mundial de perfumes centrado no consumidor e impulsionado pela inovação.

A inovação cria e constrói marcas; sustenta a diferenciação de marcas, produtos e serviços significativos; sustenta preços elevados e margens superiores; e traz rendibilidade superior para os accionistas. A inovação é a forma de controlar as regras do jogo que irá permitir à P&G cumprir a década.

O que aprendi em 2007 sobre a inovação?

Na P&G, a *inovação motivada pelo propósito* – cuja finalidade é mais do que vendas e quota de mercado e lucros – cuja finalidade é melhorar significativamente a vida quotidiana de milhões de consumidores que servimos – coloca todos os colaboradores da P&G no "jogo da inovação" e inspira esforços heróicos numa base regular para aparecer com novas ideias e depois transformar estas ideias em marcas e produtos que melhoram as vidas diárias.

Na P&G, a inovação é *impulsionada pelo objectivo e liderada pelas pessoas*. O objectivo partilhado e os valores comuns dos colaboradores da P&G unem-nos na sua cruzada de tornar a vida do dia a dia um pouco melhor.

EPÍLOGO

Na P&G, a inovação está no *centro do nosso modelo de negócios* e estratégia de negócios e os líderes e gestores da P&G têm responsabilidade e autoridade para coordenar e integrar os impulsionadores comprovados de inovação – propósito, objectivos e estratégias, estrutura e sistemas, cultura e liderança.

Na P&G, *o consumidor é verdadeiramente o nosso chefe*. Quando o agradamos a ele ou a ela com inovação relevante, importante e com valor, ele ou ela recompensa-nos com a compra, experimentação e utilização leal. A lealdade à marca e os utilizadores dos produtos são os *stakeholders* mais importantes da P&G. Os utilizadores leais impulsionam o modelo financeiro da P&G.

Na P&G, estamos a tentar *envolver o consumidor antecipadamente e muitas vezes* no nosso processo de inovação. Idealmente, ele ou ela irão criar e fazer em conjunto o *design* de novas marcas e novos produtos. No mínimo, vamos confirmar junto dele em cada passo ao longo do caminho de desenvolvimento e aprovação. No final, não temos uma inovação bem sucedida até ele/ela experimentar/comprar e voltar a comprar numa base regular.

Na P&G, o *processo de inovação é integrado* com todas as outras estratégias de negócios, operações de negócios e processos de gestão de negócios. E o processo de inovação é do princípio ao fim – da criação da ideia à comercialização – com ligações sociais importantes a cada passo do caminho. Na P&G, a inovação é um desporto de equipa e a equipa tem de jogar em conjunto continuamente se quisermos ganhar.

Na P&G, estamos a *construir liderança e uma gestão* que compreende o poder de "e". Precisamos de ser grandes operadores *e* executar com excelência na indústria intensamente competitiva, em rápida mudança, dos produtos de consumo. *E* também precisamos de ser grandes líderes de inovação – abertos à mudança, estabelecendo ligações para encontrar as melhores ideias e colaborando para desenvolver essas ideias em produtos vencedores. A cultura é importante na P&G – relacionada, colaborativa, criativa, corajosa e comprometida em tocar as vidas dos consumidores e em melhorar mais a vida de todos.

Com mais de 30 anos na P&G até agora, estive numa viagem – uma viagem de aprendizagem sobre a inovação e como a inovação pode fazer uma grande diferença para os consumidores, uma grande

diferença para o meu negócio, uma grande diferença para a minha organização e uma grande diferença para os meus accionistas.
Ainda tenho muito que aprender.

1. Temos muitas ideias boas na P&G – mas ainda há muitas necessidades dos consumidores não satisfeitas e desejos dos consumidores não correspondidos que ainda não estamos a abordar.

2. Temos mais do que a nossa quota parte de sucesso na inovação – mas ainda quase metade das inovações de novos produtos da P&G não conseguem atingir os seus objectivos de negócio ou objectivos financeiros.

3. Temos um processo de inovação disciplinado – mas demasiadas vezes os colaboradores da P&G conduzem através de luzes de aviso e ocasionalmente até mesmo sinais de "stop". Nenhum processo, não importa o quanto seja robusto, pode ultrapassar a ausência humana de autodisciplina. Muitos presumem que a inovação emerge da criatividade extraordinária. A criatividade é necessária – especialmente na altura da criação da ideia – e a resolução criativa de problemas é necessária durante o desenvolvimento e aprovação – mas a inovação exige uma disciplina excepcional. E o processo de inovação e as medidas tomadas durante o progresso são determinantes para manter a disciplina.

4. Definimos de uma forma mais alargada a inovação na P&G – mas a maior parte da inovação é inovação de produto. Criámos e introduzimos novas marcas na última década –Actonel, Align, Intrinsa, Prilosec, Febreze, Kandoo, Swiffer, Torengo's e Thermacare – mas apenas alguns novos modelos de negócio – reflect.com, perfumes de prestígio, Bella and Birch, Mr. Clean Car Wash e serviços de lavandaria Juvian.

E as inovações disruptivas que mudam drasticamente a equação do valor do consumidor têm sido um desafio. A nova fralda ultrafina, de baixo custo, da Pampers que estamos a vender na China pode ser uma delas.

5. A participação e a responsabilidade pela inovação estão agora amplamente distribuídas e partilhadas através dos negócios e das disciplinas funcionais – mas, embora todas estas funções tragam paixão e talento, e considerável tempo e esforço para a tarefa da inovação, ainda não estão tão coordenadas e integradas como precisam de estar para produzirem resultados de inovação excelentes.

6. Identificar, desenvolver e fazer crescer líderes da inovação não é fácil. A liderança de inovação é uma capacidade adquirida. Exige tempo e paciência. Exige estudo. Exige aprender com a experiência – muita experiência.

Aprendi muito com os sucessos da inovação em que tive a felicidade de participar. Mas aprendi muito mais com os fracassos da inovação – e já tive uma grande participação em muitos fracassos. O fracasso é um excelente professor – se tiver a humildade e a persistência para avaliar e examinar o que aconteceu e, mais importante, como e porquê.

Por isso, à medida que identificamos talento precisamos de desenvolver estas mulheres e homens em negócios que exigem que a inovação cresça – em negócios onde podem aprender – a partir dos seus próprios sucessos e fracassos.

Comprometo-me a aprender um pouco mais sobre inovação em 2008 (e a tentar não esquecer o que aprendi em 2007 e antes!)

— A. G. Lafley

Agradecimentos

Considero *Controle as regras do jogo*, como todos os meus livros, o resultado de uma vida de aprendizagem com líderes de negócios bem sucedidos, que generosamente partilharam comigo o seu tempo e pensamentos ao longo dos anos. Estou particularmente agradecido às seguintes pessoas pela sua ajuda enquanto pesquisava para este livro: Jeffrey Immelt, Beth Comstock, Susan Peters, Pam Daley, Dan Henson, Raghu Krishnamoorthy, Chad Holliday, Tom Connelly, Dick Bingham, Michael Blaustein, Dave Cote, Tom Buckmaster, Dan Sheflin, Darryl Fogal, Byron Hill, Jørgen Vig Knudstorp, Olli Pekka Kallasvuo, Tero Ojanperä, Hallstein Moerk, Shiv Shivakumar, Todd Bradley, Phil McKinney, Steven Sanchez, Mike Kelly, Andy Wong, Jeff Melby, Marc Miller, Donna Fleming, Angel Mendez, Tim Brown, David Kelley, David Webster, Dennis Boyle, Sam Truslow, Diego Rodriguez, Ilya Prokopoff, Brendan Boyle, Brad Anderson, Sue Busch, Harsh Mariwala, Ameya Naniwadekar, Rajiv Narang e Shu Ebe.

Cait Murphy fez um trabalho extraordinário a trazer a P&G para a vida no papel impresso. Passou tempo com muitas pessoas em muitas partes diferentes da P&G, dos laboratórios de investigação em Cincinnati às ruas do México, imergindo no seu mundo e absorvendo não apenas o que fazem mas também como se sentem por o fazerem. A P&G é muito grande e complexa, mas Cait foi capaz de colocar os braços à sua volta e captar o seu espírito. Utilizando o seu excelente dom da narrativa, dá aos leitores a mesma visão de dentro da P&G. Cait é também uma excelente colaboradora que usou a sua concentração, dinamismo e penetrantes capacidades editoriais para avançar o projecto através das suas várias fases, sempre com o desejo de produzir um excelente produto final. Estou muito agradecido pelo seu contributo.

O meu apreço também para Geri Willigan, que me ajudou a pesquisar este e outros tópicos durante muitos anos. Deu contributos intelectuais antes do primeiro rascunho sequer existir e contributos editoriais significativos à medida que o livro ganhava forma. Obrigado ao meu amigo de longa data, John Joyce, pelo seu útil contributo ao longo do caminho.

Cynthia Burr é a mágica no meu escritório que me manteve e a este projecto no bom caminho apesar da sua vertiginosa carga de responsabilidades; parece ser capaz de fabricar tempo sempre que este escasseava. Estou profundamente agradecido a ela e a Karen Baker e Carol Davis pelo seu dedicado apoio.

John Mahaney, o nosso editor na Crown Business, é o editor dos editores. É um *coach* incrível. Trabalhou incansavelmente, indo muito para além do dever, para ir ao fundo do tema e para nos ajudar a elaborar o livro de um modo que os leitores pudessem facilmente aceder às ideias. Aumentou infinitamente a minha capacidade pessoal. Além disso, a sua família foi tremendamente compreensiva e hospitaleira durante a finalização deste projecto.

Apenas uma ou duas vezes na vida de um investigador aparece uma oportunidade de aprender com um extraordinário CEO. Trabalhar com A. G. Lafley foi uma dessas raras oportunidades. A sua disponibilidade para partilhar ideias, a sua suave orientação e a sua capacidade para abrir a mente através da curiosidade são inigualáveis. É um autêntico líder que inspira pessoas e amplia as suas capacidades, incluindo a minha. Estou profundamente agradecido.

— Ram Charan

Antes de mais nada, quero agradecer aos meus colegas da P&G – praticamente tudo o que vivenciei, tudo o que aprendi sobre inovação nos últimos 30 e mais anos foi com os colegas da P&G do passado e do presente.

AGRADECIMENTOS

Quero agradecer em particular aos quase cem colaboradores da P&G em todos os negócios e funções, e em todo o mundo, que foram entrevistados pelos investigadores e escritores deste livro. As suas histórias, experiências, sucessos e fracassos ajudaram-nos a perceber como a inovação realmente funciona e foram importantes fontes de aprendizagem prática sobre a inovação.

Em segundo lugar, quero agradecer a três estudantes da Universidade Xavier – Daniel J. Saylor, Karlie A. Winnett e Scott A. Sivinski – que me ajudaram a investigar uma grande variedade de assuntos de inovação e a estudar uma longa lista de exemplos reais de outras empresas. Espero que tenham gostado das nossas sessões aos sábados e domingos à tarde tanto como eu.

Em terceiro lugar, quero agradecer a Kathy King, Maria Carver e Sheila Knollman – a minha equipa de Apoio na P&G. Nada acontece sem elas.

Em quarto, quero agradecer a Craig Wynett – um dos mais produtivos e excepcionais pensadores que conheci sobre inovação – e a Greg Icenhower, o meu parceiro de comunicações na P&G que ajuda a dar vida às minhas ideias e experiências.

Em quinto, quero agradecer a Diana Shaheen pela sua liderança conceptual e estratégica. Ajudou-nos a organizar o livro em torno de algumas ideias fundamentais. Diana puxou muito por nós para nos mantermos concentrados nos temas de interesse e utilidade para o gestor de operações. Puxou muito por nós por clareza e contexto enquanto trabalhávamos para traduzir experiências e prática em conceitos e aprendizagem que podem ser úteis a outros, comprometidos na liderança de inovação.

Em sexto, quero agradecer a John Mahaney pela sua mestria, paciência e apoio incansável. John orientou este "novato" ao longo do processo de colaborar no seu primeiro livro. Ele "guiou-me" em cada passo ao longo do caminho. Encorajou-me quando ficava frustrado. Ajudou-me a traduzir experiências do mundo real em exemplos nos quais os leitores podem aprender e basear-se.

Finalmente, não consigo agradecer o suficiente a Ram Charan pela sua visão e parceria. Ram compreendeu não apenas a importância estratégica da inovação, mas também a oportunidade de abordar as necessidades práticas do dia-a-dia de gestores para obter inovação. Ele sabia que a solução seria ajudar estes gestores a compreenderem como integrar a inovação nos processos e estratégias diárias de negócios. À medida que trabalhávamos em conjunto, Ram ajudou-me a compreender melhor não só o que estava a fazer e como o estava a fazer, mas também porquê. É um professor completo – comprometido com a aprendizagem de uma vida e com o crescimento e desenvolvimento dos seus estudantes, um dos quais me honro de ser.

As receitas líquidas que receber com a venda deste livro serão doadas para fundos de bolsas de estudo para promover a investigação e a aprendizagem futura sobre a inovação.

– A. G. Lafley

Sobre os autores

ALAN GEORGE (A. G.) LAFLEY é *chairman* e CEO da Procter & Gamble.

A. G. não é o típico CEO. De facto, não teve a intenção de seguir uma carreira nos negócios. Cresceu numa pequena cidade – Keene, no Estado norte-americano de New Hampshire. Frequentou o Hamilton College, uma pequena escola de artes liberais a norte de Nova Iorque. Os seus planos eram tornar-se professor e treinador de basquetebol.

Fez uma pausa no final dos anos de 1960 para ir para Paris. Estudou História, Política, Arte, Cinema e Teatro. E andava à boleia por França aos fins-de-semana. Regressou aos EUA em 1969 e entrou para o programa de doutoramento na Universidade da Virgínia para estudar História Europeia Medieval e da Renascença. Então, os seus planos mudaram.

Alistou-se na Marinha dos EUA onde, em vez de servir no campo de batalha, controlava os negócios de retalho e serviços numa base dos EUA no Japão. Administrava mercearias, armazéns e lojas de especialidades – todas as operações a retalho e de serviços para uma "pequena cidade" de cerca de dez mil membros da Marinha e suas famílias. Foi o seu primeiro emprego como director-geral e ficou viciado.

Em vez de regressar à vida de professor quando regressou a casa da Marinha, foi para a Harvard Business School. Depois de acabar o curso, entrou na P&G em 1977. Nos 15 anos seguintes, trabalhou nos negócios de detergentes para a roupa e limpeza da empresa. Ele e as suas equipas foram responsáveis por algumas das maiores inovações da P&G, incluindo o Tide Líquido e o Tide com Lixívia – inovações que continuam a alimentar o crescimento da P&G ainda hoje.

Regressou ao Japão em 1994, mas o negócio que geriu lá era muito diferente do pequeno negócio a retalho que administrou na base norte-americana duas décadas antes. Era responsável por todas as operações da P&G na Ásia. Estabeleceu as bases para um regresso do crescimento ao Japão. Ajudou o negócio da P&G na China a crescer de menos de 90 milhões de dólares para quase mil milhões de dólares em vendas na altura em que saiu da Ásia, em 1998. E geriu a empresa através das maiores crises monetárias e económicas, incluindo o terramoto que em 1995 atingiu Kobe, no Japão, onde se situa a sede da P&G na Ásia.

A sua experiência na Ásia ajudou a prepará-lo para sua tarefa seguinte, em 1999, que foi gerir o negócio de Beleza da P&G, em franco crescimento, juntamente com os negócios da empresa na América do Norte – o seu maior mercado individual.

Em 2000, A.G. foi eleito *president* e CEO da P&G. Sob a sua liderança, a P&G quase duplicou as vendas – de 39 mil milhões para 76 mil milhões de dólares. O número de "marcas de mil milhões de dólares" – as que rendem mil milhões de dólares ou mais em vendas todos os anos – mais do que duplicou, de dez para 23, e o número de marcas com vendas entre 50 milhões e mil milhões de dólares mais do quadruplicou, de quatro para 18. A P&G faz agora mais do que mil milhões de dólares em vendas numa dúzia de países e com sete retalhistas. Com Lafley no comando, a P&G gerou mais de 43 mil milhões de dólares em rendimentos líquidos, 50 mil milhões de dólares em *cash flow* livre e a capitalização de mercado da empresa mais do que duplicou para mais de 200 mil milhões de dólares, tornando a P&G uma das dez empresas mais valiosas dos EUA e das 15 mais valiosas do mundo. A P&G é regularmente reconhecida como uma das empresas mais admiradas do mundo e uma grande responsável pelo desenvolvimento de líderes de negócios.

Apesar destas muitas proezas, A.G. continua a ser pouco parecido com um CEO. De facto, a revista *Fortune* chamou-lhe o "anti-CEO" num artigo que o descrevia como um líder que "não promete demasiado, não acredita na questão da visão" e que seria difícil de detectar como o chefe em reuniões em que passa mais tempo a ouvir do que a falar. Aqueles que o conhecem melhor dirão: "É típico do A.G."

Durante o seu mandato, A.G. recebeu distinções como CEO do Ano em 2006 pela revista *Chief Executive* e foi identificado como um dos Melhores Líderes da América pela *U. S. News & World Report*, também em 2006.

RAM CHARAN é um conselheiro e orador de negócios muito requisitado, famoso entre os executivos de topo pela sua extraordinária capacidade de resolver os seus problemas de negócios mais complicados. Durante mais de 35 anos, o Dr. Charan trabalhou nos bastidores com executivos de topo em algumas das empresas mais bem sucedidas do mundo, incluindo a GE, a Verizon, a Novartis, a DuPont, a Thomson, a Honeywell, a KLM e a MeadWestvaco. Partilhou os seus conhecimentos com muitos outros através do ensino e da escrita.

A introdução do Dr. Charan nos negócios surgiu cedo, quando trabalhava na sapataria da família na pequena cidade indiana em que cresceu. Tirou o curso de Engenharia na Índia e pouco depois aceitou um emprego na Austrália e a seguir no Havai. Quando o seu talento para o negócio foi descoberto, o Dr. Charan foi encorajado a continuá-lo. Fez mestrado e doutoramento na Harvard Business School, onde acabou o curso com distinção. Depois de terminar o doutoramento em Administração Empresarial, leccionou na Harvard Business School.

O Dr. Charan é conhecido por fornecer conselhos que são práticos e relevantes e que têm em conta as complexidades do mundo real dos negócios. Encara todas as interacções com os líderes de negócios como uma oportunidade de alargar a forma de pensar deles e a sua. Utilizando os seus profundos conhecimentos sobre os negócios, conhecimentos sobre as pessoas e bom senso, traduz as suas observações e conhecimentos em recomendações que os líderes podem aplicar na segunda-feira de manhã. Tem conhecimentos de liderança e sucessão, crescimento e inovação, execução e sistemas sociais. Identificado pela *Fortune* como o especialista líder em gestão empresarial e pelo *The Economist* como um veterano na sucessão de um CEO, o Dr. Charan fornece maneiras práticas para os conselhos de administração melhorarem o seu funcionamento. Directores, CEO e executivos de topo dos recursos humanos procuram muitas vezes o seu conselho sobre planeamento de talentos e contratações importantes, incluindo a selecção de CEO.

Muitos ficaram a conhecer o Dr. Charan através de programas internos de formação executiva. O seu estilo de ensino enérgico, interactivo, fê-lo receber vários prémios. Recebeu o Bell Ringer Award no famoso centro de aprendizagem da GE em Crotonville, Nova Iorque, e prémios de professor na Universidade Northwestern e no Wharton's Insurance Institute. Fez parte do *top* 10 da *BusinessWeek* de programas de desenvolvimento executivo.

Na última década, o Dr. Charan transpôs os seus conhecimentos sobre negócios para inúmeros livros e artigos. Nos últimos cinco anos, os livros do Dr. Charan venderam mais de dois milhões de cópias. Incluem o *bestseller* intitulado *Execution: The Discipline of Getting Things Done*, do qual é co-autor com Larry Bossidy, e *Know-How*. O Dr. Charan escreveu vários artigos de capa para a revista *Fortune* e artigos principais para a *Harvard Business Review*. Artigos seus também já foram publicados no *Financial Times*, no *Wall Street Journal* e no *Director's Monthly*.

O Dr. Charan foi eleito *Distinguished Fellow* da Academia Nacional de Recursos Humanos e faz parte dos conselhos de administração da Tyco Electronics, da Austin Industries e da Emaar MGF India. Vive em Dallas, no Texas.

Gostou deste livro? Oferecemos-lhe a oportunidade de comprar outros dos nossos títulos. O envio é gratuito (correio normal) para Portugal Continental e Ilhas.

☐	*Sociedade Pós-Capitalista* — Peter F. Drucker	19 € + iva = 19,95 €
☐	*Liderança Inteligente* — Alan Hooper e John Potter	19 € + iva = 19,95 €
☐	*O que é a Gestão* — Joan Magretta	19 € + iva = 19,95 €
☐	*A Agenda* — Michael Hammer	19 € + iva = 19,95 €
☐	*O Mundo das Marcas* — Vários	20 € + iva = 21,00 €
☐	*Vencer* — Jack e Suzy Welch	21 € + iva = 22,05 €
☐	*Como Enriquecer na Bolsa* — Mary Buffett e David Clark com Warren Buffett	16 € + iva = 16,80 €
☐	*Vencer (áudio)* — Jack e Suzy Welch	15 € + iva = 18,15 €
☐	*O Diário de Drucker (versão capa mole)* — Peter Drucker com Joseph A. Maciarello	19 € + iva = 19,95 €
☐	*O Mundo é Plano* — Thomas L. Friedman	20 € + iva = 21,00 €
☐	*O Futuro é Hoje* — John C. Maxwell	19 € + iva = 19,95 €
☐	*Vencedores Natos* — Robin Sieger	19 € + iva = 19,95 €
☐	*Nunca Almoce Sozinho* — Keith Ferrazzi com Tahl Raz	19 € + iva = 19,95 €
☐	*Sou Director, e Agora?* — Thomas J. Neff e James M. Citrin	19 € + iva = 19,95 €
☐	*O Meu Eu e Outros Temas Importantes* — Charles Handy	19 € + iva = 19,95 €
☐	*Buzzmarketing* — Mark Hughes	19 € + iva = 19,95 €
☐	*A Revolução da Riqueza* — Alvin e Heidi Toffler	21 € + iva = 22,05 €
☐	*A Cauda Longa* — Chris Anderson	20 € + iva = 21,00 €
☐	*Vencer: As Respostas* — Jack e Suzy Welch	19 € + iva = 19,95 €
☐	*Um Nível Superior de Liderança* — Ken Blanchard	19 € + iva = 19,95 €
☐	*Know-How* — Ram Charan	19 € + iva = 19,95 €
☐	*Mavericks no trabalho* — William C. Taylor e Polly LaBarre	20 € + iva = 21,00 €
☐	*O Poder de uma Hora* — Dave Lakhani	18 € + iva = 18,90 €
☐	*A Cauda Longa (áudio)* — Chris Anderson	17 € + iva = 21,57 €
☐	*Onde Estão os Bons Líderes?* — Lee Iacocca com Catherine Whitney	19 € + iva = 19,95 €
☐	*O Que é o Lean Six Sigma* — Mike George, Dave Rowlands e Bill Kastle	15 € + iva = 15,75 €
☐	*Correspondência Comercal Eficaz* — John A. Carey	20 € + iva = 21,00 €
☐	*Ganhar com a Biodiversidade* — João Pereira Miguel, Luis Ribeiro Rosa e Susana Barros	18 € + iva = 18,90 €
☐	*O essencial de Drucker* — Peter F. Drucker	20 € + iva = 21,00 €
☐	*Andy Grove* — Richard S. Tedlow	21 € + iva = 22,05 €
☐	*O Pequeno Livro Vermelho de Respostas Sobre Vendas* — Jeffrey Gitomer	15 € + iva = 15,75 €
☐	*Quente, Plano e Cheio* — Thomas L. Friedman	21 € + iva = 22,05 €
☐	*A Caixa* — Mark Levinson	21 € + iva = 22,05 €

Colecção Espírito de Negócios

☐	*Gestão do Tempo* — Polly Bird	18 € + iva = 18,90 €
☐	*O Poder do Pensamento Positivo nos Negócios* — Scott W. Ventrella	18 € + iva = 18,90 €
☐	*A Arte da Liderança Pessoal* — Randi B. Noyes	18 € + iva = 18,90 €
☐	*Comunicar com Sucesso* — Perry Wood	18 € + iva = 18,90 €
☐	*Persuasão* — Dave Lakhani	18 € + iva = 18,90 €
☐	*Como destruir uma empresa em 12 meses... ou antes* — Luis Castañeda	18 € + iva = 18,90 €
☐	*Ler Depressa* — Tina Konstant	18 € + iva = 18,90 €
☐	*Como gerir pessoas difíceis* — Carrie Mason Draffen	18 € + iva = 18,90 €
☐	*Saber trabalhar melhor* — Mark Gulston	18 € + iva = 18,90 €
☐	*É hora de decidir* — Michael Useem	18 € + iva = 18,90 €
☐	*A verdade sobre a negociação* — Leigh Thompson	18 € + iva = 18,90 €
☐	*Você, L.da* — Harry e Christine Beckwith	18 € + iva = 18,90 €
☐	*Reuniões eficazes* — Larry Dressler	18 € + iva = 18,90 €

Colecção Harvard Business School Press

☐	*Visão Periférica* — George S. Day e Paul J.H. Schoemaker	20 € + iva = 21,00 €
☐	*Questões de Carácter* — Joseph L. Badaracco, Jr.	20 € + iva = 21,00 €
☐	*A estratégia Oceano Azul* — W. Chan Kim e Renée Mauborgne	20 € + iva = 21,00 €
☐	*Síndrome do Macho Alfa* — Kate Ludenman e Eddie Erlandson	20 € + iva = 21,00 €
☐	*O Futuro da Gestão* — Gary Hamel	20 € + iva = 21,00 €
☐	*Cinco Mentes Para o Futuro* — Howard Gardner	20 € + iva = 21,00 €
☐	*Payback* — James P. Andrew e Harold L. Sirkin	20 € + iva = 21,00 €
☐	*Ultrapassar o Impasse* — Timothy Butler	20 € + iva = 21,00 €
☐	*Recomeçar de Novo* — Jeffrey Sonnenfeld e Andrew Ward	20 € + iva = 21,00 €
☐	*O Imperativo da Produtividade* — Editado por Diana Farrell	18,85 € + iva = 19,90 €

Colecção Jovem Empreendedor

☐	*Por que é que os empreendedores devem comer bananas* — Simon Tupman	19 € + iva = 19,95 €
☐	*Qualquer um consegue* — Sahar e Bobby Hashemi	19 € + iva = 19,95 €
☐	*iWoz* — Steve Wozniak e Gina Smith	21 € + iva = 22,05 €

Colecção Conceitos Actuais

☐	*Afinal quem são "eles"?* — B.J. Gallagher e Steve Ventura	16 € + iva = 16,80 €
☐	*O Tao de Warren Buffett* — Mary Buffett e David Clark	12 € + iva = 12,60 €
☐	*As leis "não escritas" da gestão* — W.J. King (actualização de G. Skakoon)	12 € + iva = 12,60 €
☐	*Os melhores conselhos de investimento que recebi* — Liz Claman	12 € + iva = 12,60 €
☐	*A revolução do hamster* — Mike Song, Vicky Halsey e Tim Burress	12 € + iva = 12,60 €
☐	*Gerir a mudança* — Série Lessons Learned	12 € + iva = 12,60 €

Pode enviar o pagamento por cheque cruzado, ao cuidado de **Conjuntura Actual Editora, Lda.** para a seguinte morada:
Rua Luciano Cordeiro, 123 - 1º Esq. | 1069-157 Lisboa | Portugal
Por favor inclua o nome completo, morada e número de contribuinte.

Os preços, adequados à data em que o livro foi editado e à disponibilidade, podem ser alterados.
Para mais informações visite o nosso *site*: **www.actualeditora.com**